하늘 위로가
이 땅을 향하던 우리의 시선을
하늘 위로 향하게 합니다.

하늘 위로가
이 땅에 매여 살던 우리를
하늘 위로 걷게 합니다.

하늘 위로를 주시려
이 땅에 오신 예수님.
하늘 위로를 통해
이 땅을 회복하시는 예수님.

그분이 바로 오늘,
지금 여기에서
우리와 함께 하십니다.

하나님의 사랑과 은혜가
충만하시길 바랍니다.

_____ 께 드립니다.

I dedicate this book to jesus,

my living Savior-God!

Jesus Lives
Seeing His Love in Your Life

Sarah Young

365 아침을 여는
하늘 위로

Jesus Lives

ⓒ 2012 by Sarah Young
Originally published in English as *Jesus Lives*
by Thomas Nelson, Nashville, TN, USA.
All rights reserved.

This Korean translation edition ⓒ 2018 by CUP
Seoul, Republic of Korea.

Published by arrangement with Thomas Nelson,
a division of HarperCollins Christian Publishing, Inc.
through rMaeng2, Seoul, Republic of Korea.

이 한국어판의 저작권은 알맹2 에이전시를 통하여 Thomas Nelson과
독점 계약한 도서출판 CUP에 있습니다.
신 저작권법에 의하여 한국 내에서 보호 받는 저작물이므로
무단 전재와 무단 복제를 금합니다.

하늘 위로
JESUS LIVES

초판	1쇄 인쇄 2018년 01월 02일
	1쇄 발행 2018년 01월 15일
지은이	사라 영
옮긴이	박일귀
펴낸이	김혜정
기획위원	김건주
교정교열	염지선
디자인	홍시 송민기
마케팅	윤여근, 정은희
제작	조정규
펴낸곳	도서출판 CUP
출판신고	제 2017-000056호 (2001.06.21.)
주소	(04549) 서울특별시 중구 을지로 148, 803호 (을지로3가, 중앙데코플라자)
전화	02) 745-7231
팩스	02) 6455-3114
이메일	cupmanse@gmail.com
홈페이지	www.cupbooks.com
ISBN	978-89-88042-86-1 03230 Printed in Korea

* 파손된 책은 구입하신 서점에서 교환해 드리며 책값은 뒤표지에 있습니다.

365 아침을 여는
하늘위로
하늘의 위로로
하늘 위로!

JESUS LIVES

사라 영 Sarah Young | 박일귀 옮김

CUP

이 책을
나를 구원하신
살아 계신 예수님께
바칩니다!

세상에 있는 자기 사람들을 사랑하시되
끝까지 사랑하시니라
―요한복음 13장 1절―

그가 여기 계시지 않고
그가 말씀 하시던 대로 살아나셨느니라
―마태복음 28장 6절―

이 책의 전반적인 기획과 편집을 맡았던
크리스 버스에게 진심으로 감사드립니다.
그녀는 여러 역할을 감당하며
이 책이 나오는 데 큰 기여를 했습니다.
안내하고 격려하며 이끌어 주었던
로라 민츄와 리사 스틸웰에게도 감사를 드립니다.
이렇게 멋진 팀과 동역할 수 있어 영광이었습니다.

차
례

프롤로그 014

하나.
세상의 유혹 시험이
내게 몰려올 때에

◆ 역경 Adversity 020
◆ 정죄 Condemnation 040
◆ 염려 Worry 052
◆ 슬픔 Sorrow 066
◆ 연약함 Weakness 074
◆ 공허함 Emptiness 090

◆ 상심 Brokenness 030
◆ 우상 숭배 Idolatry 048
◆ 두려움 Fear 060
◆ 분투 Striving 070
◆ 시험 Trials 080
◆ 인내 Endurance 094

둘.
내 모든 것 내려놓고
주께 나아갑니다

- ◆ 통제 Control 100
- ◆ 마음가짐 Attitude 108
- ◆ 올바른 삶 Right Living 126
- ◆ 기도 Prayer 138
- ◆ 믿음 Faith 160
- ◆ 주를 앙망함 Desiring Him 174

- ◆ 자기 절제 Self-Control 106
- ◆ 새로운 관점 Renewing Your Mind 116
- ◆ 감사 Thankfulness 130
- ◆ 신뢰 Trust 142
- ◆ 예배 Worship 168
- ◆ 주를 의지함 Depending on Him 182

셋.
주는
나의 반석이시니

- 주의 사랑 His Love 202
- 주의 신실하심 His Faithfulness 220
- 주 안에 머무름 Abiding in Him 232
- 주와의 친밀함 Intimacy with Him 248
- 주 안에서 쉼 Resting in Him 264
- 주 안에서 만족함 His Sufficiency 280
- 주의 용서 His Forgiveness 218
- 주의 임재 His Presence 222
- 주의 음성을 들음 Listening to Him 246
- 주를 기쁘시게 함 Pleasing Him 258
- 주 안에서 자유함 Freedom in Him 274

넷.
주 안에서
내 영혼 안전합니다

- 보호하심 Protection 292
- 은혜 Grace 304
- 평안 Peace 320
- 변화 Transformation 330
- 미래 The Future 348
- 하나님 나라 Heaven 364

- 확신 Assurance 296
- 기쁨 Joy 312
- 지혜 Wisdom 326
- 승리하는 삶 Victorious Living 344
- 소망 Hope 354

프롤로그

"내가 확신하노니 사망이나 생명이나 천사들이나 권세자들이나 현재 일이나 장래 일이나 능력이나 높음이나 깊음이나 다른 어떤 피조물이라도 우리를 우리 주 그리스도 예수 안에 있는 하나님의 사랑에서 끊을 수 없으리라"(로마서 8:38~39) 이 능력의 말씀이 여러분의 생각과 마음에 불꽃처럼 타오르게 하십시오. 이 세상의 어떤 피조물도 우리를 예수님의 사랑에서 떼어 놓을 수 없습니다!

이 세상은 단절로 가득 차 있습니다. 부모와 자식, 남편과 아내, 친구들, 어릴 적 꿈과 성인이 된 후의 현실, 이 모든 것이 단절되어 있지요. 하지만 그리스도인들이 결코 마주하지 않아도 될 단절이 하나 있습니다. 바로 예수님의 변함없는 사랑으로부터의 단절입니다.

예수님을 따르는 우리는 매 순간 모든 상황에서 그분의 사랑을 신뢰하라는 영광스러운 도전에 직면하게 됩니다. 우리는 앞으로 수많은 상실을 경험하게 될 것입니다. 하지만 잃어버리면 결코 살 수 없는 것이 하나 있습니다. 그것은 우리가 잃어버릴 수 없는 유일한 것이기도 하지요. 그것은 바로 예수님의 사랑입니다. 인생의 가장 힘든 순간에 이 놀라운 진리를 힘 있게 붙잡으려면, 예수님을 머리로만이 아닌 경험으로 알아야 합니다. 삶의 매 순간 그분의 사랑을 구하고 '깨달아야' 하지요.

이 책은 삶의 여러 상황 가운데, 특히 어려움을 당했을 때 살아 계신 예수님을 만나도록 돕는 책입니다. 이 책의 초점은 당신의 자녀들을 향한 하나님의 놀라운 사랑입니다. 이전의 책들과 마찬가지로, 저는 이 책을 기도하는 마음으로 성령을 의지하며 그분의 음성을 지속적으로 듣고 쓰는 방식으로 만들었습니다. 주님의 임재 안에서 잠잠히 그 음성에 집중하면서 저를 사랑하시는 주님이 '들려주시는' 이야기를 적었습니다. 「지저스 콜링」(*Jesus Calling*)과 마찬가지로 이 책도 예수님께서 직접 말씀하시는 형식을 취하고 있습니다.

이 책을 쓰는 동안 몸이 전보다 많이 약해졌습니다. 그러다 보니 늘 갈

급했고, 어느 때보다도 글을 쓰는 과정은 믿음의 행위가 되었습니다. 저는 한없이 풍성하신 주님을 바라보면서 제 전적인 부족함을 그분께 올려드렸습니다. 그리고 주님은 당신께 별 도움이 되지 못하는 제게 친히 오셔서 저를 도와주셨습니다. 그분의 사랑은 때로 깜짝 놀랄 만큼 열정적이었습니다. 주님을 온전히 바라볼 때, 그분은 늘 저를 긍휼히 여기시며 제 곁에서 용기를 주셨습니다.

성경은 오류가 없는 하나님의 말씀입니다. 저는 그 변치 않는 기준인 성경에 기반을 두고, 성경적 진리에 부합하게 글을 쓰려 노력했습니다.

주님은 우리가 상상하는 것보다 훨씬 더 우리를 사랑하십니다. 그분께 마음과 생각을 열고, 이 책에 담긴 예수님의 말씀을 천천히 기도하는 마음으로 읽어 보십시오. 그리고 함께 적어놓은 성경 구절을 깊이 묵상하십시오. 하나님의 말씀은 살아 있고 능력이 있어서 사람의 마음을 깊이 꿰뚫으며 삶을 변화시킵니다.

하나님께서 이 책을 삶 가운데 그리스도의 사랑을 더욱 깊이 깨닫는 도구로 사용해 주시기를 기도합니다. 제 책의 독자들을 위해 기도하는 것은 제 큰 기쁨이자 특권입니다. 독자들을 위한 기도는 매일 아침 저의 가장 중요한 기도제목입니다.

아무쪼록 이 책을 읽는 모든 분들이 날마다 예수님과 깊고 친밀하며 풍성하게 교제하시기를 소망합니다.

아낌없이 축복하며

사라 영

하나

세상의
유혹 시험이
내게
몰려올 때에

Adversity
역경

어떤 어려움이 닥치더라도 너는 내 힘에 의지하여 끝까지 인내할 수 있단다. 깊은 절망의 구렁텅이 주변을 위태롭게 비틀거릴 때 네 유일한 희망은 바로 내게 집중하는 것이란다. 혼란스러운 상황에서 갈피를 못 잡고 당황할수록 균형을 잃기 쉽지. 절망에 빠지지 않으려면 주변 상황이 아닌 나를 바라봐야 한단다. 네 편에서는 엄청난 노력이 필요한 일이지. 너는 네 생각에 한계가 있다는 사실을 완전히 받아들이지 않고 있거든. 어떻게든 이 상황을 이해해 보려고 생각에 생각을 거듭하지. 하지만 나는 언제나 네 옆에서 매 순간 네가 나를 바라볼 수 있도록 진심으로 돕고 있단다.

사방에서 우겨쌈을 당해도 전혀 움츠러들 필요 없단다. 이 싸움은 너 혼자만의 싸움이 아니야. 나는 어떤 상황에서도 결코 너를 버리지 않는단다. 너는 치명타를 입어도 쓰러지지 않을 거야. 내가 네 영혼의 목자이자 인도자이기 때문이지.

그러니 몸은 죽여도 영혼은 죽이지 못하는 자들을 두려워하지 마라. 너는 내가 주는 영생으로 말미암아 영원히 멸망치 않을 거란다. 너를 내 손에서 빼앗을 수 있는 사람은 아무도 없단다!

우리가 사방으로 우겨쌈을 당하여도 싸이지 아니하며
답답한 일을 당하여도 낙심하지 아니하며

고린도후서 4:8

믿음의 주요 또 온전하게 하시는 이인 예수를 바라보자
그는 그 앞에 있는 기쁨을 위하여 십자가를 참으사
부끄러움을 개의치 아니하시더니 하나님 보좌 우편에 앉으셨느니라

히브리서 12:2

너희가 전에는 양과 같이 길을 잃었더니
이제는 너희 영혼의 목자와 감독 되신 이에게 돌아왔느니라

베드로전서 2:25

내가 그들에게 영생을 주노니 영원히 멸망하지 아니할 것이요
또 그들을 내 손에서 빼앗을 자가 없느니라

요한복음 10:28

Adversity
역경

네가 물 가운데로 지날 때 내가 너와 함께 할 것이다. 고통의 깊은 물이 너를 뒤덮을 것 같은 순간에도 내가 너를 보호한다는 사실을 믿으렴. 너는 보배롭고 존귀한 내 사랑하는 자녀라는 사실을 잊지 말아라. 나는 너를 절대로, 절대로 버리지 않는단다! 너는 나를 잊어버릴 수도 있지만 나는 항상 너와 네 주변을 지켜보고 있어. 도움을 요청할 때 이미 나는 네가 어떤 상황에 처해 있는지 완벽히 알고 있지. 그러니 무슨 일이 일어나고 있는지, 내가 어떻게 해 주었으면 좋겠는지 굳이 설명하지 않아도 된단다. 긴급한 상황에서는 그냥 이렇게 기도하렴. "예수님, 도와주세요." "주님의 길을 보여 주세요." "주님의 뜻이 이루어질 것입니다."

그런 상황에서는 네 감정에 지나치게 신경 쓰지 않아도 된단다. 내가 진실로 너와 함께 있음을 믿고 내게 돌아오는 게 제일 중요하니까 말이야. 내 임재가 느껴지지 않을 때는, 내가 너를 변함없이 사랑하며 긍휼히 여긴다는 것을 아는 것만으로도 충분하단다. 네 마음이 극심한 두려움의 파도 아래로 가라앉을 때에도 그 감정에 매몰되지 말아라. 대신 눈을 들어 나를 바라보렴! 네 영혼이 나를 붙들면 내 의로운 오른손이 너를 붙들고, 폭풍우가 몰아치는 바다에서도 너를 안전하게 지킬 거란다.

네가 물 가운데로 지날 때에 내가 너와 함께 할 것이라

강을 건널 때에 물이 너를 침몰하지 못할 것이며 …

네가 내 눈에 보배롭고 존귀하며 내가 너를 사랑하였은즉 …

이사야 43:2~4

나라가 임하시오며

뜻이 하늘에서 이루어진 것 같이

땅에서도 이루어지이다

마태복음 6:10

그가 비록 근심하게 하시나

그의 풍부한 인자하심에 따라 긍휼히 여기실 것임이라

예레미야애가 3:32

나의 영혼이 주를 가까이 따르니 주의 오른손이 나를 붙드시거니와

시편 63:8

Adversity
역경

나를 따르는 자는 반드시 많은 고난을 겪어야 한단다. 그럼에도 불구하고 복음은 놀랍도록 좋은 소식이지. 내가 죽음으로 네 모든 죄 값을 치렀거든! 나를 영접하면 새로운 인생을 살게 된단다. 새로운 인생은 예측 불가능한 한 편의 모험담이란다. 모험담에는 예외 없이 갈등과 역경, 패배와 승리가 존재하지. 죽기 전에 나는 제자들에게 이 세상에서 고난과 시련, 고통과 좌절을 당할 것임을 경고했지. 그리고 바로 이렇게 말하며 그들을 안심시켰단다. **"내가 세상을 이겼노라. 너희를 해하는 세력을 물리치고 너희를 위해 승리하였노라."** 내 안에 있을 때 너는 승리자란다!

새로운 인생은 사랑 이야기이기도 하지. 나는 네 영원한 연인이란다. 나는 네 옆에서 천국을 향한 여정을 함께 할 거야. 좋은 날에 함께 기뻐하고 힘들 때 네 짐을 나눠 질게. 힘들 때는 내 영원한 두 팔로 너를 안아주고, 역경 가운데서도 좋은 것을 얻을 수 있도록 도와줄게. 나는 온갖 기발한 방법들로 나를 드러내니 주의를 기울여 나를 찾아보렴. 네가 나를 찾고자 할 때 나는 정말 기쁘단다. 나는 네 미래를 알고 있기 때문에 네가 미래를 잘 준비할 수 있도록 도울 수 있단다. 동시에 나는 네가 나와 함께 하는 이 시간을 즐거워할 수 있도록 훈련시키지. 힘겨울 때는 내 평안을 네게 줄 거란다. 인생 여정이 끝나는 날, 너는 나와 함께 겪은 고난이 사랑과 영광으로 충만한 빛나는 보물이었다는 사실을 깨닫게 될 거야.

복음을 그 성에서 전하여 많은 사람을 제자로 삼고
루스드라와 이고니온과 안디옥으로 돌아가서
제자들의 마음을 굳게 하여 이 믿음에 머물러 있으라 권하고
또 우리가 하나님의 나라에 들어가려면
많은 환난을 겪어야 할 것이라 하고

사도행전 14:21~22

이것을 너희에게 이르는 것은
너희로 내 안에서 평안을 누리게 하려 함이라
세상에서는 너희가 환난을 당하나 담대하라
내가 세상을 이기었노라

요한복음 16:33

영원하신 하나님이 네 처소가 되시니
그의 영원하신 팔이 네 아래에 있도다
그가 네 앞에서 대적을 쫓으시며 멸하라 하시도다

신명기 33:27

Adversity
역경

나는 너를 내팽개쳐 두는 하나님이 아니란다. 하지만 삶이 고통스러우면 그런 생각이 들 수도 있지. 내가 그걸 막을 수도 있었다는 걸 알고 있으니 말이야. 고통의 시간을 지날 때는 내가 네게 어떤 어려움도 이겨낼 수 있는 도구를 주었다는 사실을 기억하렴. 그 도구는 바로 **성경과 성령**이란다. 네가 할 일은 이 도구를 사용할 수 있도록 도움을 구하는 거야. 성경을 통해 너는 중요한 지혜를 얻을 수 있단다. 내가 네 곁에서 널 돌보겠다는 약속, 죄의 덫을 피하도록 돕겠다는 권고, 죄를 지었을 때 용서해 주겠다는 약속 등 많은 지혜가 성경에 담겨 있지.

네 삶에 찾아오는 수많은 시험에 놀라지 마라. 너는 본향인 천국에 이를 때까지 계속 전쟁을 치러야 한단다. 전쟁 중임을 받아들이면 어려운 일이 생겨도 훨씬 대응하기 쉬워지지. 그러면 네 신세를 한탄하는 데에 시간과 에너지를 낭비하지 않게 된단다. 또 너 혼자 이런 어려움을 겪고 있다는 느낌에서도 벗어날 수 있지. 나는 네가 반드시 역경을 잘 이겨낼 수 있도록 도와 줄 거야. 하지만 너도 내가 네게 준 내 임재, 말씀, 성령을 최선을 다해 사용해야 한단다. 수고하고 무거운 짐 진 자들아, 다 내게로 오라. 내가 너희를 쉬게 하리라.

두려워하지 말라 내가 너와 함께 함이라

놀라지 말라 나는 네 하나님이 됨이라

내가 너를 굳세게 하리라 참으로 너를 도와주리라

참으로 나의 의로운 오른손으로 너를 붙들리라

이사야 41:10

근신하라 깨어라

너희 대적 마귀가 우는 사자 같이 두루 다니며 삼킬 자를 찾나니

너희는 믿음을 굳건하게 하여 그를 대적하라

이는 세상에 있는 너희 형제들도 동일한 고난을 당하는 줄을 앎이라

베드로전서 5:8~9

수고하고 무거운 짐 진 자들아 다 내게로 오라

내가 너희를 쉬게 하리라

나는 마음이 온유하고 겸손하니 나의 멍에를 메고 내게 배우라

그리하면 너희 마음이 쉼을 얻으리니

마태복음 11:28~29

Adversity
역경

인생의 어려움이 너를 압도하는 것처럼 느껴질 때 네가 할 수 있는 최선은 나를 꼭 붙잡는 거란다. 인생이 힘겨울 때는 미래는 멀리 있는 것처럼 보이고 과거는 동떨어져 있는 것처럼 느껴지지. 하지만 사실 이것이 네게 복일 수 있단다. 내 자녀들은 과거와 미래의 문제들을 생각하느라 시간과 에너지를 낭비하는 경향이 있거든. 그러면서 현재와 늘 옆에 있는 내 존재는 무시해 버리지.

어려운 상황이 너를 궁지로 몰아넣을 때에도 너는 여전히 **네 구주 안에서 기뻐할 수 있단다.** 네게는 이 상황을 해결할 능력이 없어. 그러니 이 상황을 받아들이고 그 가운데서 나를 찾으렴.

더 이상 나를 붙잡기 힘들다고 느껴질 때도 있을 거야. 그럴 때는 네가 지금 이 순간까지 **나를 붙잡고 왔다는 사실을 기억하렴.** 네 안에 계신 성령이 너를 강하게 붙들고 계시단다. 성령은 네 한계를 뛰어넘을 수 있는 능력을 주신단다. 또한 내 손이 너를 영원히 붙잡고 있지. 네 손의 힘은 약해질 수 있어도 내 손은 결코 그렇지 않단다. 그러니 두려워하지 말아라. 내가 너와 함께 한단다. 놀라지 말아라. 내가 네 하나님이란다. 내가 너를 굳세게 할 거야. 정말로 너를 도와줄 거야. 정말로 나의 의로운 오른손으로 너를 붙들 거야.

오직 너희의 하나님 여호와께 가까이 하기를

오늘까지 행한 것 같이 하라

여호수아 23:8

비록 무화과나무가 무성하지 못하며 포도나무에 열매가 없으며

감람나무에 소출이 없으며 밭에 먹을 것이 없으며

우리에 양이 없으며 외양간에 소가 없을지라도

나는 여호와로 말미암아 즐거워하며

나의 구원의 하나님으로 말미암아 기뻐하리로다

하박국 3:17~18

나의 영혼이 주를 가까이 따르니

주의 오른손이 나를 붙드시거니와

시편 63:8

두려워하지 말라 내가 너와 함께 함이라

놀라지 말라 나는 네 하나님이 됨이라

내가 너를 굳세게 하리라 참으로 너를 도와주리라

참으로 나의 의로운 오른손으로 너를 붙들리라

이사야 41:10

Brokenness
상심

네 연약함과 상처들을 영원히 네 곁에 있는 내게로 가져오렴. 내 앞에서는 모든 것을 열어 보여도 된단다. 나는 너를 완전히 이해하는 하나님이기 때문이지. 너를 향한 내 긍휼은 차고 넘친단다. 치유의 하나님인 내게 마음을 열면 **모든 지각에 뛰어난 평안**을 얻게 될 거야. 그러니 일일이 모든 것을 이해하려 애쓰지 말고 내 품에 기대어 쉬어라. 네가 쉬는 동안 내가 너는 물론, 네가 걱정하는 모든 것을 돌볼 거란다.

마음 깊은 곳에서부터 나를 신뢰하렴. 그곳이 바로 내가 너와 하나 되어 살아가는 처소란다. 진정한 치유는 네가 나를 진심으로 신뢰할 때 일어난단다. **산들이 흔들리고 언덕이 옮겨진다 하더라도 너를 향한 내 사랑은 절대로 흔들리지 않는단다.** 이것이 너를 향한 내 긍휼의 핵심이야. 어떠한 절망적인 상황 속에서도 늘 의지할 수 있는 것은 오직 하나, 내 **변함없는 사랑**이란다.

상한 갈대를 꺾지 아니하며 꺼져가는 등불을 끄지 아니하고

진실로 정의를 시행할 것이며

이사야 42:3

아무 것도 염려하지 말고 다만 모든 일에 기도와 간구로

너희 구할 것을 감사함으로 하나님께 아뢰라

그리하면 모든 지각에 뛰어난 하나님의 평강이

그리스도 예수 안에서 너희 마음과 생각을 지키시리라

빌립보서 4:6~7

너는 마음을 다하여 여호와를 신뢰하고

네 명철을 의지하지 말라

잠언 3:5

산들이 떠나며 언덕들은 옮겨질지라도

나의 자비는 네게서 떠나지 아니하며

나의 화평의 언약은 흔들리지 아니하리라

너를 긍휼히 여기시는 여호와께서 말씀하셨느니라

이사야 54:10

Brokenness
상심

절망의 그물에 매여 마음이 많이 상했구나. 산산이 깨어진 마음을 가지고 내게 나아오렴. 그리고 그 마음의 조각들을 내가 주는 새하얀 천 위에 올려놓고 치유의 임재를 기다리렴. 절망의 그물을 벗기고 너를 깨끗하게 하는 동안 내 거룩한 빛 안에 머물러 있으렴. 내 얼굴을 바라보며 너를 향한 내 놀라운 사랑을 경험하렴. 내 사랑은 한이 없으며 내 긍휼은 끝이 없단다. 이제 더 이상 버틸 수 없다는 생각이 들 때 내 신실함을 떠올리렴. 나는 절대 너를 포기하지 않을 거야!

네가 낙심한 것도 사실이지만, 내가 너와 함께 한다는 것은 **더욱 분명한 사실이란다.** 내가 네 상한 마음을 치유할 수 있도록 내 곁에 머무르렴. 물론 치유된 마음은 이전의 마음과 똑같지는 않을 거야. 하지만 어떤 면에서는 전보다 훨씬 나을 거란다. 오래 품어왔던 소망은 사라졌지만 새로워진 마음에는 나를 위한 공간이 더 많을 거거든.

주 여호와의 영이 내게 내리셨으니
이는 여호와께서 내게 기름을 부으사
가난한 자에게 아름다운 소식을 전하게 하려 하심이라
나를 보내사 마음이 상한 자를 고치며
포로된 자에게 자유를, 갇힌 자에게 놓임을 선포하며

이사야 61:1

상전의 손을 바라보는 종들의 눈 같이
여주인의 손을 바라보는 여종의 눈 같이
우리의 눈이 여호와 우리 하나님을 바라보며
우리에게 은혜 베풀어 주시기를 기다리나이다

시편 123:2

여호와의 인자와 긍휼이 무궁하시므로
우리가 진멸되지 아니함이니이다
이것들이 아침마다 새로우니 주의 성실하심이 크시도소이다

예레미야애가 3:22~23

하나님이여 내 속에 정한 마음을 창조하시고
내 안에 정직한 영을 새롭게 하소서

시편 51:10

Brokenness
상심

나와 함께 나눈다면 어느 것도 버릴 것이 없단다. 나는 모든 꿈이 사라져버린 잿더미 속에서도 **아름다움을 찾을 수 있어.** 슬픔 가운데서 기쁨을, 고난 가운데서 평안을 길어낼 수 있지. 나와 삶을 나누는 법을 배운다면 이 거룩한 연금술을 삶에서 실제로 경험하게 될 거야. 나는 네 상한 마음과 몸부림 속에서 온전함을 만들어낼 수 있단다. 그러니 이 모든 것을 가지고 내게로 오렴. 내 치유의 능력을 믿어라. 내가 그것들을 변화시킬 수 있단다.

소중한 자녀들이 변화되는 것은 내게 더없는 기쁨이란다. 좌절된 꿈을 내게 맡기렴. 내가 돌보고 보호할 테니 내 손 안에 그것을 내려 놓으렴. 나는 상처 입은 마음을 치유할 뿐 아니라 네게 **새로운 꿈을** 선사할 거란다. 너를 향한 내 계획과도 잘 어울리는 꿈이지. 새로운 꿈을 꾸기 시작하면 전보다 훨씬 더 만족을 느끼게 될 거야. 그리고 내 아름다운 임재를 더욱 깨닫게 될 거란다.

슬픔과 어려움도 내게 맡기렴. 나와 나누면 슬픔은 어둔 밤을 화려하게 수놓는 크리스마스 불빛처럼 기쁨의 빛으로 충만해진단다. 고난을 내 선물로 받아들이면 어려운 문제 가운데 숨겨진 평안이라는 보물을 발견하게 될 거야. 나는 네 진실한 친구이자 너를 거룩하게 변화시킬 왕 중의 왕이란다. 나와 함께라면 모든 것이 가능하단다.

주 여호와의 영이 내게 내리셨으니 이는 여호와께서 내게 기름을 부으사
가난한 자에게 아름다운 소식을 전하게 하려 하심이라
나를 보내사 마음이 상한 자를 고치며
포로된 자에게 자유를, 갇힌 자에게 놓임을 선포하며 여호와의 은혜의 해와
우리 하나님의 보복의 날을 선포하여 모든 슬픈 자를 위로하되
무릇 시온에서 슬퍼하는 자에게 화관을 주어 그 재를 대신하며
기쁨의 기름으로 그 슬픔을 대신하며 찬송의 옷으로 그 근심을 대신하시고
그들이 의의 나무 곧 여호와께서 심으신
그 영광을 나타낼 자라 일컬음을 받게 하려 하심이라

이사야 61:1~3

평안을 너희에게 끼치노니 곧 나의 평안을 너희에게 주노라
내가 너희에게 주는 것은 세상이 주는 것과 같지 아니하니라
너희는 마음에 근심하지도 말고 두려워하지도 말라

요한복음 14:27

예수께서 그들을 보시며 이르시되
사람으로는 할 수 없으나 하나님으로서는 다 하실 수 있느니라

마태복음 19:26

Brokenness
상심

나는 거룩한 역전의 하나님이란다. 악한 것에서 선한 것을 이끌어낼 수 있지. 내 계획은, 패배한 것처럼 보이는 상황에서 승리를 이끌어내는 거란다. 전쟁에서 부상당한 그 모습 그대로 내게 나오렴. 그리고 치유의 빛 앞에 네 상처를 드러내렴. 환자들이 오랜 시간 햇볕을 쪼이고 신선한 공기를 마시며 병을 치료하듯이, 내 빛이 네 속에 스며들 수 있도록 나와 충분히 시간을 보내면 좋겠구나. 내가 네 깊은 상처를 치유할 수 있도록 말이야.

네 삶에서 거룩한 역전을 경험할 때 너는 세상을 다루는 내 원숙한 솜씨에 전율을 느끼게 될 거야. 네가 겪는 고통에는 다 의미가 있단다. 나는 악한 것에서 선한 것을 이끌어낸단다. 내 계획은 결코 실패하지 않지! 내 지혜와 방법이 네 예상을 뛰어넘는 것이었음을 깨달을 때 너는 내 영광을 어렴풋이 보게 될 거야. 그리고 내 무한한 지혜와 능력 앞에 엎드려 예배하게 될 거란다. 마음을 열고 나를 예배하면 내 변함없는 사랑을 확신하게 되지. 너를 위한 내 계획은 재앙이 아니라 번영이며, 네게 미래와 희망을 주려는 것이란다.

당신들은 나를 해하려 하였으나 하나님은 그것을 선으로 바꾸사
오늘과 같이 많은 백성의 생명을 구원하게 하시려 하셨나니

창세기 50:20

이는 하늘이 땅보다 높음 같이 내 길은 너희의 길보다 높으며
내 생각은 너희의 생각보다 높음이니라

이사야 55:9

여호와여 우리가 주께 바라는 대로
주의 인자하심을 우리에게 베푸소서

시편 33:22

여호와의 말씀이니라
너희를 향한 나의 생각을 내가 아나니 평안이요 재앙이 아니니라
너희에게 미래와 희망을 주는 것이니라

예레미야 29:11

Brokenness
상심

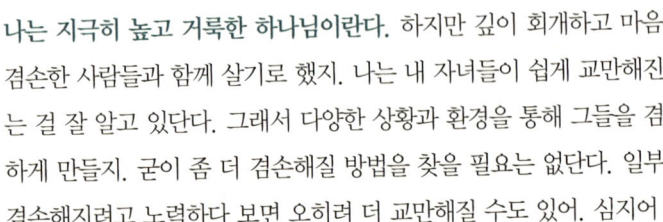

나는 지극히 높고 거룩한 하나님이란다. 하지만 깊이 회개하고 마음이 겸손한 사람들과 함께 살기로 했지. 나는 내 자녀들이 쉽게 교만해진다는 걸 잘 알고 있단다. 그래서 다양한 상황과 환경을 통해 그들을 겸손하게 만들지. 굳이 좀 더 겸손해질 방법을 찾을 필요는 없단다. 일부러 겸손해지려고 노력하다 보면 오히려 더 교만해질 수도 있어. 심지어 어처구니 없는 행동을 하기도 하지. 대신 내가 네 삶 가운데 무슨 일을 하고 있는지 잘 살펴보고 너를 내게 맡기렴. 얼마나 겸손한지가 아닌, 어떻게 하면 나를 기쁘게 할 수 있는지에 초점을 맞추면 좋겠구나.

죄를 회개하는 건 완전히 다른 문제야. 너는 **반드시** 너 자신을 점검하고 죄를 깨달아야 한단다. 그래야 내게 죄를 고백하고 용서의 자유를 누릴 수 있거든. 죄책감의 덫에 빠지지 않도록 조심하면서 네 안의 진짜 죄를 깨닫게 해 달라고 구하렴. 그리고 네 죄를 직면할 때 마음을 열어 내 사랑을 받아들여라. 나는 마음이 상하고 회개하는 심령을 가진 이들과 함께한단다. 그리고 겸손한 마음으로 죄를 뉘우치는 사람들을 소생시키지. 나와 친밀해지려면 겸손한 마음으로 회개해야 한단다. 그러면 풍성한 기쁨을 얻게 될 거야. 나와 함께 믿음으로 이 길을 걷자꾸나. 내가 **변함없는 사랑으로 너를 감싸줄게.**

지극히 존귀하며 영원히 거하시며

거룩하다 이름하는 이가 이와 같이 말씀하시되

내가 높고 거룩한 곳에 있으며 또한 통회하고 마음이 겸손한 자와 함께 있나니

이는 겸손한 자의 영을 소생시키며 통회하는 자의 마음을 소생시키려 함이라

이사야 57:15

그러므로 하나님의 능하신 손아래에서 겸손하라

때가 되면 너희를 높이시리라.

베드로전서 5:6

여호와는 마음이 상한 자를 가까이 하시고

충심으로 통회하는 자를 구원하시는도다

시편 34:18

악인에게는 많은 슬픔이 있으나

여호와를 신뢰하는 자에게는 인자하심이 두르리로다

시편 32:10

Condemnation
정죄

확신하건대 그리스도 예수 안에 있는 자에게는 결코 정죄함이 없단다. 내 십자가 죽음이 너를 죄에서 해방시켰지. 하지만 너는 이 사실을 믿고 있음에도 불구하고 여전히 죄책감과 싸우고 있구나. 네가 바라는 것처럼 죄에서 완전히 해방되는 것은 가능하단다. 내가 그것을 가능케 했고 내 영이 너를 도울 수 있지.

성령께 정죄를 당하는 느낌에서 벗어나게 해 달라고 구하렴. 이런 느낌은 실제로 아무 근거가 없단다. 믿음의 눈으로 나를 바라보고 너를 용납하는 천국의 미소를 보고 기뻐하렴. 내게 시선을 맞추고 나와 교제하자꾸나. 그러면 내가 너를 사랑으로 용납했다는 사실을 더 깊이 받아들이게 될 거야. 정죄 받는 느낌에서 벗어나는 가장 좋은 방법은 너를 향한 내 사랑을 경험하는 거란다.

복음의 진리를 깊이 묵상하는 것도 이 감정과 싸우는 하나의 방법이란다. 기만은 **거짓의 아비**인 사탄의 특기지. 성경의 진리로 사탄의 거짓에 맞서렴. 내 영은 **생명의 영**이라는 사실을 잊지 말아라. 죄책감은 기력을 빼앗고 사람을 의기소침하게 만든단다. 네 삶을 성령으로 가득 채우면 네 삶은 더욱 풍성하고 온전해질 거야.

그러므로 이제 그리스도 예수 안에 있는 자에게는 결코 정죄함이 없나니

이는 그리스도 예수 안에 있는 생명의 성령의 법이

죄와 사망의 법에서 너를 해방하였음이라

로마서 8:1~2

낮에는 여호와께서 그의 인자하심을 베푸시고

밤에는 그의 찬송이 내게 있어 생명의 하나님께 기도하리로다

시편 42:8

너희는 너희 아비 마귀에게서 났으니

너희 아비의 욕심대로 너희도 행하고자 하느니라

그는 처음부터 살인한 자요 진리가 그 속에 없으므로

진리에 서지 못하고 거짓을 말할 때마다 제 것으로 말하나니

이는 그가 거짓말쟁이요 거짓의 아비가 되었음이라

요한복음 8:44

도둑이 오는 것은 도둑질하고 죽이고 멸망시키려는 것뿐이요

내가 온 것은 양으로 생명을 얻게 하고 더 풍성히 얻게 하려는 것이라

요한복음 10:10

Condemnation
정죄

스스로를 정죄하는 마음이 들 때마다 이렇게 외치렴. "예수님, 도와주세요!" 네 생각과 마음은 너를 정죄하는 악한 영의 불화살에 맞서 싸우는 전쟁터란다. 이 불화살을 막아내기 위해서는 **믿음의 방패**가 필요하지. 내게 도움을 청한다는 건 네가 나를 진정으로 믿고 있다는 증거란다. 그럴 때 나는 너와 함께 이 전쟁에 참여하게 되지. 나는 내가 이미 네 모든 죄의 대가를 완벽히 치렀다는 사실을 기억나게 해 줄 거야.

네 양심이 완벽하지 않다는 걸 기억하렴. 양심이 정죄하는 것 중에는 거짓이 많단다. 양심이 정죄하는 소리를 듣지 말고 성령과 말씀을 통해 내 음성에 귀를 기울이렴. 너는 이 세상을 떠나는 날까지 계속 죄를 지을 수밖에 없단다. 하지만 나는 네게 죄를 어떻게 다뤄야 하는지 이미 알려주었지. 그 방법은 바로 **하나님의 뜻에 맞게 슬퍼하는 것**이란다. 네가 상처를 준 모든 이를 사랑하고 염려하는 마음으로 슬퍼하는 것이지. 이러한 슬픔은 너를 성장시킨단다. 이는 성령께서 하시는 일로, 후회 없는 진정한 회개를 불러오지.

스스로를 정죄하는 마음이 들거든 네 마음보다 크고 모든 것을 아는 나를 기억하렴. 그리고 담대하게 내게 나아와 감사함으로 내 사랑 안에 거하렴.

이는 우리 마음이 혹 우리를 책망할 일이 있어도
하나님은 우리 마음보다 크시고 모든 것을 아시기 때문이라

요한일서 3:20

모든 것 위에 믿음의 방패를 가지고 이로써
능히 악한 자의 모든 불화살을 소멸하고

에베소서 6:16

내가 또 들으니 하늘에 큰 음성이 있어 이르되
이제 우리 하나님의 구원과 능력과 나라와
또 그의 그리스도의 권세가 나타났으니
우리 형제들을 참소하던 자
곧 우리 하나님 앞에서 밤낮 참소하던 자가 쫓겨났고

요한계시록 12:10

하나님의 뜻대로 하는 근심은
후회할 것이 없는 구원에 이르게 하는 회개를 이루는 것이요
세상 근심은 사망을 이루는 것이니라

고린도후서 7:10

Condemnation
정죄

나는 100% 하나님이면서 100% 사람인 완전한 구원자란다. 인간의 몸을 입고 이 땅에 내려왔으므로 네 죄에 대한 대가를 온전히 치를 수 있었지. 너는 내 것이므로 내 눈에는 **흠이 없고 책망할 것이 없는 거룩한 자란다.** 때로 너 자신이 흠이 있고 책망 받을 게 많은 사람이라고 느껴지겠지만, 그건 너의 진정한 정체성이 아니란다. 너는 이제 구원받은 내 자녀야. 너를 표현하는 가장 좋은 단어는 '흠 없는'이지. 내가 네 모든 죄에 대해 죽음으로 대가를 치렀단다. 그러므로 너는 정죄에서 완전히 해방 되었단다. 믿음으로 나와 연합한 사람에게는 **결코 정죄함이 없지.**

그럼에도 불구하고 너는 계속 어려움을 겪을 거야. 사탄이 **밤낮으로 그리스도인들을 고발하고 있거든.** 사탄의 부하들은 이 전략을 사용해 그리스도인들을 속이고 무너뜨리는 걸 아주 좋아한단다. 악한 영들은 진리와 거짓을 적절히 섞어 네 마음을 공격하지. 이 공격을 막아내는 좋은 방법은 너를 비난하는 생각들을 적어보는 거란다. 그러면 무엇이 왜곡되고 거짓된 것인지 알 수 있을 거야. 제일 좋은 방법은 이에 과감하게 대응하는 거지. 거짓과 왜곡은 거부하고 실제로 지은 죄에 대해서는 회개하면 그만이란다. 그러나 중요한 것은 네가 하는 일이 아니라 내가 이미 한 일이란다. 나는 너를 완전히 구원했으므로 너는 나와 영원히 살 수 있어. **아들이 너를 자유롭게 하면 너는 참으로 자유로울 거란다.**

이제는 그의 육체의 죽음으로 말미암아 화목하게 하사
너희를 거룩하고 흠 없고 책망할 것이 없는 자로 그 앞에 세우고자 하셨으니

골로새서 1:22

그러므로 이제 그리스도 예수 안에 있는 자에게는
결코 정죄함이 없나니

로마서 8:1

내가 또 들으니 하늘에 큰 음성이 있어 이르되
이제 우리 하나님의 구원과 능력과 나라와
또 그의 그리스도의 권세가 나타났으니
우리 형제들을 참소하던 자 곧
우리 하나님 앞에서 밤낮 참소하던 자가 쫓겨났고

요한계시록 12:10

그러므로 아들이 너희를 자유롭게 하면
너희가 참으로 자유로우리라

요한복음 8:36

Condemnation
정죄

너는 내 공의의 겉옷을 입었으므로 나는 너를 결코 정죄하지 않는단다.
네 죄에 지나치게 집중하면 자기혐오에 빠지기 쉽지. 그러니 내가 너를 죄의 사망의 법에서 해방시키기 위해 구원의 옷을 입혀주었다는 사실을 매일 기억하기 바란다.

내가 보는 너는 내 의의 옷을 입고 빛나고 있단다. 너도 너 자신을 그렇게 보았으면 좋겠구나. 네 기준에서 의롭게 살 때는 스스로를 의인으로 여기는 게 어렵지 않겠지. 하지만 너는 결코 이 세상에서는 내 기준에서 의롭게 살 수 없어. 내 의로움은 죄를 지었을 때 뿐 아니라 의롭게 산다는 생각이 들 때에도 필요하단다.

일이 잘 풀릴 때는 나 없이도 잘 살 수 있을 거라는 생각이 들 거야. 그럴 때는 내 의의 옷이 필요 없는 것처럼 느껴질 수도 있단다. 또 너는 때로 내 구원의 옷이 모든 죄를 덮을 수 있음을 잊고 죄와 실패에 사로잡혀 절망하기도 하지. 하지만 이는 모두 잘못된 생각이란다.

내 안에서 구원의 풍성함과 죄에서 해방된 기쁨을 마음껏 누리렴. 네가 나를 구주로 믿었을 때 나는 네게 온전한 의의 겉옷을 입혀 주었단다. 그 무엇도, 그 누구도 네게서 그 옷을 벗길 수 없지! 의의 옷을 입은 모습에 초점을 맞추면 내 빛나는 임재 안에서 기뻐할 수 있단다. 너는 아름다운 덕을 선포하게 하기 위해 택한 내 자녀이며, 나는 너를 어두움에서 불러내어 기이한 빛 가운데 들어가게 한 하나님임을 기억하렴.

그러므로 이제 그리스도 예수 안에 있는 자에게는

결코 정죄함이 없나니

이는 그리스도 예수 안에 있는 생명의 성령의 법이

죄와 사망의 법에서 너를 해방하였음이라

로마서 8:1~2

내가 여호와로 말미암아 크게 기뻐하며

내 영혼이 나의 하나님으로 말미암아 즐거워하리니

이는 그가 구원의 옷을 내게 입히시며 공의의 겉옷을 내게 더하심이

신랑이 사모를 쓰며 신부가 자기 보석으로 단장함 같게 하셨음이라

이사야 61:10

그러나 너희는 택하신 족속이요 왕 같은 제사장들이요

거룩한 나라요 그의 소유가 된 백성이니

이는 너희를 어두운 데서 불러내어 그의 기이한 빛에 들어가게 하신 이의

아름다운 덕을 선포하게 하려 하심이라

베드로전서 2:9

Idolatry
우상 숭배

타락 이래로 사람들은 줄곧, 자신과 그들에게 속한 피조물들을 우상으로 만들고자 했단다. 보이지 않는 나를 예배하는 것보다 보이는 무언가를 신으로 만드는 편이 더 쉽다고 생각했지. 너는 오랜 시간 완벽해지고자 노력해 온 나머지, 이제는 네가 만들어낸 것들, 혹은 네가 한 일들을 우상으로 만드는 죄를 범하기 쉬워졌단다. 이것은 상당히 교묘한 죄인데, 특히 네가 내 영광을 위해 무언가를 만들어 낸다고 할 때 범하기 쉽지. 나는 사람들에게 복을 주기 위해 굳이 네가 만든 것을 사용하지 않아도 되었단다. 하지만 그렇게 했고 너는 이로 인해 기쁨을 얻었지. 하지만 칭찬을 받으면 이에 푹 빠져서 너 자신과 마찬가지로 네가 만든 모든 것에도 흠이 있다는 사실을 잊어버리곤 한단다. 하지만 너는 하늘에 속한 것을 담는 질그릇일 뿐임을 기억해야 해. 네가 만들어낸 것 혹은 네가 한 일도 마찬가지지.

나는 나의 영광을 깨닫게 하고자 네 마음에 빛을 비추고 있는 네 안의 그리스도란다. 나는 너와 네 창조물이라는 질그릇에 의미를 부여하며 그 안을 가득 채우는 보물이지. 나를 의지해 일한다면, 나는 그 일을 내 뜻을 위해 강력하게 사용할 수 있단다. 우리가 함께 이루어낸 일을 기뻐하자꾸나. 하지만 진정한 기쁨은 네 영원한 보물인 내 안에서 찾길 바란다. 사랑의 마음으로 나를 예배하며, 네 이름이 하늘의 생명책에 기록됨으로 인해 기뻐하려무나.

어두운 데에 빛이 비치라 말씀하셨던 그 하나님께서
예수 그리스도의 얼굴에 있는 하나님의 영광을 아는 빛을
우리 마음에 비추셨느니라
우리가 이 보배를 질그릇에 가졌으니
이는 심히 큰 능력은 하나님께 있고
우리에게 있지 아니함을 알게 하려 함이라

고린도후서 4:6~7

하나님이 그들로 하여금 이 비밀의 영광이
이방인 가운데 얼마나 풍성한지를 알게 하려 하심이라
이 비밀은 너희 안에 계신 그리스도시니 곧 영광의 소망이니라

골로새서 1:27

그러나 귀신들이 너희에게 항복하는 것으로 기뻐하지 말고
너희 이름이 하늘에 기록된 것으로 기뻐하라 하시니라

누가복음 10:20

Idolatry

우상 숭배

나는 온 세상을 두루 살피고, 전심으로 나를 찾는 사람에게 능력을 준단다. 이 세상은 그럴 듯해 보이는 말들과 노골적인 거짓말들로 가득하지. 나는 그 모든 것을 아주 분명하게 볼 수 있단다. 물론 그 말은 너에 대한 것도 모두 볼 수 있다는 뜻이야. 타락한 사람의 마음은 **세상 어떤 것보다 거짓되고 부패했단다.** 사람들은 거리낌 없이 우상을 숭배하며 그리스도인들도 예외는 아니란다. 아무리 선한 것이라도 마음의 제일 높은 곳을 차지하게 되면 우상이 되지. 그럼에도 불구하고 길이 없는 건 아니란다. 네 마음을 온전히 **내게 내어 놓는다면** 말이지. 성령이 네 안의 우상을 지적할 때, 회개하고 네 **첫사랑인** 내게로 돌아오렴. 네게 나를 위해 살아갈 수 있는 능력을 점점 더 부어주마. 이렇듯 너와 내가 함께 일하다 보면 네 마음은 점점 내게 헌신하게 될 거야.

내가 네 모든 것을 보고 있다는 사실에 겁이 난다면, 내가 너를 은혜의 눈으로 바라보고 있다는 걸 기억하렴. 나는 모든 것을 볼 수 있지만 너를 은혜의 눈으로 바라보기로 마음먹었단다. 내가 보는 너는 빛나는 **구원의 옷을** 입고 있지. 정말 영광스러운 광경이지 않니? 그러니 눈을 들어 너를 사랑으로 용납하는 내 눈을 바라보며 힘과 기쁨을 얻으렴.

여호와의 눈은 온 땅을 두루 감찰하사
전심으로 자기에게 향하는 자들을 위하여 능력을 베푸시나니

역대하 16:9

만물보다 거짓되고 심히 부패한 것은 마음이라
누가 능히 이를 알리요마는

예레미야 17:9

그러나 너를 책망할 것이 있나니
너의 처음 사랑을 버렸느니라

요한계시록 2:4

내가 여호와로 말미암아 크게 기뻐하며
내 영혼이 나의 하나님으로 말미암아 즐거워하리니
이는 그가 구원의 옷을 내게 입히시며 공의의 겉옷을 내게 더하심이
신랑이 사모를 쓰며 신부가 자기 보석으로 단장함 같게 하셨음이라

이사야 61:10

Worry
염려

네 모든 염려를 내게 맡겨라. 염려는, 잘 다루지 않으면 너와 다른 사람 모두에게 독이 될 수 있단다. 그저 염려를 덜 하는 것으로는 충분치 않단다. 염려를 있는 힘껏 내게 던져 버리렴. 실수로 핀을 뽑은 수류탄을 그냥 들고 있거나 발밑에 놓거나 다른 사람에게 넘겨주는 사람은 없을 거야. 되도록 사람이 없는 곳으로 멀리 던져 버리려 하겠지. **염려를 내게 맡기면** 나는 그 염려가 아무에게도 해를 끼치지 못하도록 멀리 던져 버릴 거란다. 나는 너를 한없는 긍휼로 돌보는 자이므로, 이 일을 즐거워 한단다.

타락 이후로 인간의 감정은 더 이상 정상적으로 작동하지 않는단다. 사람들은 무엇이 자신을 괴롭히는지 깨닫지도 못한 채 고통스러운 감정들을 쏟아내거나 이를 억누른 채 괜찮은 척 하지. 상처를 주는 감정을 깨닫고 내게 고백할 수 있도록 **절제하고 깨어있으렴.** 이 일에 성령의 도움을 구하렴. 네 안에 계신 성령에 의지하면 불안한 마음은 곧 사그라들 거야. 성령은 너를 **사랑과 희락과 화평과 절제의** 열매를 맺는 거룩한 사람으로 변화시킬 수 있단다.

너희 염려를 다 주께 맡기라 이는 그가 너희를 돌보심이라

근신하라 깨어라

너희 대적 마귀가 우는 사자 같이 두루 다니며 삼킬 자를 찾나니

베드로전서 5:7~8

하늘이여 노래하라 땅이여 기뻐하라 산들이여 즐거이 노래하라

여호와께서 그의 백성을 위로하셨은즉

그의 고난당한 자를 긍휼히 여기실 것임이라

이사야 49:13

만일 너희 속에 하나님의 영이 거하시면

너희가 육신에 있지 아니하고 영에 있나니

누구든지 그리스도의 영이 없으면 그리스도의 사람이 아니라

로마서 8:9

오직 성령의 열매는 사랑과 희락과 화평과 오래 참음과

자비와 양선과 충성과 온유와 절제니 이 같은 것을 금지할 법이 없느니라

갈라디아서 5:22~23

Worry
염려

내일 일을 염려하지 마라. 아주 간단하고 단순한 명령인데도, 너희들은 단 하루도 이를 어기지 않는 날이 없단다. 물론 네게는 이 명령을 따라 살 수 있는 능력이 없어. 이 사실을 깨닫게 되면 스스로 의로워지려는 노력에서 벗어나게 되고, 내 사랑을 받기에 합당한 사람이 되려는 몸부림을 내려놓게 되지. 그럼에도 불구하고 나는 본능적으로 내일 일을 염려하는 너를 돕고 싶구나.

네 생각은 죄로 물들어 있단다. 그래서 너는 내일 일을 **염려하지 않을 수가 없지.** 하지만 초기에 개입하면 피해를 최소화할 수 있단다. 내일 일을 염려하고 있다는 생각이 들면 그 즉시 조치를 취하렴. 일어나지도 않은 미래에 대한 생각을 내려놓고 재빨리 현재로 돌아오는 거야. 미래는 네 생각을 아주 강하게 끌어당기기 때문에 현재 네 관심을 끌 수 있는 무언가로 생각을 전환하는 것이 도움이 된단다. 흥미로운 활동이나 아름다운 날씨, 사랑하는 친구나 가족 등을 생각해 보렴. 그런 것이 없다면 너를 사랑하며 언제나 네가 관심을 가져 주기를 기다리고 있는 나를 생각해라. 나는 언제나 네 곁에 있으므로 이 선택은 언제나 훌륭한 선택이란다. 내 기쁨의 임재 안으로 들어오면 내 넘치는 사랑으로 인해 즐거워질 거야.

그러므로 내일 일을 위하여 염려하지 말라
내일 일은 내일이 염려할 것이요 한 날의 괴로움은 그 날로 족하니라

마태복음 6:34

긍휼이 풍성하신 하나님이 우리를 사랑하신 그 큰 사랑을 인하여
허물로 죽은 우리를 그리스도와 함께 살리셨고
(너희는 은혜로 구원을 받은 것이라)

에베소서 2:4~5

그러므로 함께 하늘의 부르심을 받은 거룩한 형제들아
우리가 믿는 도리의 사도이시며 대제사장이신 예수를 깊이 생각하라

히브리서 3:1

그런즉 내가 하나님의 제단에 나아가
나의 큰 기쁨의 하나님께 이르리이다
하나님이여 나의 하나님이여
내가 수금으로 주를 찬양하리이다

시편 43:4

Worry
염려

나와 교제하는 시간이 늘어나면 그만큼 염려할 시간이 줄어든단다. 염려가 습관이 된 너는 이 말이 잘 믿기지 않을 거야. 오랫동안 네 힘으로 염려를 떨쳐 버리려고 애써 왔으니 말이지. 하지만 네 노력은 오히려 역효과를 불러 왔단다. 염려하지 않으려고 할수록 더 불안해지게 되었으니 말이야.

이 일에는 분명 내 도움이 필요하단다. 최고의 전략은 문제에 집중하지 않고 나와의 교제에 힘을 쏟는 거지. 이 방법은 염려를 포함한 모든 부정적인 경향에서 벗어날 수 있도록 도와준단다. 부정적인 행동이 있던 자리에 네 창조자이자 구원자인 나와의 긍정적 교제를 가져다 놓는 거야.

나는 네 창조자이므로, 네가 언제 최고로 기능할 수 있는지 알고 있단다. 바로 나와 풍성한 교제를 나눌 때이지. 또 나는 네 구원자로서, 네가 언제 최악으로 치닫는지도 잘 알고 있어. 하지만 내가 네 모든 죄를 위해 죽었다는 사실을 기억해야 한단다. 내게 네 이야기만 하지 말고 내 이야기도 들으렴. 나는 성경과 성령, 창조 세계를 통해 지금도 네게 이야기하고 있단다. 나와 교제하는 것, 즉 쉬지 않고 기도하는 것을 훈련할수록 네 염려의 시간은 점점 줄어들 거야.

또 너희 중에 누가 염려함으로 그 키를 한 자라도 더할 수 있느냐
그런즉 가장 작은 일도 하지 못하면서 어찌 다른 일들을 염려하느냐

누가복음 12:25~26

근심이 사람의 마음에 있으면 그것으로 번뇌하게 되나
선한 말은 그것을 즐겁게 하느니라

잠언 12:25

여호와여 주의 도를 내게 보이시고 주의 길을 내게 가르치소서
주의 진리로 나를 지도하시고 교훈하소서
주는 내 구원의 하나님이시니 내가 종일 주를 기다리나이다

시편 25:4~5

쉬지 말고 기도하라

데살로니가전서 5:17

Worry
염려

인생에 폭풍이 몰아칠 때 무너지지 않는 가장 좋은 방법은 나와의 관계를 굳건히 하는 거란다. 너는 염려하느라 너무 많은 시간을 낭비하고 있단다. 하지만 과거를 돌아보렴. 네가 염려했던 문제 중 대부분은 실제로 일어나지 않았지. 물론 염려가 현실이 되는 경우도 있지만 어려운 문제들도 시간이 지나면 대부분 힘을 잃는단다. 그러니 이제는, 생길지도 모르는 문제가 아닌 늘 네 곁에 있는 나를 바라보렴.

너는 언젠가 닥칠지 모를 모든 위험을 예측하려고 하지. 하지만 그렇게 한다고 안심하게 되는 건 아니야. 네 인생의 주인은 나란다. 그러니 **나를 믿고 모든 염려를 너를 돌보는 내 손 안에 내려놓으렴.** 문제를 껴안고 혼자 끙끙대고 있는 너를 볼 때면 정말 가슴이 아프단다. 근심이 있을 때는 내 얼굴을 구하렴. 나는 멀리 있지 않단다. 너의 생각보다 훨씬 가까이에 있지.

염려 대신 나와 친밀하게 교제하는 데 시간을 쓰면 좋겠구나. 너의 모든 것을 내게 얘기해 주렴. 힘든 일 뿐 아니라 즐거운 일도 말이야. 나는 너에 관한 모든 일에 관심이 있단다. 나는 너의 영원한 연인이거든. **내가 의로운 오른손으로 너를 붙들고 영원한 지혜로 너를 인도하고 있으니, 미래에 대해서는 염려하지 말아라.** 때가 이르면 나는 너를 내 영광에 참여케 할 거야. 지금은 그저 내 곁에 살기만 하면 되지. 나와의 교제는 인생에 폭풍이 몰아칠 때 가장 좋은 피난처란다.

여호와와 그의 능력을 구할지어다

항상 그의 얼굴을 찾을지어다

역대상 16:11

옛적에 여호와께서 나에게 나타나사

내가 영원한 사랑으로 너를 사랑하기에

인자함으로 너를 이끌었다 하였노라

예레미야 31:3

Fear
두려움

두려움은 일종의 속박이란다. 내가 너를 위해 십자가에서 죽었으므로 이제 너는 두려움의 노예가 아니란다. 너희가 두려움에 매여 사는 걸 보니 마음이 아프구나. 내가 십자가에서 죽은 것은 단지 네 죄를 용서하기 위해서만이 아니었단다. 네가 하나님 아버지의 마음으로 나아갈 수 있게 하기 위해서였지. 너는 나를 구주로 믿었으므로 내 **온전한 사랑** – 아바의 사랑 – 을 받는 자란다. **온전한 사랑은 두려움을 내어 쫓지.** 두려움은 형벌과 관련이 있거든. 하지만 나를 따르는 자에게는 형벌이 없단다.

사람들은 영적으로 속박된 상태에서 세상에 태어난단다. 두려움도 일종의 영적인 속박이지. 타락한 몸을 입고 타락한 세상에 살면서 두려움에서 벗어난다는 건 쉬운 일이 아니란다. 하지만 **양자(養子)**의 영이 너를 도우며, 네가 하나님의 넘치는 사랑을 받는 자녀임을 알게 해 줄 거야! 이 영은 너로 하여금 하나님께 입양된 귀한 자녀라는 걸 믿고 **"아빠"**라고 외칠 수 있게 해 주지. 든든하고 사랑 많은 아버지 곁에 있으면 두려운 순간에도 마음을 다스릴 수 있게 되는 것처럼, 네게는 너를 온전히 사랑하는 한없이 든든한 하나님 아버지가 계신단다. 그러니 네 두려움을 그분께 내려놓고 가장 안전한 아빠의 마음에 너를 맡기렴. 마음을 열고 하나님의 무한한 사랑을 받아라. 그 사랑이 네 마음에 자리 잡으면 두려움이 머물 공간이 줄어들 거야.

너희는 다시 무서워하는 종의 영을 받지 아니하고
양자의 영을 받았으므로 우리가 아빠 아버지라고 부르짖느니라

로마서 8:15

사랑 안에 두려움이 없고 온전한 사랑이 두려움을 내쫓나니
두려움에는 형벌이 있음이라
두려워하는 자는 사랑 안에서 온전히 이루지 못하였느니라

요한일서 4:18

주는 영이시니 주의 영이 계신 곳에는 자유가 있느니라

고린도후서 3:17

아버지께서 나를 사랑하신 것 같이 나도 너희를 사랑하였으니
나의 사랑 안에 거하라

요한복음 15:9

내가 항상 주와 함께 하니 주께서 내 오른손을 붙드셨나이다
주의 교훈으로 나를 인도하시고 후에는 영광으로 나를 영접하시리니….
하나님께 가까이 함이 내게 복이라
내가 주 여호와를 나의 피난처로 삼아 주의 모든 행적을 전파하리이다

시편 73:23~24, 28

Fear

두려움

사람을 두려워하면 덫에 걸리지만 나를 신뢰하면 안전하단다. 사람에 대한 두려움이 네 인생에 얼마나 방해가 되는지 깨닫기 시작했구나. 지금까지 깨닫지 못했던 건 그것이 네게 너무 익숙한 일이었기 때문이야. 하지만 이제는 깨달았으니 남들에게 인정받지 못할 것 같은 두려움에서 벗어날 수 있도록 내게 도움을 청하렴.

이 문제는 두 가지 방법으로 접근할 수 있단다. 먼저 남들을 불쾌하게 할까봐 두려워하는 마음을 온 우주의 주인인 나를 기쁘게 하려는 열정으로 바꿀 수 있단다. **나를 기쁘게 하는 것**을 최우선의 과제로 삼고, 무언가 계획하고 결정할 때마다 항상 나와 함께 하는 거야. 그 어느 것보다도 내게 인정받는 걸 즐거워하렴. 내게 인정받고자 하는 열망이 네 생각과 선택에도 영향을 미쳤으면 좋겠구나.

사람에 대한 두려움에서 벗어나는 두 번째 방법은 나를 더 깊이 신뢰하는 거란다. 원하는 것을 얻고자 남들을 기쁘게 하려 하지 말고, 네 모든 쓸 것을 채우는 나를 신뢰하렴. 내 영광의 부요함은 한량없으며 너를 향한 사랑도 끝이 없단다. 사람들은 지키지도 않을 약속을 하면서 너를 쉽게 속이지. 호의를 보이다가 나중에 마음을 바꾸기도 한단다. 하지만 **나는 영원토록 동일하니** 마음 놓고 신뢰해도 된단다. 사람을 신뢰하는 건 위험하지만 나를 신뢰하는 건 현명한 일이지. 나는 너를 안전하게 보호하는 하나님이니까 말이야.

사람을 두려워하면 올무에 걸리게 되거니와

여호와를 의지하는 자는 안전하리라

잠언 29:25

그런즉 우리는 몸으로 있든지 떠나든지

주를 기쁘시게 하는 자가 되기를 힘쓰노라

고린도후서 5:9

나의 하나님이 그리스도 예수 안에서

영광 가운데 그 풍성한 대로

너희 모든 쓸 것을 채우시리라

빌립보서 4:19

주는 한결같으시고 주의 연대는 무궁하리이다

시편 102:27

Fear

두려움

나는 네 앞에서 가며 네 길을 열어줄 거야. 나는 결코 너를 떠나지도 버리지도 않을 거란다. 그러니 두려워하지도, 낙심하지도 말아라. 두렵고 낙심될 때는 이성적으로 생각하기 쉽지 않단다. 감정이 의지와 반대로 가기도 하지. 강한 용사였던 다윗도 두렵고 떨리는 감정은 물론, 공포까지도 느꼈단다. 다윗의 시편은 그가 느꼈던 감정들을 생생하게 보여주지. 하지만 다윗은 나를 진정으로 깊이 신뢰했단다. 다윗의 삶과 그가 남긴 기록들은 두려움이 결코 믿음을 이길 수 없음을 보여주지. 두려움과 믿음은 공존할 수 있는 감정이란다. 다윗이 "내가 두려워하는 날에는 주를 의지하리이다"라고 말할 수 있었던 것도 그런 이유 때문이야.

신뢰는 관계와 관련된 말이란다. 나를 신뢰하면 나와 가까워질 수 있지. 두려움을 느낀다고 너 자신을 탓할 필요는 없단다. 두려움이야말로 진정한 인간적 감정이거든. 네 두려움을 인정하고 나에 대한 믿음을 선포하렴. 큰 소리로 말해도 되고 마음속으로 다짐해도 괜찮단다. 이 선언은 '두려움을 느낀다는 건 하나님을 신뢰하지 않는다는 뜻이다'라는 거짓말로부터 너를 보호할 거야. 두려움을 느낄 때는 의식적으로 내 임재 안으로 들어오렴. 그러면 내 안에서 위로와 희망을 얻을 수 있단다. 내 빛을 통해 너를 향한 내 사랑이 얼마나 큰지 알 수 있을 거야. 지식을 뛰어넘는 내 사랑을 알고 내 사랑의 너비와 길이와 높이와 깊이가 어떤지를 깨달으렴.

그리하면 여호와 그가 네 앞에서 가시며 너와 함께 하사

너를 떠나지 아니하시며 버리지 아니하시리니

너는 두려워하지 말라 놀라지 말라

신명기 31:8

두려움과 떨림이 내게 이르고 공포가 나를 덮었도다

시편 55:5

내가 두려워하는 날에는 내가 주를 의지하리이다

시편 56:3

능히 모든 성도와 함께 지식에 넘치는 그리스도의 사랑을 알고

그 너비와 길이와 높이와 깊이가 어떠함을 깨달아

하나님의 모든 충만하신 것으로 너희에게 충만하게 하시기를 구하노라

에베소서 3:18~19

Sorrow
슬픔

어떤 순간에도 나를 신뢰하렴. 나는 네 고통과 슬픔을 잘 알고 있단다. 네 마음을 내 앞에 쏟아 놓으렴. 네게는 네 모든 감정을 풀어 놓을 안전한 곳이 필요하단다. 내게 마음을 열어 나를 향한 믿음을 보여 주렴. 나는 너를 반드시 안전하게 지켜줄 거야.

나도 큰 **슬픔을 당했던 사람**이라는 걸 기억해다오. 내가 겪은 모든 고통으로 인해 나는 네 마음을 공감하고 네 고통을 나눠 질 수 있단다. 내 앞에 네 감정을 쏟아 놓으면 무거운 짐이 점점 가벼워질 거야. 더 이상 홀로 슬픔을 짊어지지 말아라. 네 짐을 내 앞에 풀어놓으면 나는 그 **짐을 덜어주고 네 영혼을 새롭게 할 거야.** 무거운 마음이 가벼워지면 내가 진정으로 누구인지 더 많이 배울 수 있게 되지.

내게로 와서 나를 더욱 깊고 넓게 알아가렴. 그러면 내가 진정한 피난처이며, 영원한 사랑이 넘치는 안전한 장소라는 걸 알게 될 거야. 내 안에 머무르며 내 사랑이 네 영혼에 잠잠히 스며들게 하렴.

백성들아 시시로 그를 의지하고 그의 앞에 마음을 토하라
하나님은 우리의 피난처시로다 (셀라)

시편 62:8

사람을 두려워하면 올무에 걸리게 되거니와
여호와를 의지하는 자는 안전하리라

잠언 29:25

그는 멸시를 받아 사람들에게 버림 받았으며
간고를 많이 겪었으며 질고를 아는 자라
마치 사람들이 그에게서 얼굴을 가리는 것 같이 멸시를 당하였고
우리도 그를 귀히 여기지 아니하였도다

이사야 53:3

수고하고 무거운 짐 진 자들아 다 내게로 오라
내가 너희를 쉬게 하리라

마태복음 11:28

Sorrow
슬픔

슬플 때에는 다시 기뻐하게 될 날을 기대하렴. 그러면 네 슬픔도 조금 누그러질 거야. 너도 알다시피 슬픔은 영원한 게 아니란다. 슬픔은, 너는 앞으로 더 많이 슬플 것이며 항상 불행할 거라고 믿게 만들지. 하지만 그건 거짓말이란다! 내가 네게 했던 모든 약속을 믿고 그 거짓에서 돌아서렴. 내 모든 자녀 앞에는 무한한 기쁨이 놓여 있단다. 천국에 마련된 이 기쁨은 영원히 네 것이며, 그 누구도 네게서 **빼앗을 수 없단다.**

너는 천국을 향한 여정 가운데 있는 거야. 괴로움을 당할 때 마음은 힘들겠지만 그렇다고 그 시간들이 네게 가치 없는 건 아니란다. 고통 중에도 나를 신뢰한다면 그 고통과 분투는 아주 생산적인 일이 될 수 있지. 네 고통은 해산의 고통에 비견될 수 있단다. 해산의 고통은 정말로 실재하는 엄청난 고통이야. 그래서 아이를 낳는 여인들은 이 고통을 얼마나 오래 견딜 수 있을지 모르겠다고 생각하지.

하지만 이 극도의 고통은 새 생명이라는 놀라운 결과를 낳는단다. 그리고 이 기쁨의 선물을 바라볼 때 고통스러웠던 기억은 이내 사라지고 말지. 이 땅에서 고난과 힘겹게 싸우는 동안 끊임없이 내가 약속한 상급을 바라보렴. 네 상급은 한없는 천국의 기쁨이란다! 게다가 너는 이제 더욱 깨어서 나를 바라볼 수 있잖니? 내 안에 있으면 어떤 상황에서도 **기쁨으로 충만할 수 있단다.**

지금은 너희가 근심하나 내가 다시 너희를 보리니
너희 마음이 기쁠 것이요 너희 기쁨을 빼앗을 자가 없으리라

요한복음 16:22

여자가 해산하게 되면 그 때가 이르렀으므로 근심하나
아기를 낳으면 세상에 사람 난 기쁨으로 말미암아
그 고통을 다시 기억하지 아니하느니라

요한복음 16:21

주께서 생명의 길을 내게 보이시리니
주의 앞에는 충만한 기쁨이 있고
주의 오른쪽에는 영원한 즐거움이 있나이다

시편 16:11

Striving
분투

목표를 향해 돌진하는 대신 나와 네 목표에 대해 충분히 이야기하는 시간을 가졌으면 좋겠구나. 무언가를 성취하고자 달려 나가는 게 네게는 숨 쉬는 것처럼 자연스럽다는 걸 잘 알아. 너는 목표에 사로잡히면 충분히 생각해 보기도 전에 "한 번 해 보자!"고 외치지. 수많은 시간과 에너지를 쏟아 붓고 난 후에야 나중에 헛된 것을 추구했다는 것을 깨닫기도 하고 말이야. 그 문제에 대해 나와 먼저 의논한다면 훨씬 더 만족스러운 경험을 하게 될 거야.

일을 시작하기 전, 진행하는 동안, 일이 끝난 후 그 모든 순간에 나와 상의하자. 내 빛이 네 목표를 비추면 너는 그 일을 내 관점에서 볼 수 있게 되지. 네 관점이 내 관점과 가까워질수록 나를 기쁘게 하고자 하는 열망은 더 커지게 된단다. 이 열망은 눈앞의 일을 이뤄내는 것보다 훨씬 더 큰 유익을 가져오지. 바로 나와의 관계가 더욱 깊어지게 되는 거야.

네 목표가 내 뜻과 일치하면 담대하게 앞으로 나아가렴. 그리고 나를 동역자로 여기며 그 일에 대해 나와 계속해서 상의해라. 그러면 목표를 성취했을 때 나의 도움과 인도에 감사하며, 우리가 함께 그 일을 이루어 냈다는 사실에 기뻐하게 될 거야.

즐겁게 소리칠 줄 아는 백성은 복이 있나니
여호와여 그들이 주의 얼굴 빛 안에서 다니리로다
그들은 종일 주의 이름 때문에 기뻐하며
주의 공의로 말미암아 높아지오니

시편 89:15~16

사람의 마음에는 많은 계획이 있어도
오직 여호와의 뜻만이 완전히 서리라

잠언 19:21

네 길을 여호와께 맡기라 그를 의지하면 그가 이루시고

시편 37:5

내게 능력 주시는 자 안에서
내가 모든 것을 할 수 있느니라

빌립보서 4:13

Striving
분투

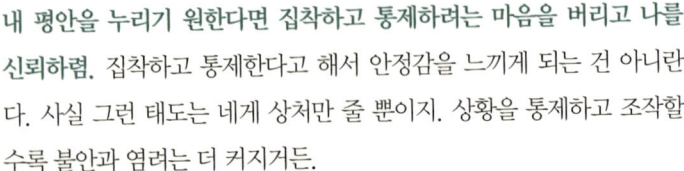

내 평안을 누리기 원한다면 집착하고 통제하려는 마음을 버리고 나를 신뢰하렴. 집착하고 통제한다고 해서 안정감을 느끼게 되는 건 아니란다. 사실 그런 태도는 네게 상처만 줄 뿐이지. 상황을 통제하고 조작할수록 불안과 염려는 더 커지거든.

이런 것들로 평안을 얻으려 하지 말고 너를 내게 맡기렴. 네 영혼이 해를 입지 않고 붙잡을 수 있는 것은 내 손 뿐이란다. 두 손을 벌려 내가 너를 위해 준비한 모든 것을 받으렴.

몸짓은 영혼에서 일어나는 일을 돕거나 막을 수 있단다. 무언가를 통제하려는 생각이 들면 네 몸짓이 무어라 말하고 있는지 살펴보렴. 그리고 의도적으로 두 팔을 벌려 염려를 내게 맡기고 나를 초청하여 너를 다스리게 하려무나. 나를 향해 두 손을 들면서 네 마음과 생각도 내게 열어라. 이 자세는 내 임재를 느낄 뿐 아니라 내 복을 풍성히 받는 데도 도움이 된단다.

내 사랑의 빛 안에 거하며 내게서 흘러나오는 평안을 누리렴. 전처럼 행동하게 될 때는 의식적으로 어린아이처럼 내 손을 꼭 잡아라. 주 너의 하나님이 네 오른손을 붙들고 말씀하신다. "두려워하지 마라. 내가 너를 도울 거란다."

그러므로 각처에서 남자들이 분노와 다툼이 없이
거룩한 손을 들어 기도하기를 원하노라

디모데전서 2:8

이 날 곧 안식 후 첫날 저녁 때에
제자들이 유대인들을 두려워하여 모인 곳의 문들을 닫았더니
예수께서 오사 가운데 서서 이르시되
너희에게 평강이 있을지어다

요한복음 20:19

그러므로 누구든지 이 어린 아이와 같이
자기를 낮추는 사람이 천국에서 큰 자니라

마태복음 18:4

이는 나 여호와 너의 하나님이 네 오른손을 붙들고 네게 이르기를
두려워하지 말라 내가 너를 도우리라 할 것임이니라

이사야 41:13

Weakness

연약함

네 연약함으로 인해 감사해라. 더 나아가 네 **연약함을 기쁜 마음으로 자랑해라.** 무엇을 자랑하느냐에 따라 자랑은 좋은 것이 될 수도 있고 나쁜 것이 될 수도 있단다. 자기 지식과 능력, 부를 자랑하는 것은 내게 무례한 것이지만, 다윗처럼 **자신의 영혼이 주 안에 있음을 자랑하는 것은 좋은 것이란다.** 나는 네가 나를 자랑스러워 함을 표현했으면 좋겠구나. 자녀가 크고 강한 아빠를 자랑스러워 하듯 말이야. 자신의 연약함을 잘 아는 사람은 스스로를 자랑하려는 유혹을 덜 받는 대신, 자기 연민이나 불평 같은 다른 유혹에 더 취약하지. 그래서 연약한 자들은 반드시 나를 자랑스러워 하며, 내가 누구인지로 인해 기뻐해야 한단다.

아이들은 아버지를 자랑스러워 할 때 스스로에게도 좋은 감정을 갖는 경향이 있단다. 마찬가지로 너도 나를 자랑스러워 할 때 기쁨을 느낄 수 있지. 자랑스럽게 **나를 찬양하렴!** 네 연약함을 알면 나를 더 깊이 의지하고 나를 더욱 온전히 알게 된단다. 네 연약함으로 인해 기뻐할 수 있는 것은 이 때문이지. 연약함은 너와 나의 관계를 복되게 한단다. 네 연약함을 기뻐하면 내 능력이 네게로 들어갈 수 있게 되거든. 이 거룩한 능력이 네 안에 머무르고, 내 기쁨이 네 안에서 드러나게 하렴.

나에게 이르시기를 내 은혜가 네게 족하도다

이는 내 능력이 약한 데서 온전하여짐이라 하신지라

그러므로 도리어 크게 기뻐함으로 나의 여러 약한 것들에 대하여 자랑하리니

이는 그리스도의 능력이 내게 머물게 하려 함이라

고린도후서 12:9

여호와께서 이와 같이 말씀하시되

지혜로운 자는 그의 지혜를 자랑하지 말라

용사는 그의 용맹을 자랑하지 말라

부자는 그의 부함을 자랑하지 말라

자랑하는 자는 이것으로 자랑할지니 곧 명철하여 나를 아는 것과

나 여호와는 사랑과 정의와 공의를 땅에 행하는 자인 줄 깨닫는 것이라

나는 이 일을 기뻐하노라 여호와의 말씀이니라

예레미야 9:23~24

내 영혼이 여호와를 자랑하리니 곤고한 자들이 이를 듣고 기뻐하리로다

시편 34:2

그러나 너희는 택하신 족속이요 왕 같은 제사장들이요

거룩한 나라요 그의 소유가 된 백성이니

이는 너희를 어두운 데서 불러 내어 그의 기이한 빛에 들어가게 하신 이의

아름다운 덕을 선포하게 하려 하심이라

베드로전서 2:9

Weakness
연약함

나는 온갖 시험을 당했으므로 네 연약함을 함께 아파할 수 있단다. 나는 인간이자 하나님이므로, 네 모든 연약함을 완벽히 이해할 뿐 아니라 너를 도울 무한한 자원도 가지고 있지. 네가 어려움에 처했을 때 친구들은 그들 자신의 허물과 죄로 인해 문제 해결에 도움을 주지 못할 수 있지만, 나는 모든 것을 알고 있는 하나님이자 죄 없는 인간으로서 너를 이해할 수 있단다. 이 땅에서의 33년간, 나는 많은 유혹을 당했고, 너를 구원하기 위해 **죄를 짓지 않은 채로** 그 모든 유혹을 견뎌내야 했단다. 내 사랑에 의심이 든다면 너와 영생을 누리기 위해 내가 받았던 모든 고난을 한번 떠올려 보렴!

고통스러운 시험 가운데 있을 때는 나를 비난하고픈 유혹이 들 거야. 내게 그것을 막을 무한한 능력이 있다는 걸 알기 때문이지. 하지만 나도 그 능력을 내 잔혹한 고문과 십자가 처형을 피하는데 사용하지 않았단다. 내가 네게 고통을 허락할 때마다 네 믿음을 점검하는 도구라고 생각해 주렴. 이것은 내가 너를 내 자녀이자 공동 상속자로 단언하는 방식이란다. 시험을 당할 때 나를 찾으렴. 나는 언제나 네 곁에 있단다. 네 고통 속으로 들어가 너와 함께 할게. 기억하렴. **나와 함께 영광을 받기 위해서는 나와 함께 고난도 받아야 한단다.**

우리에게 있는 대제사장은

우리의 연약함을 동정하지 못하실 이가 아니요

모든 일에 우리와 똑같이 시험을 받으신 이로되

죄는 없으시니라

히브리서 4:15

너희가 피곤하여 낙심하지 않기 위하여

죄인들이 이같이 자기에게 거역한 일을 참으신 이를 생각하라

히브리서 12:3

자녀이면 또한 상속자 곧 하나님의 상속자요

그리스도와 함께 한 상속자니

우리가 그와 함께 영광을 받기 위하여

고난도 함께 받아야 할 것이니라

로마서 8:17

Weakness
연약함

사랑하는 아이야. 나와 친밀하게 교제하며 살아갈 때 내 임재의 빛이 너를 통해 다른 사람들에게 비춘단다. 그러니 있는 모습 그대로 나아오렴. 나를 구하고 내게 마음을 열면 내 빛이 네 안과 밖을 비추게 될 거야. 이 치유의 빛이 네 속에 깊이 스며들도록 하렴. 이 빛은 네게 복을 주고 너로 복의 통로가 되게 한단다.

흠이 많은 네게 어떻게 이런 일이 일어날 수 있는지 궁금할 거야. 하지만 사실 너를 고통스럽게 만드는 바로 그 약점과 상처들이야말로 내가 다른 사람들을 돕는 데 가장 효과적으로 사용하는 도구란다. 내가 네 마음에 **하나님의 영광을 아는 빛**을 비추었거든. 이 빛과 영광은 그저 네 안에만 있을 수 없단다! 네 상처와 약점이 네 안에 구멍을 만들었고, 그 구멍을 통해 영광의 빛이 세상으로 쏟아져 나오기 때문이지.

네 초라하고 상처 입은 부분을 내게 드러내면, 내 빛이 너를 통해 다른 사람들의 삶을 비추게 된단다. 그러므로 내게 드려진 네 부족함과 상처들은 내 나라에서는 보물이란다.

즐겁게 소리칠 줄 아는 백성은 복이 있나니
여호와여 그들이 주의 얼굴 빛 안에서 다니리로다

시편 89:15

어두운 데에 빛이 비치라 말씀하셨던 그 하나님께서
예수 그리스도의 얼굴에 있는 하나님의 영광을 아는 빛을
우리 마음에 비추셨느니라

고린도후서 4:6

우리가 이 보배를 질그릇에 가졌으니
이는 심히 큰 능력은 하나님께 있고
우리에게 있지 아니함을 알게 하려 함이라
우리가 사방으로 우겨쌈을 당하여도 싸이지 아니하며
답답한 일을 당하여도 낙심하지 아니하며 박해를 받아도
버린 바 되지 아니하며 거꾸러뜨림을 당하여도 망하지 아니하고

고린도후서 4:7~9

Trials
시험

너를 짓누르고 있는 어려운 문제들을 내게 가지고 오렴. 지금은 전혀 나아질 것 같지 않지만 영원의 관점에서 보면 이것도 한 순간에 불과하단다. 힘을 너무 많이 들이면 문제가 무겁게 느껴지지. 나를 잊고 문제에만 집중하면 문제에 점점 압도당하게 된단다. 아무리 작은 물체라도 눈앞에 가까이 있으면 시야를 가리기 마련이거든. 문제를 내려놓고 네 앞에 펼쳐진 인생의 광대함을 바라보렴. 모든 것은 영원을 향하고 있단다.

문제를 내려놓는 가장 좋은 방법은 내게 가져오는 거란다. 내게 네 **마음을 쏟아 놓고 짐을 내려놓으렴. 나는 네 피난처란다.** 내게 고민을 풀어놓으면 눈이 점점 밝아져 나를 좀 더 명확하게 볼 수 있단다. 내 빛이 네 마음속을 강하게 비출 수 있도록 내 곁에 오래 머물러라. 이 빛이 내 얼굴에서 드러나는 **권능과 영광**을 보게 해 줄 거야. 이 빛은 네 모든 문제를 압도하는 영원한 영광이란다.

우리가 잠시 받는 환난의 경한 것이 지극히 크고

영원한 영광의 중한 것을 우리에게 이루게 함이니

고린도후서 4:17

백성들아 시시로 그를 의지하고 그의 앞에 마음을 토하라

하나님은 우리의 피난처시로다(셀라)

시편 62:8

어두운 데에 빛이 비치라 말씀하셨던 그 하나님께서

예수 그리스도의 얼굴에 있는 하나님의 영광을 아는 빛을

우리 마음에 비추셨느니라

고린도후서 4:6

Trials
시험

여러 시험을 만나거든 기쁘게 여기렴. 전혀 기쁘지 않을 때에도 그렇게 할 수 있단다. '여긴다'(consider)는 말에는 '진지하게 생각하다', '무엇으로 간주하다', '숙고한 뒤에 믿다' 등 여러 의미가 있지. 네가 처한 환경을 긍정적으로 바라보려면 생각할 수 있는 시간을 충분히 가져야 한단다. 스스로에게 감정을 추스릴 시간을 줘야 하거든. 격한 감정에 휩싸이면 명료하게 생각하기 힘들단다. 안정을 찾고 나면 네 상황에 대해 진지하게 생각해 볼 수 있을 거야.

나를 그 숙고의 과정에 초대해 다오. 네가 더 나은 관점을 가질 수 있도록 도와주마. 그 관점은 네가 당한 시험을 영원의 시각에서 바라볼 수 있도록 도와 줄 거야.

내 관점에서 보면 이 복잡한 문제들이 네 믿음의 시험이라는 것을 이해하게 된단다. 이는 믿음을 굳건하게 할 기회인 동시에, 감정이 믿음을 압도하게 만드는 유혹이기도 하지. 시험을 당할 때 가장 힘든 것 중 하나는 언제까지 이 상황이 지속될지 확신할 수 없다는 거야. 이 불쾌한 상황은 예측할 수도, 통제할 수도 없는 것이 보통이지. 그저 언제 끝날지 알 수 없는 채로 살 수밖에 없어. 가끔 더 이상 견디기 힘들다고 느껴질 때도 있을 거야. 그럴 때는 언제든 내게 손을 뻗어 도움을 구하렴. 나를 붙잡는 순간마다 나는 네게 버틸 힘을 줄 거야. 그리고 이로 인해 너는 **인내의 열매** 뿐 아니라 **의와 평강의 열매**도 맺게 될 거란다.

내 형제들아 너희가 여러 가지 시험을 당하거든 온전히 기쁘게 여기라

이는 너희 믿음의 시련이 인내를 만들어 내는 줄 너희가 앎이라

야고보서 1:2~3

예수께서 그들을 보시며 이르시되 사람으로는 할 수 없으나

하나님으로서는 다 하실 수 있느니라

마태복음 19:26

무릇 징계가 당시에는 즐거워 보이지 않고 슬퍼 보이나

후에 그로 말미암아 연단 받은 자들은 의와 평강의 열매를 맺느니라

히브리서 12:11

Trials
시험

나와 함께라면 모든 것이 가능하단다. 삶의 여정 가운데 큰 시련을 만났을 때 온전히 **기쁘게 여기렴.** 해결이 불가능해 보이는 문제들로 정신을 차릴 수 없을 때 내 **영원한 팔**로 너를 안아줄게. 너를 진정시키고 네가 그 일을 감당할 수 있도록 도와주마. 내가 **네 구원의 하나님**이므로, 너는 복잡한 문제가 얽혀있는 상황에서도 기뻐할 수 있단다. 나는 이미 죄에서 너를 구원하는 가장 놀라운 기적을 이뤄냈단다. 부활한 만왕의 왕인 나를 계속 바라본다면 비관적인 생각도 결국 용기로 바뀌게 될 거야. 비록 네 몸은 이 땅에 매여 있지만, 영혼은 나와 영원한 승리를 함께 누릴 거란다.

나는 무한하단다. 불가능해 보이는 문제들을 해결하는 건 내 전문이지. 나는 이런 일들을 좋아한단다. 이 과정에서 내 영광이 생생하게 드러나기 때문이지. 이런 문제들은 또한 너로 본래 창조된 모습으로 살아가게 도와준단다. 이를 통해 나를 믿고 의지하며 기쁨으로 살게 되는 거지. 해결이 불가능해 보이는 상황을 만나게 될 때는 소망하는 마음으로 즉시 내게로 오렴. 네가 전적으로 부족함을 인정하고 완전히 부요한 나를 꼭 붙잡으렴. 나와 함께라면 모든 것이 가능하단다!

예수께서 그들을 보시며 이르시되

사람으로는 할 수 없으나 하나님으로서는 다 하실 수 있느니라

마태복음 19:26

내 형제들아 너희가 여러 가지 시험을 당하거든 온전히 기쁘게 여기라

이는 너희 믿음의 시련이 인내를 만들어 내는 줄 너희가 앎이라

야고보서 1:2~3

영원하신 하나님이 네 처소가 되시니 그의 영원하신 팔이 네 아래에 있도다

그가 네 앞에서 대적을 쫓으시며 멸하라 하시도다

신명기 33:27

비록 무화과나무가 무성하지 못하며 포도나무에 열매가 없으며

감람나무에 소출이 없으며 밭에 먹을 것이 없으며

우리에 양이 없으며 외양간에 소가 없을지라도

나는 여호와로 말미암아 즐거워하며

나의 구원의 하나님으로 말미암아 기뻐하리로다

하박국 3:17~18

Trials

시험

나는 네게 슬픔을 허락하지만 또한 긍휼을 베푼단다. 그러므로 어떤 시험 가운데에서도 내 사랑과 긍휼에 의지할 수 있지. 내 사랑과 긍휼은 결코 실패하는 법이 없단다. 나는 내가 네 삶에 허락한 모든 것으로부터 선한 것을 이끌어낼 수 있어. 하지만 아마 너는 내가 하는 일들을 대부분 이해하기 어려울 거야. 네 이해의 수준을 넘어서는 일이거든. 너희는 내 방식을 오해할 때가 많구나. 불행이 닥치면 내가 자기를 싫어한다고 생각하지. 너희는 가장 헌신적인 그리스도인들이 영적 전투의 표적이 된다는 사실을 깨닫지 못하더구나. 사탄과 그의 졸개들은 나와 친한 사람에게 고통 주는 것을 좋아한단다. 끝나지 않을 것 같은 고통 속에 있을 때, 내가 네 고통 가운데 함께 있다는 사실을 기억하렴. 네 처지를 한탄하는 대신 고통 가운데서 나를 구하렴. **온 마음으로 나를 구하면** 마침내 나를 찾게 될 거야.

내 놀라운 사랑을 더욱 충만하게 경험하면 좋겠구나. 내 긍휼의 임재 가운데 마음을 열면 내 사랑이 훨씬 더 수월하게 네게로 흘러들어갈 거야. 내 사랑은 새 포도주와 같아서, 마음의 부대가 커지면 내 사랑도 더 많이 담긴단다. 네 마음의 부대를 넓히는 또 다른 방법은 내 사랑을 다른 사람에게로 흘려보내는 거야. 네가 내 사랑의 통로가 되면 나는 너무 기뻐서 네 안에 충만히 임할 거란다. 그리고 이 복된 모험을 계속한다면 내 **변함없는 사랑**이 네 안에 한없이 넘쳐날 거란다.

그가 비록 근심하게 하시나

그의 풍부한 인자하심에 따라 긍휼히 여기실 것임이라

예레미야애가 3:32

주의 인자와 긍휼이 무궁하시므로 우리가 진멸되지 아니함이니이다

이것들이 아침마다 새로우니 주의 성실하심이 크시도소이다

예레미야애가 3:22~23

너희가 온 마음으로 나를 구하면 나를 찾을 것이요 나를 만나리라

이것은 여호와의 말씀이니라

나는 너희들을 만날 것이며 너희를 포로된 중에서 다시 돌아오게 하되

내가 쫓아 보내었던 나라들과 모든 곳에서 모아

사로잡혀 떠났던 그 곳으로 돌아오게 하리라

이것은 여호와의 말씀이니라

예레미야 29:13~14

Trials
시험

어려운 일을 당할 때, 내가 아무 일도 하지 않는다고 생각하지 마라. 대신 내 고난에 동참하게 된 것을 기뻐하렴. 네 시련을 영광의 목전에서 이루어지는 영적 성숙의 과정으로 받아들여라.

나를 위해 당하는 고난에는 여러 모양이 있단다. 가장 분명한 고난은 다른 사람에게 복음을 전하다가 박해를 당하는 일이지. 하지만 어떤 고난이든 나를 사랑하기 때문에 나와 같은 방법으로 견뎌내고 있다면, 나는 그것을 나를 위한 고난으로 여긴단다. 그러니 시험이 끝이 없어 보이더라도 낙심하지 마라. 오히려 **내가 경험한 슬픔과 고통을 함께 할 수 있다는 사실을 기뻐해라.** 네 분투 가운데 나를 초대해 주었으면 좋겠구나. 나는 네가 무엇으로 씨름하고 있는지 누구보다도 잘 알며 너를 돕기 원한단다.

고통이 길어지면 현실에서 도피하고 싶은 유혹이 생긴단다. 무슨 수를 써서라도 문제에서 벗어나고 싶어지지. 무책임해 보일지라도 말이야. 하지만 나를 믿고 의지하면서 그 인생의 시련을 감내한다면, 나는 그 속에서 수없이 선한 것을 이끌어낼 거란다. **하나님을 사랑하는 자, 곧 그의 뜻대로 부르심을 받은 자들에게는 모든 것이 합력하여 선을 이룬단다.** 시련을 영적 성숙의 과정으로 여기렴. 너는 내 자녀이므로 네 고통은 언젠가 분명히 끝날 거란다. 네가 받을 상급을 바라보며 인내하렴. 영광이 바로 네 눈앞에 있단다!

사랑하는 자들아 너희를 연단하려고 오는 불 시험을
이상한 일 당하는 것 같이 이상히 여기지 말고 오히려 너희가
그리스도의 고난에 참여하는 것으로 즐거워하라
이는 그의 영광을 나타내실 때에 너희로 즐거워하고
기뻐하게 하려 함이라

베드로전서 4:12~13

그는 멸시를 받아 사람들에게 버림받았으며 간고를 많이 겪었으며
질고를 아는 자라 마치 사람들이 그에게서 얼굴을 가리는 것 같이
멸시를 당하였고 우리도 그를 귀히 여기지 아니하였도다

이사야 53:3

우리가 알거니와 하나님을 사랑하는 자 곧 그의 뜻대로
부르심을 입은 자들에게는 모든 것이 합력하여 선을 이루느니라

로마서 8:28

Emptiness
공허함

공허함이 밀려올 때면 내게로 오렴. 나와 함께 하면 마음에 기쁨이 차오를 거야. 나는 너를 외부의 여러 자원에 의존하는 존재로 만들었단다. 네게는 공기, 음식, 물, 잠자리, 옷 등 많은 것이 필요하지. 인간은 오래전부터 자신들에게 이런 것들이 꼭 필요함을 알고 있었단다. 하지만 이런 필요들이 다 채워진다고 해서 온전해지는 것은 아니야. 여기에는 가장 중요한 것이 빠져 있지. 바로 나와의 살아 있는 교제말이야. 오직 나만이 네 영혼의 갈급함을 채울 수 있단다. 그러니 네 마음과 영혼을 열어 내 풍성한 기쁨의 임재가 네 안에 흘러넘치게 하렴.

나는 **어제나 오늘이나 영원토록 동일하므로** 너와 함께 하지 않는 순간은 존재하지 않는단다. 이 진리는 알 뿐 아니라 온 마음으로 믿어야 하지. 공허함을 느낄 때마다 **은혜의 보좌 앞에 담대히 나아와** 네 마음을 쏟아 놓고 내 도움을 구하렴. 하지만 네 필요만 구하지 말고, 그 필요를 채우고자 우상을 찾았던 네 모습을 회개하려무나. 나와 함께 네 안에 있는 우상을 숭배하는 더러운 마음을 씻어내자꾸나. 그 후에 믿음의 손을 들어 너를 위해 준비된 모든 것을 받으렴. 그러면 전적으로 타락한 이 세상에서도 많은 은혜를 누릴 수 있을 거야. 물론 네가 누릴 영원한 천국의 즐거움을 잠깐 맛보는 것에 불과하지만 말이야.

주께서 생명의 길을 내게 보이시리니 주의 앞에는 충만한 기쁨이 있고
주의 오른쪽에는 영원한 즐거움이 있나이다

시편 16:11

골수와 기름진 것을 먹음과 같이 나의 영혼이 만족할 것이라
나의 입이 기쁜 입술로 주를 찬송하되

시편 63:5

예수 그리스도는 어제나 오늘이나 영원토록 동일하시니라

히브리서 13:8

그러므로 우리는 긍휼하심을 받고 때를 따라 돕는 은혜를 얻기 위하여
은혜의 보좌 앞에 담대히 나아갈 것이니라

히브리서 4:16

Emptiness

공허함

너는 사랑과 기쁨과 평안이 충만한 존재로 창조되었단다. 하지만 **깨지기 쉬운 질그릇**이라 이 천국의 열매들을 자꾸 놓치지. 그래서 끊임없이 채워지지 않으면 점점 더 공허해질 수밖에 없단다.

나는 내 풍성함을 네게 부어주기를 간절히 원한단다. 그러려면 나와 함께 하며 내게 집중하는 시간을 가져야 하지. 내게로 와서 내 안에 거하렴. 자꾸 **빠져나가는** 천국의 열매를 잡으려고 조급해하지 마라. 대신 내 곁에 머물며 왕 되신 하나님과 교제하는 놀라운 특권을 누리렴. 내 임재 가운데 잠잠히 기다리면 내 생명이 네게로 흘러 들어가 네 안에 천국의 열매들을 가득 채워 줄 거란다.

네가 내 사랑과 기쁨과 평안으로 충만한 온전한 내 것이 되었으면 좋겠구나. 내게서 계속 **빠져나오는** 이 거룩한 선물을 끊임없이 채워 줄 수 있는 존재는 나밖에 없단다. 그래서 네게는 내가 필요하지. 네 부족함은 네 잘못이나 결함이 아니야. 네 부족함 때문에 너는 계속 나를 바라보고 의지하며 나와 교제할 수 있는 거란다. 너는 깨지기 쉬운 질그릇이지만, 나는 네게 **복음의 거룩한 빛**이라는 가장 **귀한 보물**을 주었지. 인간으로서의 네 연약함은, 이 위대한 능력이 네가 아닌 내게서 나온다는 것을 보여주기 위해 꼭 필요한 거야. 나는 네 **안에 있는 그리스도**이며 **영광의 소망**이란다. 내가 준 영광스러운 선물들로 충만해질 때, 내 놀라운 빛이 너를 통해 다른 이들의 삶을 비출 거야.

오직 성령의 열매는 사랑과 희락과 화평과 오래 참음과 자비와 양선과

충성과 온유와 절제니 이같은 것을 금지할 법이 없느니라

갈라디아서 5:22~23

우리가 이 보배를 질그릇에 가졌으니

이는 심히 큰 능력은 하나님께 있고

우리에게 있지 아니함을 알게 하려 함이라

고린도후서 4:7

하나님이 그들로 하여금 이 비밀의 영광이

이방인 가운데 얼마나 풍성한지를 알게 하려 하심이라

이 비밀은 너희 안에 계신 그리스도시니 곧 영광의 소망이니라

골로새서 1:27

이같이 너희 빛이 사람 앞에 비치게 하여 그들로 너희 착한 행실을 보고

하늘에 계신 너희 아버지께 영광을 돌리게 하라

마태복음 5:16

Endurance
인내

나만 바라보고, 나를 사랑하는 이들에게 약속한 생명의 면류관에 집중하렴. 이 땅에서의 삶은 인내의 경연과 같단다. 이렇게 생각하면 삶에서 여러 시련을 만날 때 충격을 받거나 실망하지 않게 될 거야. 나는 고통의 한 가운데에서도 네게 넘치는 기쁨을 줄 수 있단다. '기쁨'은 너를 위해 예비된 수많은 복 가운데 언제나 받을 수 있는 복이지.

생명의 면류관은 성경 시대에 마라톤 경주 승리자에게 주던 월계관과 비슷하단다. 월계관은 썩어 없어질 나뭇잎으로 만든 것이지만, 네가 받을 면류관은 **영원히 시들지 않을 면류관**이지! 인생의 시험들이 너를 때려눕히려 할 때마다 **의의 면류관**이 준비되어 있다는 사실을 기억하렴. 너는 내 **의로 구원받았으니** 반드시 이 영원한 상을 받게 될 거야. 이 상은 나를 사랑하고 내가 다시 오기를 고대하는 모든 이에게 약속되었지. 목자장인 내가 다시 올 때, 너는 영원히 변치 않는 영광의 면류관을 쓰게 될 거야!

시험을 참는 자는 복이 있나니 이는 시련을 견디어 낸 자가
주께서 자기를 사랑하는 자들에게 약속하신
생명의 면류관을 얻을 것이기 때문이라

야고보서 1:12

이기기를 다투는 자마다 모든 일에 절제하나니
그들은 썩을 승리자의 관을 얻고자 하되
우리는 썩지 아니할 것을 얻고자 하노라

고린도전서 9:25

이제 후로는 나를 위하여 의의 면류관이 예비되었으므로
주 곧 의로우신 재판장이 그 날에 내게 주실 것이며
내게만 아니라 주의 나타나심을 사모하는 모든 자에게도니라

디모데후서 4:8

그리하면 목자장이 나타나실 때에
시들지 아니하는 영광의 관을 얻으리라

베드로전서 5:4

Endurance
인내

나는 신실한 하나님이므로 네가 감당 못할 시험은 허락하지 않는단다. 그러니 이 약속 가운데 안심하며 소망을 얻으렴. 인내의 한계에 도달했다는 느낌이 들 때가 있다는 걸 잘 알아. 하지만 그럼에도 불구하고 나는 네 분투 가운데 함께 하며 너를 돕고 있단다.

인생에서 만나는 모든 시련은 너를 강하게 할 수도, 너로 하여금 죄를 짓게 할 수도 있단다. 내가 너를 보호한다는 사실을 꾸준히 신뢰하면 너는 시련을 통해 더욱 강해질 거야. 하지만 나를 의심하고 네 마음대로 한다면 시련이 왔을 때 죄를 짓게 되지. 그래서 네가 만나는 모든 어려움은 믿음의 시험이란다. 네 믿음은 **금보다 훨씬 귀하며** 시험을 통과하면서 더욱 깊어지지. 네가 당하는 믿음의 시험에는 의미와 목적이 있단다. 믿음이 한계에 도달했다는 느낌이 들 때는 **모든 사람이** 너와 같은 경험을 한다는 걸 기억하렴. 너만 특별히 시련을 겪는 건 아니란다. 타락한 세상에는 고통이 없을 수 없어. 하지만 나는 네가 어떤 상황 속에서도 신뢰할 수 있는 **신실한 하나님이란다.** 나는 네가 어느 정도까지 시험을 감당할 수 있는지 정확히 알고 있고 네 고통의 한계도 정해 놓았단다. 고통이 영원할 거라고 생각하지 마라. 나는 언제든 네 고통을 줄일 수도, 없앨 수도 있단다. 네가 할 일은 지금 여기서 나를 신뢰하는 거야. 내가 내 시간에 내 방법으로 네게 피할 길을 줄 것을 기다리면서 말이야. 담대히 내 임재 안에서 기다리렴. **내가 네 마음을 강하게 해 줄게.**

사람이 감당할 시험 밖에는 너희가 당한 것이 없나니
오직 하나님은 미쁘사 너희가 감당하지 못할 시험 당함을
허락하지 아니하시고 시험 당할 즈음에 또한 피할 길을 내사
너희로 능히 감당하게 하시느니라

고린도전서 10:13

너희 믿음의 확실함은 불로 연단하여도 없어질 금보다 더 귀하여
예수 그리스도께서 나타나실 때에
칭찬과 영광과 존귀를 얻게 할 것이니라

베드로전서 1:7

너는 여호와를 기다릴지어다
강하고 담대하며 여호와를 기다릴지어다

시편 27:14

둘

내 모든 것
내려놓고
주께
나아갑니다

Control
통제

사랑하는 사람들을 내게 맡기렴. 그들은 나와 함께 있을 때 훨씬 안전하단다. 너는 종종 사랑하는 것과 구원하는 것을 혼동하더구나. 그래서 사랑하는 사람에게 문제가 생기면 성급히 문제 해결 모드로 들어가곤 하지. 하지만 사람들을 변화시키는 것은 네가 아닌 내가 한 일이야. 물론 너도 그 과정에 참여할 수 있지. 하지만 이 드라마의 작가이자 감독은 나이니 너만의 시나리오를 만들지 말고 내 시나리오를 따라오렴. 아무리 사람들을 돕고 싶다 해도 그들의 인생에서 내가 맡고 있는 역할을 빼앗아서는 안 돼.

부득이 사랑하는 사람에게 구원의 손길을 내밀게 될 때에는 네 사랑이 어떤 모습인지 잘 살펴보고 내게서 배우렴. 나는 **하늘과 땅의 모든 권세를** 지녔기에 내 마음대로 사람을 구원할 수도 통제할 수도 있단다. 하지만 그들에게 자유의지를 주어 나를 사랑할지 말지를 선택할 수 있게 했지. 선택할 수 없는 사랑은 진짜 사랑이 아니기 때문이야!

기도하는 마음으로 사랑하는 사람들을 내게 맡기렴. 내가 그들을 보호하고 돌볼 거란다. 문제를 해결해 주려 하지 말고 이야기를 들어 주고 그들을 위해 기도해 주렴. 내 사랑과 한없는 지혜를 믿어라. 나는 네가 **바라고 생각하는 것 이상으로** 네가 사랑하는 사람들의 삶을 바꿀 수 있단다. 네 소중한 사람들을 내게 의탁할 뿐 아니라 너도 내 **변함없는 사랑** 안에 잠잠히 머물러라. 그들을 위해서, 또 너를 위해서 말이야.

예수께서 나아와 말씀하여 이르시되

하늘과 땅의 모든 권세를 내게 주셨으니

마태복음 28:18

우리 가운데서 역사하시는 능력대로

우리가 구하거나 생각하는 모든 것에 더 넘치도록 능히 하실 이에게

교회 안에서와 그리스도 예수 안에서

영광이 대대로 영원무궁하기를 원하노라 아멘

에베소서 3:20~21

아침에 나로 하여금 주의 인자한 말씀을 듣게 하소서

내가 주를 의뢰함이니이다

내가 다닐 길을 알게 하소서

내가 내 영혼을 주께 드림이니이다

시편 143:8

Control
통제

삶을 짜임새 있고 정돈되게 만드는 것보다 나를 영화롭게 하고 나를 즐거워하는 것이 더 중요하단다. 너는 이 진리를 알고 있으면서도 현실에서는 모든 걸 통제하려 들지. 나는 네 생각을 정확히 읽고 있기 때문에 네가 얼마나 쉽게 이 관점을 놓치는지 잘 알고 있단다. '질서'에 초점을 맞추게 되면 환경을 통제할 수 있는 힘을 달라고 기도할 지도 몰라.

하지만 네 소원은 나를 영화롭게 하고 즐거워하는 것 아니었니? 그렇다면 통제권은 내게 넘겨주어야 한단다. 가치 있는 것을 포기한다는 느낌이 들 수도 있어. 네게 통제는 안정감을 느끼기 위한 하나의 방편이었으니 말이야. 하지만 모든 걸 통제하려고 애쓰는 건 엄청난 좌절감만 안겨줄 뿐이란다. 삶의 문제들을 잠시 동안 잘 통제했다 해도 네게는 그 상태를 유지시킬 능력이 없거든. 불가능한 일에 에너지를 낭비하지 말고 나와의 교제에 힘쓰며 **내 임재의 빛 안에서 꾸준히 걸어가는 법을 배우렴. 이 빛 안에서 다니는 사람은 종일 나로 인해 즐거워하며 내 공의로 말미암아 기뻐 뛰놀 수 있단다.** 내 열정적인 빛 안에 기쁨으로 살아가며 나를 영화롭게 하려무나.

아버지께서 내게 하라고 주신 일을 내가 이루어
아버지를 이 세상에서 영화롭게 하였사오니
아버지여 창세전에 내가 아버지와 함께 가졌던 영화로써
지금도 아버지와 함께 나를 영화롭게 하옵소서

요한복음 17:4~5

여호와여 주께서 나를 살펴 보셨으므로 나를 아시나이다
주께서 내가 앉고 일어섬을 아시고
멀리서도 나의 생각을 밝히 아시오며

시편 139:1~2

즐겁게 소리칠 줄 아는 백성은 복이 있나니
여호와여 그들이 주의 얼굴 빛 안에서 다니리로다
그들은 종일 주의 이름 때문에 기뻐하며
주의 공의로 말미암아 높아지오니

시편 89:15~16

Control
통제

나는 네 친한 친구란다. 또한 측량할 수 없고 신비하며 한없이 위대하고 영광스러운 하나님이지! 영광 가운데 있는 나를 깊이 묵상하면 더욱 풍성하게 찬양할 수 있단다. 내 판단은 헤아릴 수 없고 내 길을 찾을 수 없어. 이걸 알려고 애쓰는 건 나를 예배하는 게 아니라 통제하려는 거지. 통제는 일종의 우상이야. 나는 너를 내 형상으로 창조하고 자유의지를 주었단다. 또 네게 놀라운 언어 능력을 주어 나와 풍성한 교제를 나눌 수 있게 해 주었지. 그러니 네 재능을 나를 통제하는 수단으로 사용하지 말고 **신령과 진정으로** 예배하는 데 사용하길 바란다.

내게 마음껏 기도하렴. **구하면 나는 네게 줄 거란다.** 하지만 간구할 때는 내 **지혜와 지식**이 아주 깊다는 것을 기억하렴. 그러면 내게 건방지게 굴거나 나를 조종하려 들지 않게 될 거야. 네 기도는 결코 땅에 떨어지지 않으며, 나는 네 기도에 지혜롭게 응답한단다. 하지만 네 간구를 다 들어주는 것은 아니야. 이는 네가 간절히 구했느냐, 네 간구가 옳아 보이느냐와는 상관이 없지. 네가 구한 것이 내 뜻과 다르다는 것이 분명해질 때는 그저 이렇게 답하렴. "네, 주님. 알겠습니다." 이렇게 하면 낙심 가운데에도 내 곁으로 올 수 있단다. 너는 내 **방법**과 내 **길**을 이해하기 어렵겠지만, 나는 그것이 가장 좋은 길이라고 확신한단다.

깊도다 하나님의 지혜와 지식의 풍성함이여

그의 판단은 헤아리지 못할 것이며

그의 길은 찾지 못할 것이로다

로마서 11:33

하나님은 영이시니 예배하는 자가

영과 진리로 예배할지니라

요한복음 4:24

구하라 그리하면 너희에게 주실 것이요

찾으라 그리하면 찾아낼 것이요

문을 두드리라

그리하면 너희에게 열릴 것이니

마태복음 7:7

Self-control
자기 절제

분을 내어도 죄를 짓지 말고 해가 지도록 분을 품지 말라. 성경이 이렇게 말하고 있음에도 많은 기독교 공동체는 분노를 금기로 여기고 있지. 하지만 정상적인 인간의 감정을 억누르는 것은 옳지 않을 뿐더러 건강한 것도 아니란다. 분노를 알아차리지 못하면 해가 지기 전에 분을 풀지 못하고 잠자리에 들기 쉽고, 그렇게 되면 **사탄이 틈타게 되며, 건강에 문제가 생기기도 한단다.** 따라서 이 강력한 감정은 되도록 빨리 깨닫는 게 중요해. '분을 내어도' 라는 말은 분노는 가져도 되는 감정이라는 말이야. 그러니 분노는 터놓고 마주하되, 표현할 때는 주의를 기울이렴.

화가 날 때 제일 처음 할 일은 그 감정을 내게 가져오는 거야. 내가 그 감정이 타당한지 아닌지 분별하게 해주고, 타당하다면 어떻게 해야 할지도 알려주마. 분노는 뭔가 잘못되었으니 진지하게 생각해 볼 필요가 있다는 신호일 수 있단다. 하지만 때로 오해나 잘못된 해석과 같은 왜곡된 뿌리에서 비롯되기도 하지. 그런 왜곡된 뿌리를 깨닫는 것 자체가 네게 큰 자유를 주기도 한단다. 분노로 인해 남에게 상처를 주지 않았다면 그 감정은 그저 놓아버리면 돼. 하지만 분노로 인해 죄를 지었다면 나를 포함해 네가 해를 끼친 사람들에게 용서를 구해야 하지. 나는 **네게 자유를 주기 위해** 이 땅에 온 예수란다. 분노를 책임 있게 다루면, 내 임재를 온전히 즐기는 풍성한 삶을 살 자유를 얻게 될 거야.

분을 내어도 죄를 짓지 말며 해가 지도록 분을 품지 말고

마귀에게 틈을 주지 말라

에베소서 4:26~27

내가 주께만 범죄하여 주의 목전에 악을 행하였사오니

주께서 말씀하실 때에 의로우시다 하고

주께서 심판하실 때에 순전하시다 하리이다

시편 51:4

진리를 알지니

진리가 너희를 자유롭게 하리라

요한복음 8:32

Attitude
마음가짐

내 안에서 너는 **영원히** 그리고 **온전히 용납되었단다**. 너는 남들이 너를 어떻게 보는지를 기준으로 너 자신을 판단하곤 하지. 남들에게 보이는 이미지라는 것이 얼마나 피상적이며 시도 때도 없이 바뀌는 것인지 잘 알면서도 말이야. 너는 타인의 시선에 노예가 되어 있단다.

'노예가 된다'는 말은 아주 적절한 표현이야. 하나님이 아닌 다른 사람의 관점으로 너를 평가하는 순간, 너는 진실로 그것의 노예가 된단다. 네가 어떻게 보이는지를 기준으로 너의 가치를 평가하는 것은, 너에게나 다른 사람에게나 언제나 족쇄가 되지. 그건 마치 사금(砂金)을 채취할 때, 체에 남아 있는 금은 무시하고 걸러져 나온 모래알만 쳐다보는 것과 같아. 금은 영원히 존재할 네 영혼이며, 네 영혼은 너, 그리고 너와 영원히 함께 하기로 약속한 나 말고는 아무도 볼 수가 없지. 하지만 성숙한 영혼은 실제로 네 외모도 빛나게 한단다. 내 **변함없는 사랑**의 확신 가운데 거하면 네 얼굴도 점점 **내 임재의 기쁨**으로 인해 빛날 거야.

나는 너를 무한하고 영원히 용납하고 인정한단다. 이 용납은 전적으로 내 의로움에 기초하고 그 의로움은 영원히 네 것이지. 그러니 이제부터는 온전히 의롭고 하나님께 인정을 받은 진정한 네 자아를 보렴.

아침에 주의 인자하심이 우리를 만족하게 하사

우리를 일생 동안 즐겁고 기쁘게 하소서

시편 90:14

그가 영원토록 지극한 복을 받게 하시며

주 앞에서 기쁘고 즐겁게 하시나이다

시편 21:6

내가 여호와로 말미암아 크게 기뻐하며

내 영혼이 나의 하나님으로 말미암아 즐거워하리니

이는 그가 구원의 옷을 내게 입히시며

공의의 겉옷을 내게 더하심이 신랑이 사모를 쓰며

신부가 자기 보석으로 단장함 같게 하셨음이라

이사야 61:10

Attitude
마음가짐

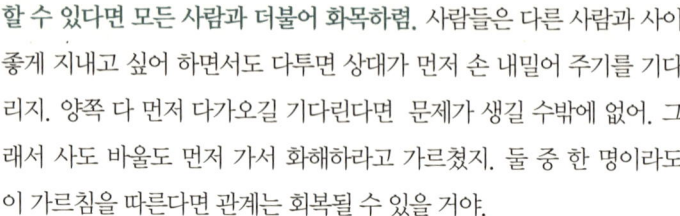

할 수 있다면 모든 사람과 더불어 화목하렴. 사람들은 다른 사람과 사이 좋게 지내고 싶어 하면서도 다투면 상대가 먼저 손 내밀어 주기를 기다리지. 양쪽 다 먼저 다가오길 기다린다면 문제가 생길 수밖에 없어. 그래서 사도 바울도 먼저 가서 화해하라고 가르쳤지. 둘 중 한 명이라도 이 가르침을 따른다면 관계는 회복될 수 있을 거야.

바울의 가르침은 내 가르침을 기초로 한 거란다. 바울은 예배를 드리기 전에 다투었던 형제나 자매와 화해하라고 가르쳤지. 이 말은 화목이 예배의 전제 조건이라는 거야. 하지만 바울의 명령에는 중요한 전제 조건이 달려 있단다. 바로 '할 수 있다면' 이라는 말이지. 화해는 하지 않았지만 다른 부분에서는 모두 바르게 사는 경우에는, 얼마든지 양심에 부끄럽지 않은 수준에서 살아가고 사랑하며 예배할 수 있단다.

모든 사람과 화목하고 싶다면 말은 물론 생각까지도 조심해야 한단다. 말만 하지 않는다면 남에 대해 안 좋은 생각을 하는 건 그리 큰 문제가 아니라고 생각할 지 모르겠지만 나는 네 생각을 훤히 알고 있단다. 누군가를 계속 안 좋게 생각하면 그 사람과의 관계도 어그러지게 되지. 이 해로운 생각은 너와 나의 관계에도 영향을 미치고, 너 자신도 우울해질 수 있단다. 그럴 때는 내게 돌아와 용서를 구하고, 성령께 네 생각을 다스려 주시고 내 관점에서 생각할 수 있도록 해 달라고 기도하렴. 이것이 **생명과 평안의 길**이란다.

할 수 있거든 너희로서는

모든 사람과 더불어 화목하라

로마서 12:18

그러므로 예물을 제단에 드리려다가

거기서 네 형제에게 원망들을 만한 일이 있는 것이 생각나거든

예물을 제단 앞에 두고 먼저 가서 형제와 화목하고

그 후에 와서 예물을 드리라

마태복음 5:23~24

육신의 생각은 사망이요

영의 생각은 생명과 평안이니라

로마서 8:6

Attitude
마음가짐

나는 오늘이라는 시간을 매우 심혈을 기울여 준비했단다. 그러니 오늘을 채워야 할 빈 페이지로 여기지 말고, 내가 행하는 모든 일에 주의를 기울이고 이에 반응하는 방식으로 살아가렴. 많은 사람들이 나와 별개로 살아갈 수 있다고 생각하지만 그건 착각이란다. 세상 모든 것은 **내가 능력의 말씀으로 붙들고 있기에 존재할 수 있는 거야!** 나는 모든 것을 붙들 뿐 아니라 모든 것을 창조했단다. 네 인생은 나로부터 시작되었으며, 네가 태어나 터뜨린 첫 울음은 내가 선사한 인생에 대한 반응이었지. 생명은 내가 붙잡고 있기에 유지되며, 무엇이든 내가 손을 놓는 순간 죽게 된단다. 따라서 내게 반응하며 산다는 건 네 삶의 모든 영역에서 내 주권을 인정하는 거야. 나를 진정으로 신뢰하면 더욱 안심하며 네 삶의 영역들을 내게 맡길 수 있게 된단다. 내 완전한 선함, 무한한 지혜, 변함없는 사랑을 믿는 것이야 말로 인생을 잘 살 수 있는 비결이지.

믿음 위에서 내 관점으로 세상을 바라보렴. 내가 네 삶의 구체적인 부분 뿐 아니라 큰 그림 안에서 무슨 일을 하고 있는지 살펴보렴. 그러려면 내게 집중해야 해. 비록 세상은 네가 내게 집중하지 못하도록 훼방 놓고 있지만, 힘을 다해 삶의 모든 영역에서 내게 반응하며 살아가렴. 그러면 진정으로 살아 있음을 느끼며 나와 더욱 풍성하고 친밀한 교제를 나눌 수 있을 거야. 그리고 이를 통해 천국에서의 삶도 맛보게 될 거란다. 천국에서는 영원토록 내게 온전한 모습으로 반응할 수 있을 거야.

이는 하나님의 영광의 광채시요 그 본체의 형상이시라

그의 능력의 말씀으로 만물을 붙드시며 죄를 정결하게 하는 일을 하시고

높은 곳에 계신 지극히 크신 이의 우편에 앉으셨느니라

히브리서 1:3

참새 두 마리가 한 앗사리온에 팔리지 않느냐

그러나 너희 아버지께서 허락하지 아니하시면

그 하나도 땅에 떨어지지 아니하리라

너희에게는 머리털까지 다 세신 바 되었나니

두려워하지 말라 너희는 많은 참새보다 귀하니라

마태복음 10:29~31

나는 오직 주의 사랑을 의지하였사오니

나의 마음은 주의 구원을 기뻐하리이다

시편 13:5

Attitude
마음가짐

판단 받지 않으려거든 판단하지 마라. 남을 판단하고 싶어 하는 마음은 나를 정말 슬프게 한단다. 판단은 사실 내 특권이야. 아버지께서는 아무도 판단하지 않으시고 판단하는 일을 다 내게 맡기셨지. 성경은 남을 판단하는 것은 스스로를 정죄하는 것이라고 분명히 말하고 있어. 무의식적으로 남을 판단하는 네 해로운 습관을 고칠 수 있도록 돕고 싶구나.

남을 판단하는 건 스스로의 결점을 보지 못하게 만드는 전형적인 수법이란다. 타락 이후 사람들은 자기 모습을 정직하게 직면하지 않기 위해 이 수법을 사용해 왔지. 이 파괴적인 습관에서 벗어나려면 내 거룩한 빛 안에서 정기적으로 너를 점검해야 한단다. 이는 고통스러운 일이지만 풍성한 복을 받는 길이기도 하지. 내 빛 안에서 너는 여러 면에서 내 거룩한 기준에 부합하지 않는 사람임을 깨닫게 될 거야. 그렇게 되면 구원자의 필요성을 절실히 느끼고, 내가 네게 베푼 희생을 생각하게 되지. 나는 내 피로 산 영원한 생명을 믿는 자들에게 값없이 주었단다. 이것을 깊이 묵상하면 내 기쁨을 충만히 얻게 된단다. 이 넘치는 기쁨의 샘물이 네 눈의 들보를 씻어내어 내 관점으로 사람들을 분명히 볼 수 있게 해줄 거야. 그렇게 되면 너는 내 사랑으로 그들을 사랑하며, 그들의 눈에 있는 '티'를 빼도록 도울 수 있을 거란다.

비판을 받지 아니하려거든 비판하지 말라

너희가 비판하는 그 비판으로 너희가 비판을 받을 것이요

너희가 헤아리는 그 헤아림으로 너희가 헤아림을 받을 것이니라

마태복음 7:1~2

아버지께서 아무도 심판하지 아니하시고

심판을 다 아들에게 맡기셨으니

요한복음 5:22

그러므로 남을 판단하는 사람아

누구를 막론하고 네가 핑계하지 못할 것은 남을 판단하는 것으로

네가 너를 정죄함이니 판단하는 네가 같은 일을 행함이니라

로마서 2:1

어찌하여 형제의 눈 속에 있는 티는 보고

네 눈 속에 있는 들보는 깨닫지 못하느냐

너는 네 눈 속에 있는 들보를 보지 못하면서 어찌하여 형제에게 말하기를

형제여 나로 네 눈 속에 있는 티를 빼게 하라 할 수 있느냐

외식하는 자여 먼저 네 눈 속에서 들보를 빼라

그 후에야 네가 밝히 보고 형제의 눈 속에 있는 티를 빼리라

누가복음 6:41~42

Renewing your mind
새로운 관점

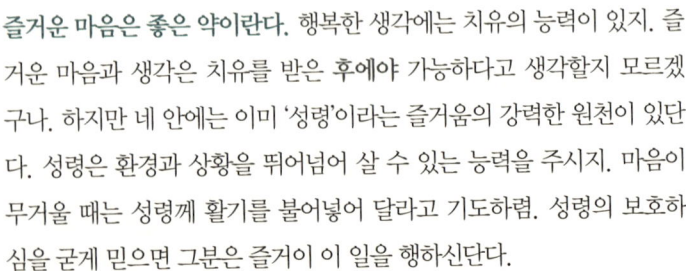

즐거운 마음은 좋은 약이란다. 행복한 생각에는 치유의 능력이 있지. 즐거운 마음과 생각은 치유를 받은 **후에야** 가능하다고 생각할지 모르겠구나. 하지만 네 안에는 이미 '성령'이라는 즐거움의 강력한 원천이 있단다. 성령은 환경과 상황을 뛰어넘어 살 수 있는 능력을 주시지. 마음이 무거울 때는 성령께 활기를 불어넣어 달라고 기도하렴. 성령의 보호하심을 굳게 믿으면 그분은 즐거이 이 일을 행하신단다.

마음은 생각과 긴밀하게 연결되어 있기 때문에 머리속에 부정적인 생각이 가득하면 즐거운 마음을 가질 수 없어. 부정적인 생각을 그대로 놔둔다면 네 생각은 '사탄의 작업장'이 되고 말지. 그렇기 때문에 생각을 다스리기 위해 힘써 노력해야 한단다. 성령께 도움을 구하고 그분을 초청하여 네 생각을 다스리시게 하렴. 성령의 빛으로 네 생각을 들여다보고 왕의 자녀에 걸맞지 않은 생각은 단호히 배격해라.

내가 거짓과 반쪽짜리 진리를 절대적인 진리로 바꾸도록 도와주마. 네 생각을 내 변함없는 사랑과 너를 기다리는 영원한 본향에 대한 약속으로 새롭게 할 때, 천국의 빛이 네 마음을 강하게 비출 거야. 치유의 빛이 네 뼛속 깊이 스며드는 동안 이 찬란한 빛을 마음껏 누리렴.

마음의 즐거움은 양약이라도

심령의 근심은 뼈를 마르게 하느니라

잠언 17:22

내가 아버지께 구하겠으니 그가 또 다른 보혜사를 너희에게 주사

영원토록 너희와 함께 있게 하리니

요한복음 14:16

육신의 생각은 사망이요

영의 생각은 생명과 평안이니라

로마서 8:6

내 아버지 집에 거할 곳이 많도다

그렇지 않으면 너희에게 일렀으리라

내가 너희를 위하여 거처를 예비하러 가노니

요한복음 14:2

Renewing your mind
새로운 관점

이 세상을 본받지 말고 관점을 새롭게 함으로 변화를 받으렴. 나는 네 고충을 잘 안단다. 세상은 자신의 틀에 너를 구겨 넣으면서 너를 끊임없이 압박하지. 그래서 네게는 나와 홀로 만나는 시간이 필요하단다. 마음을 열고 나를 영접하면 나는 네 안에서 자유롭게 일하며 너를 놀랍게 변화시킬 거야. 내가 가장 심혈을 기울이고 있는 일 중 하나가 바로 네 관점을 바꾸는 거란다. 성령은 오늘도 네 안에서 그 일을 하고 있지. 그분은 자기 능력으로 너를 제압하는 대신 부드럽게 유도하고 분명히 깨우쳐 주신단다. 그분은 네게 어느 부분에 변화가 필요한지 보여 주고, 새로운 관점을 잘 익힐 수 있도록 도와주시지.

많은 그리스도인들이 세상의 관점에 물들어 내 뜻을 분별하지 못하고 있단다. 세상의 휘황찬란한 빛에 현혹되어 내가 그들 곁에 있다는 사실을 깨닫지 못하고 있지. 내 선하고 온전한 뜻을 분별하려면 **새로운 관점을 가져야 한단다.** 그러면 내가 네 곁에서 사랑의 마음으로 함께 하고 있다는 사실을 점점 더 깨닫게 될 거야. 네가 내 존재를 인식하면 할수록, 나는 네 안에서 더욱 효율적으로 일하며 놀라운 변화를 일으킬 수 있단다. 그리고 너는 이전보다 더욱 나와 가까워질 수 있지. 이로 인해 너는 나와 더욱 친밀해질 뿐 아니라 나를 더욱 닮게 될 거란다. 하지만 이건 장차 올 내 나라에 대한 맛보기에 불과해. **너는 내 있는 모습 그대로를 보며 나와 같은 모습이 될 거니까 말이야.**

너희는 이 세대를 본받지 말고

오직 마음을 새롭게 함으로 변화를 받아

하나님의 선하시고 기뻐하시고 온전하신 뜻이 무엇인지

분별하도록 하라

로마서 12:2

주는 영이시니 주의 영이 계신 곳에는

자유가 있느니라

고린도후서 3:17

사랑하는 자들아 우리가 지금은 하나님의 자녀라

장래에 어떻게 될지는 아직 나타나지 아니하였으나

그가 나타나시면 우리가 그와 같을 줄을 아는 것은

그의 참모습 그대로 볼 것이기 때문이니

요한일서 3:2

Renewing your mind
새로운 관점

사람들은 생각을 잠깐 있다 사라지는 대수롭지 않은 것으로 여기곤 하지만 나는 네 생각을 소중히 여기고 하나하나 다 읽어 본단다. 내가 네 생각을 모조리 읽는다고 하니 당황스러울 수도 있겠구나. 사람들에게는 생각을 숨길 수 있을지 몰라도 내게는 그럴 수 없지! 하지만 한편으로는 네 생각을 숨김없이 알고 있는 누군가가 있다는 게 안심이 되지 않니? 비밀을 많이 만들다 보면 외로워지는 법이니 말이야. 나는 네 모든 부분, 심지어 네 생각까지도 신경 쓸 정도로 너를 소중히 여긴단다.

생각을 통제한다는 게 얼마나 어려운 일인지 잘 알아. 네 생각은 악한 영들이 끊임없이 공격하는 전쟁터지. 악한 영들은 어떻게든 네게 영향을 미치려 한단다. 네 죄성 역시 네 생각 속에서 위용을 떨치고 말이야. 그렇기 때문에 너는 깨어서 악과 싸워야 한단다! 나는 너를 위해 싸웠고 죽음까지도 감당했어. 그러니 네가 누구이며 누구의 소유인지 기억하렴. 구원의 확신이라는 투구를 써라. 이 투구는 네 생각을 보호해 줄 뿐 아니라 내가 너를 위해 얻어낸 십자가에서의 승리를 상기시켜 줄 거야.

나는 너를 소중히 여기기 때문에 언제 네가 내 관점으로 생각하게 되는지 금방 알 수 있단다. 그리고 즉시 기뻐하지. 네 생각을 내게 가져오렴. 그렇게 할수록 내 기쁨을 더욱 풍성히 얻을 수 있단다. 나는 악한 생각을 무너뜨리고, 네가 **참되고 경건하며 옳고 정결하며 사랑받을 만하고 칭찬할 만하며 덕이 있고 기림을 받을 만한 것들을** 생각하도록 도울 거야. 내 안에서 편히 쉬며 이것들을 깊이 묵상해 보렴.

여호와여 주께서 나를 살펴보셨으므로

나를 아시나이다

주께서 내가 앉고 일어섬을 아시고

멀리서도 나의 생각을 밝히 아시오며

시편 139:1~2

구원의 투구와 성령의 검

곧 하나님의 말씀을 가지라

에베소서 6:17

끝으로 형제들아 무엇에든지 참되며

무엇에든지 경건하며 무엇에든지 옳으며 무엇에든지 정결하며

무엇에든지 사랑 받을 만하며 무엇에든지 칭찬 받을 만하며

무슨 덕이 있든지 무슨 기림이 있든지 이것들을 생각하라

빌립보서 4:8

Renewing your mind
새로운 관점

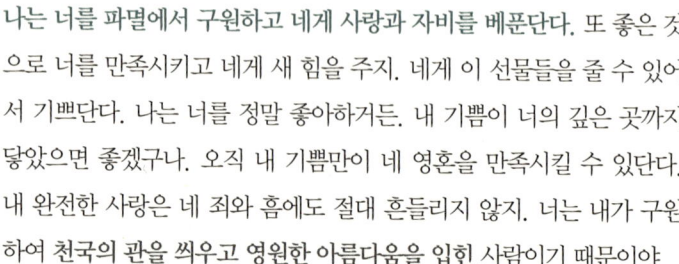

나는 너를 파멸에서 구원하고 네게 사랑과 자비를 베푼단다. 또 좋은 것으로 너를 만족시키고 네게 새 힘을 주지. 네게 이 선물들을 줄 수 있어서 기쁘단다. 나는 너를 정말 좋아하거든. 내 기쁨이 너의 깊은 곳까지 닿았으면 좋겠구나. 오직 내 기쁨만이 네 영혼을 만족시킬 수 있단다. 내 완전한 사랑은 네 죄와 흠에도 절대 흔들리지 않지. 너는 내가 구원하여 **천국의 관을 씌우고 영원한 아름다움을 입힌** 사람이기 때문이야.

너는 '내 사랑을 받는 자'란다. 이 정체성을 네 생각의 중심에 두렴. 네 생각은 사소한 문제에도 자주 흔들린단다. 그렇기에 너는 **항상 깨어 기도해야 해**. 사실 기도야말로 네 생각을 지키는 가장 효과적인 방법이란다. 네가 만나는 모든 상황 가운데 나를 초대하렴. 무엇을 하고 무엇을 생각하며 무엇을 느끼고 있든지 다 내게 가져오렴. 그리고 나와 함께 이야기하자. 그러면 사소한 문제들이 아닌 영광스러운 실재에 초점을 맞출 수 있을 거야. 그리고 나와 교제하는 동안 너는 새 힘을 얻게 될 거란다. 내 임재 안에 있을 때는 나이와 상관없이 언제나 청춘이거든.

네 생명을 파멸에서 속량하시고

인자와 긍휼로 관을 씌우시며 좋은 것으로 네 소원을 만족하게 하사

네 청춘을 독수리 같이 새롭게 하시는도다

시편 103:4~5

여호와께서는 자기 백성을 기뻐하시며

겸손한 자를 구원으로 아름답게 하심이로다

시편 149:4

모든 기도와 간구를 하되 항상 성령 안에서 기도하고

이를 위하여 깨어 구하기를 항상 힘쓰며 여러 성도를 위하여 구하라

에베소서 6:18

오직 여호와를 앙망하는 자는 새 힘을 얻으리니

독수리가 날개치며 올라감 같을 것이요

달음박질하여도 곤비하지 아니하겠고 걸어가도 피곤하지 아니하리로다

이사야 40:31

Renewing your mind
새로운 관점

무엇이든지 참되고 고상하고 옳고 순결하고 사랑스럽고 칭찬할 만한 것을 생각하렴. 미디어는 거짓되고 남을 비하하고 잘못되고 불순하고 추한 것에 집중하게 만들지. 진리 대신 그럴 듯한 의견들과 선정적인 이야기들이 광고주들의 마음을 사로잡고 있단다. 하지만 위에 언급한 훌륭한 자질 중 '참되고'라는 단어가 제일 먼저 나온 건 우연이 아니야. 무엇이든 진리가 없으면 고려할 가치가 없는 거란다. 그래서 생각을 말씀으로 가득 채워 성경적 관점을 계발하는 게 제일 중요하단다. 깨어진 세상 가운데도 여전히 **훌륭하고 칭찬할 만한 것들이** 많이 남아 있으니, 숨겨진 보물들을 찾아보고 이를 깊이 묵상하며 나를 찬양하렴. 그리고 네가 발견한 것들을 다른 사람들에게도 이야기해 주어라. 그들도 그들의 삶 가운데 아름답고 의미 있는 것들을 찾을 수 있게 말이야.

참되고 고상하고 칭찬할 만한 것들은 여전히 세상에 많이 존재한단다. 하지만 내 안에서 가장 풍성히 누릴 수 있지. 그러니 최대한 네 **생각의 초점을 내게 맞추렴.** 내 이름을 조용히 부르면 내가 네 작은 소리도 들을 수 있을 만큼 가까이에 있다는 것을 알 수 있을 거야. 너를 둘러싼 세상을 감사의 눈으로 바라보고 네 눈에 보이는 수많은 좋은 것들에 대해 감사하렴. 나를 찬양할 뿐 아니라 네 문제들도 내게 가지고 오려무나. 그리고 내가 그 문제들을 어떻게 좋은 것으로 변화시키는지 지켜보아라.

끝으로 형제들아 무엇에든지 참되며
무엇에든지 경건하며 무엇에든지 옳으며 무엇에든지 정결하며
무엇에든지 사랑 받을 만하며 무엇에든지 칭찬 받을 만하며
무슨 덕이 있든지 무슨 기림이 있든지 이것들을 생각하라

빌립보서 4:8

그러므로 함께 하늘의 부르심을 받은 거룩한 형제들아
우리가 믿는 도리의 사도이시며 대제사장이신 예수를 깊이 생각하라

히브리서 3:1

그가 내게 간구하리니 내가 그에게 응답하리라
그들이 환난 당할 때에 내가 그와 함께 하여
그를 건지고 영화롭게 하리라

시편 91:15

Right living
올바른 삶

나는 살아 있는 너의 구주이니 네 몸이 썩은 후에라도 너는 나를 보게 될 거야. 나를 알기 전에 너는 **죄의 노예**였지만, 나는 네 모든 죄의 대가를 지불하고 너를 죄의 속박에서 해방시켰단다. 죄의 대가는 어마어마한 것이었어. 바로 내 피의 희생이었지! 이제 너는 내 것이며 나와 함께 영원히 살 거란다.

나는 너를 측량할 수 없는 값을 주고 **샀단다**. 그러니 **네 몸과 영으로 내게 영광을 돌리렴**. 몸으로 영광을 돌린다는 건 너 자신을 소중히 돌보고 악한 일을 행치 않는 걸 의미한단다. 네 삶은 내가 준 소중한 선물이거든. 나는 네가 내게 영광을 돌리고 건강한 기쁨을 얻는 풍성한 삶을 살았으면 좋겠구나. 영으로 영광을 돌린다는 건 네 영이 다른 무엇보다도 나로 인해 기뻐하는 거란다. 이보다 더 기쁜 일은 없지! 세상에는 아름답고 즐거운 게 많지만 그 어떤 것도 나와 비교할 수 없단다. 네 영이 나를 바라본다면 내 임재의 기쁨을 얻게 될 거야. 이 기쁨은 내 영원한 사랑의 샘물에서 흘러나오므로 어떤 상황에서도 누릴 수 있단다. 내가 너를 구원했다는 사실을 잊지 말아라. 나는 너로 인해 **기쁨을 이기지 못하고, 너를 잠잠히 사랑하고, 너로 인해 노래를 부르며 즐거워한단다**.

내가 알기에는 나의 대속자가 살아 계시니
마침내 그가 땅 위에 서실 것이라 내 가죽이 벗김을 당한 뒤에도
내가 육체 밖에서 하나님을 보리라 내가 그를 보리니
내 눈으로 그를 보기를 낯선 사람처럼 하지 않을 것이라
내 마음이 초조하구나

욥기 19:25~27

예수께서 대답하시되 진실로 진실로 너희에게 이르노니
죄를 범하는 자마다 죄의 종이라

요한복음 8:34

값으로 산 것이 되었으니 그런즉 너희 몸으로 하나님께 영광을 돌리라

고린도전서 6:20

너의 하나님 여호와가 너의 가운데에 계시니
그는 구원을 베푸실 전능자이시라
그가 너로 말미암아 기쁨을 이기지 못하시며 너를 잠잠히 사랑하시며
너로 말미암아 즐거이 부르며 기뻐하시리라 하리라

스바냐 3:17

Right living
올바른 삶

말을 할 때는 늘 조심해야 한단다. 말을 함부로 하면 죄를 짓기 쉽지. 혀는 불이란다. 몸의 일부분이지만 온 몸을 더럽히고 인생의 전 여정에 불을 지르며, 끝내는 지옥 불에 타고 말지. 그래서 다윗도 "여호와여, 내 입에 파수꾼을 세우시고 내 입술의 문을 지키소서."라고 기도했단다. 혀를 통제하는 건 정말 어려운 일이라 내 절대적인 도움이 없이는 불가능하지.

나는 네가 말 뿐 아니라 생각도 절제할 수 있도록 돕고 싶구나. 무슨 생각을 하느냐는 건강과 행복에 엄청난 영향을 미친단다. 많은 사람들이 왜곡되고 비성경적인 생각으로 인해 우울해 하고 불안해 하지. 이 문제가 해결되지 않으면 건강도 무너질 수 있단다. 하지만 성경은 이렇게 이야기하고 있어. "선한 말은 꿀송이 같아서 마음에 달고 뼈에 양약이 되느니라." 네 생각과 말이 성령의 다스림을 받으면 네 영혼과 몸도 건강해질 거야. 성령을 통해 말하고 생각하게 해 달라고 구하렴. 성령은 네 마음 깊은 곳에 살고 있기 때문에 네게 쉽게 영향을 미칠 수 있단다. 하지만 네가 초대할 때까지 기다리고 있지. 성령을 네 삶에 초대하면 할수록 너는 더욱 건강하고 행복해질 거야. 그리고 너 자신 뿐 아니라 다른 사람에게도 복이 되는 기분 좋은 말을 하게 될 거란다.

말을 아끼는 자는 지식이 있고

성품이 냉철한 자는 명철하니라

잠언 17:27

혀는 곧 불이요 불의의 세계라

혀는 우리 지체 중에서 온 몸을 더럽히고

삶의 수레바퀴를 불사르나니

그 사르는 것이 지옥 불에서 나느니라

야고보서 3:6

여호와여 내 입에 파수꾼을 세우시고

내 입술의 문을 지키소서

시편 141:3

선한 말은 꿀송이 같아서

마음에 달고 뼈에 양약이 되느니라

잠언 16:24

Thankfulness
감사

감사는 내가 네 삶의 주인이자 공급자라는 사실을 인정하는 거란다. 너는 내 자녀이며 **어떤 상황에서도 감사해야 한다는 걸** 알고 있음에도, 가끔 입으로만 감사하다고 말하곤 하지. 모든 게 잘못될 것만 같은 힘든 날에는 특히 감사하기가 어렵다는 걸 나도 잘 알고 있어.

나는 네 마음에서 일어나고 있는 일을 너보다 훨씬 더 잘 알고 있단다. 네가 언제 감사한 마음이 들고 그렇지 않은지 말이야. 하지만 감사하는 마음이 없는데도 감사함으로 나를 기쁘게 하려는 네 마음 깊은 곳의 열망도 볼 수 있단다.

감사하기 위해 몸부림치고 있다면 잠시 멈춰 내가 누구인지 생각해 보렴. 나는 **네 삶의 창조주이자 인도자란다.** 너는 호흡을 비롯한 모든 것을 내게 전적으로 의지하고 있지. 모든 좋은 것은 내가 준 선물이란다! 힘든 시간 가운데 감사하는 것이 내 자녀가 취해야 할 합당한 자세임을 잊지 말아라. 불평하고 싶은 유혹을 이겨내고 감사하며 인내한다면, 고통의 한 가운데에서도 기쁨과 평안을 얻을 수 있을 거야.

범사에 감사하라

이것이 그리스도 예수 안에서 너희를 향하신 하나님의 뜻이니라

데살로니가전서 5:18

생명의 주를 죽였도다

그러나 하나님이 죽은 자 가운데서 그를 살리셨으니

우리가 이 일에 증인이라

사도행전 3:15

온갖 좋은 은사와 온전한 선물이 다 위로부터

빛들의 아버지께로부터 내려오나니

그는 변함도 없으시고 회전하는 그림자도 없으시니라

야고보서 1:17

그러므로 우리가 흔들리지 않는 나라를 받았은즉

은혜를 받자 이로 말미암아 경건함과 두려움으로 하나님을 기쁘시게 섬길지니

히브리서 12:28

Thankfulness
감사

불만이 생길 때마다 내게 와서 털어놓으렴. 내게 마음을 열면 네 생각에는 내 관점을, 네 마음에는 내 노래를 담아줄 거란다. 나는 네가 너 자신이나 다른 사람, 세상에 대해 마음에 안 드는 게 많다는 걸 잘 알고 있단다. 하지만 너는 불만을 내게 털어놓지 않고 혼자 끙끙대기 일쑤지. 부정적인 것들에 계속 초점을 맞추면 불만만 쌓이게 된단다. 생각은, 불만을 입 밖으로 꺼내지 않으려고 할 때조차도 불만으로 꽉 차게 되는 경향이 있단다. 그럴 때는 내 관점으로 생각하게 해 달라고 기도하렴.

좌절할 때까지 기다리지 말고 네 근심 가운데 나를 초대하되, 내게 감사하는 것을 잊지 말아라. 네 감정과 상관없이, 너는 내가 네 이야기를 들어주고 너를 돌보고 있으며, 대신 죽을 만큼 너를 사랑한다는 사실로 인해 감사할 수 있단다. 감사하는 마음은 네 염려를 다루는 데에도 도움이 된단다. 나와 이야기를 나누면서 **내 얼굴빛을** 네게 비추게 하렴. 이 천국의 빛이 네 생각 속의 안개를 걷어내고 내 관점으로 그 문제를 보게 할 거야. 나와 교제하면 넘치는 기쁨도 얻게 된단다. 네 상황이 변하든 변하지 않든 너는 새 노래로 **기쁨의 찬송을** 부르게 될 거야.

말할 수 없는 그의 은사로 말미암아

하나님께 감사하노라

고린도후서 9:15

여호와는 그의 얼굴을 네게 비추사

은혜 베푸시기를 원하며

민수기 6:25

주께서 생명의 길을 내게 보이셨으니

주 앞에서 내게 기쁨이 충만하게 하시리로다 하였으므로

사도행전 2:28

새 노래 곧 우리 하나님께 올릴 찬송을 내 입에 두셨으니

많은 사람이 보고 두려워하여 여호와를 의지하리로다

시편 40:3

Thankfulness
감사

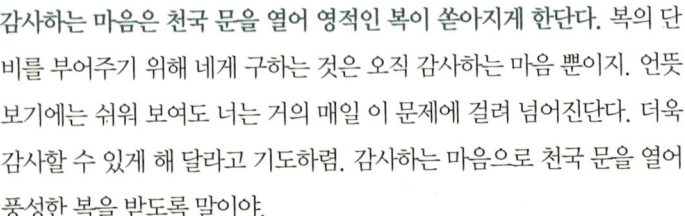

감사하는 마음은 천국 문을 열어 영적인 복이 쏟아지게 한단다. 복의 단비를 부어주기 위해 네게 구하는 것은 오직 감사하는 마음 뿐이지. 언뜻 보기에는 쉬워 보여도 너는 거의 매일 이 문제에 걸려 넘어진단다. 더욱 감사할 수 있게 해 달라고 기도하렴. 감사하는 마음으로 천국 문을 열어 풍성한 복을 받도록 말이야.

성경 전체에 감사하라는 명령이 반복되는 건 감사가 네 행복에 핵심적인 요소이기 때문이야. 나는 너의 창조주이자 구원자이며 왕이므로, 감사는 나와 건강한 관계를 맺는 데에도 아주 중요하단다. 내게 감사하면 내가 너를 위해 얼마나 많은 일을 했는지 깨닫게 되며, 이는 너와 나 모두에게 기쁨이 되지. 감사는 펌프에 붓는 마중물과 같아서, 감사의 마중물을 부으면 내가 주는 다른 영적인 복들도 더불어 풍성해진단다.

내가 은혜의 하나님임을 기억하렴. 감사가 잘 안 될 때는 그냥 용서를 구해라. 이 값없는 용서의 은혜를 풍성히 받으면 – 또한 이 값없는 은혜의 대가가 나임을 생각하면 – 감사하는 마음이 더욱 커질 거야. 눈을 들어 나를 보렴. 하늘 문을 활짝 열고 네게 영적인 복을 폭포수 같이 부어주고 있는 나를 말이야.

감사함으로 그의 문에 들어가며 찬송함으로 그의 궁정에 들어가서

그에게 감사하며 그의 이름을 송축할지어다

시편 100:4

찬송하리로다 하나님 곧 우리 주 예수 그리스도의 아버지께서

그리스도 안에서 하늘에 속한 모든 신령한 복을 우리에게 주시되

에베소서 1:3

기도를 계속하고 기도에 감사함으로 깨어 있으라

골로새서 4:2

시온의 딸아 크게 기뻐할지어다 예루살렘의 딸아 즐거이 부를지어다

보라 네 왕이 네게 임하시나니 그는 공의로우시며 구원을 베푸시며

겸손하여서 나귀를 타시나니 나귀의 작은 것 곧 나귀 새끼니라

스가랴 9:9

Thankfulness
감사

감사의 제사를 드리고 노래하며 내가 행한 일을 선포하여라! 네가 처한 상황을 담대하게 견딜 뿐 아니라 이에 감사하는 것은 가장 높은 수준의 예배란다. 나는 오랜 시간 네게 이 훈련을 해 왔지만, 여전히 너는 너 자신이나 다른 사람의 고통으로 인해 감사하는 걸 어려워 하는구나. 하지만 매번은 어렵더라도 가끔은 그렇게 **할 수 있단다.** 그러면 마음에 평안을 얻게 되고 나와 더 가까워지는 느낌을 받게 되지.

고통에 감사하려면 내 선함과 사랑, 자비를 아주 깊이 신뢰해야 한단다. 자신의 명철을 의지하는 사람들은 나를 깊이 신뢰할 수 없어. 그렇기 때문에 고통을 담대하게 다루려면 모든 것을 이해하려는 생각을 내려놓아야 한단다.

너는 감사하는 마음으로 담대하게 네가 처한 상황을 감내하는 법을 배우고 있는 거야. 이렇게 하는 것은 네게만 좋은 일이 아니야! 감사함으로 고통을 받아들이는 것은 이 세상 뿐 아니라 천국에도 영향을 미치지. 이게 핵심이야. **사탄의 견고한 진을 무너뜨리는 거룩한 능력으로 인해,** 네 감사의 제사는 천국 도처에 기쁨의 종을 울리게 된단다. 그리고 이 땅에서는 네 인내가 물결이 되어 퍼져 내 백성에게 힘과 용기를 주게 될 거야.

감사제를 드리며 노래하여

그가 행하신 일을 선포할지로다

시편 107:22

범사에 우리 주 예수 그리스도의 이름으로

항상 아버지 하나님께 감사하며

에베소서 5:20

너는 마음을 다하여 여호와를 신뢰하고

네 명철을 의지하지 말라

잠언 3:5

우리가 육신으로 행하나 육신에 따라 싸우지 아니하노니

우리의 싸우는 무기는 육신에 속한 것이 아니요

오직 어떤 견고한 진도 무너뜨리는 하나님의 능력이라

모든 이론을 무너뜨리며

고린도후서 10:3~4

Prayer
기도

기도할 수 없다고 느껴질 때는, 성령께서 말할 수 없는 탄식으로 너를 위해 친히 간구하신다는 사실을 기억하렴. 네가 보기에 정신없고 이해할 수 없는 기도가 사실은 가장 심오한 기도란다. 그 기도는 마음 깊은 곳에서부터 올라와 하늘에 이르지. 이런 깊은 기도를 하는 방법은 간단하단다. 그저 네 마음을 무겁게 하는 문제를 내게 가지고 오는 거야.

내가 네게 원하는 것은 네 **구주인 나를 기다리며 소망 가운데 바라보는 것이란다.** 내가 가장 좋은 일을 할 거라고 믿고 기대하며 기다리렴. 기다림의 시간이 길어질수록 더욱 나를 신뢰해야 한단다. 불안한 마음이 들기 시작할 때는 이렇게 기도하며 내 도움을 구하렴.

"예수님, 제 마음에 당신의 평안을 가득 채워 주세요."

이 기도를 숨 쉬듯이 필요할 때마다 하려무나. 네 마음이 내 소망으로 가득 차면 **내 변함없는 사랑이 네 안에 평안히 자리 잡을 거란다.**

이와 같이 성령도 우리의 연약함을 도우시나니

우리는 마땅히 기도할 바를 알지 못하나

오직 성령이 말할 수 없는 탄식으로 우리를 위하여 친히 간구하시느니라

마음을 살피시는 이가 성령의 생각을 아시나니

이는 성령이 하나님의 뜻대로 성도를 위하여 간구하심이니라

로마서 8:26~27

오직 나는 여호와를 우러러보며

나를 구원하시는 하나님을 바라보나니

나의 하나님이 나에게 귀를 기울이시리로다

미가 7:7

우리 영혼이 여호와를 바람이여 그는 우리의 도움과 방패시로다

우리 마음이 그를 즐거워함이여 우리가 그의 성호를 의지하였기 때문이로다

여호와여 우리가 주께 바라는 대로 주의 인자하심을 우리에게 베푸소서

시편 33:20~22

Prayer
기도

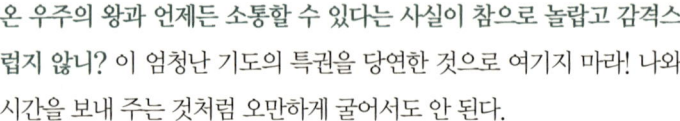

온 우주의 왕과 언제든 소통할 수 있다는 사실이 참으로 놀랍고 감격스럽지 않니? 이 엄청난 기도의 특권을 당연한 것으로 여기지 마라! 나와 시간을 보내 주는 것처럼 오만하게 굴어서도 안 된다.

이런 어리석음에서 벗어나는 가장 좋은 방법은 이를 깨닫고 회개하는 거란다. 내가 누구인지 기억하렴. 나는 **사람이 가까이 할 수 없는 빛 속에 거하는 만왕의 왕이요, 만주의 주**란다. 내 눈은 **불꽃과 같고**, 내 음성은 **많은 물소리 같으며**, 내 얼굴은 **힘 있게 비치는 해와 같지**. 또한 나는 네 삶을 한 걸음 한 걸음 조심스럽게 인도하는 목자란다. 네가 내게 얼마나 소중한 존재인지, 내가 너로 인해 얼마나 기뻐하는지 알았으면 좋겠구나. 그리고 너도 나로 인해 기뻐했으면 좋겠다. 나는 네 목소리뿐 아니라 마음의 소리도 들을 수 있어. 교제의 기쁨을 기대하며 **은혜의 보좌**로 즐거이 나아오는 것은 너와 나 모두에게 참으로 복된 일이란다.

기약이 이르면 하나님이 그의 나타나심을 보이시리니
하나님은 복되시고 유일하신 주권자이시며 만왕의 왕이시며
만주의 주시오 오직 그에게만 죽지 아니함이 있고
가까이 가지 못할 빛에 거하시고 어떤 사람도 보지 못하였고
또 볼 수 없는 이시니 그에게 존귀와 영원한 권능을 돌릴지어다 아멘

디모데전서 6:15~16

그의 머리와 털의 희기가 흰 양털 같고 눈 같으며
그의 눈은 불꽃같고 그의 발은 풀무불에 단련한 빛난 주석 같고
그의 음성은 많은 물소리와 같으며 그의 오른손에 일곱 별이 있고
그의 입에서 좌우에 날선 검이 나오고
그 얼굴은 해가 힘 있게 비치는 것 같더라

요한계시록 1:14~16

또 여호와를 기뻐하라
그가 네 마음의 소원을 네게 이루어 주시리로다

시편 37:4

그러므로 우리는 긍휼하심을 받고
때를 따라 돕는 은혜를 얻기 위하여
은혜의 보좌 앞에 담대히 나아갈 것이니라

히브리서 4:16

Trust
신뢰

네 인생을 멋진 모험으로 만들고 싶구나. 그러기 위해서는 네가 안정적이라고 여기는 삶의 방식을 고수하지 말아야 한단다. 이에 대해 양가적인 마음이 든다는 걸 잘 알고 있단다. 너는 내게 인생을 거는 모험을 꿈꾸면서도 변화가 두려워 옛 방식을 고수하지. 너는 예측 가능하고 모든 걸 통제할 수 있는 것처럼 보이는 삶이 가장 안전하다고 느낄 거야. 하지만 나는 네가 그 생각을 깨고 내가 널 위해 계획한 모험을 발견하면 좋겠구나.

세상에서 가장 위대한 모험은 나를 충분히 아는 것이란다. 너를 향한 내 사랑이 얼마나 넓고 길고 높고 깊은지 깨닫는 거지. 내 어마어마한 사랑의 위력이 압박으로 느껴질 수도 있다는 걸 알아. 그래서 많은 사람들이 내게 거리를 두고 나에 대해 적당히만 알려고 하지. 이 얼마나 서글픈 일인지! 사람들은 안정감을 느끼고자 평범한 삶에 안주하려 하면서도 늘 두려움과 싸우고 있단다. 오직 내 사랑만이 너를 붙잡고 있는 두려움을 깨뜨릴 수 있어. 예측 가능한 삶의 방식이 더 안전하게 느껴지겠지만, 그것이 네게 가장 필요한 것을 막을 수도 있단다. 바로 나 말이지. 예상치 못한 일들이 네 일상을 뒤흔들 때 기뻐하렴. 지금 네게 필요한 것은 바로 기쁨이란다. 기뻐할 때 너는 비로소 깨어나 나를 바라보게 되거든. 너는 새로운 모험의 문턱에 들어섰고 나는 매 순간 너와 함께할 거란다. 내 손을 꼭 붙들고 모험의 여정을 떠나자. 네 인생을 내게 맡기면 내 사랑을 더욱 풍성하게 경험하게 될 거야.

믿음으로 말미암아 그리스도께서 너희 마음에 계시게 하시옵고

너희가 사랑 가운데서 뿌리가 박히고 터가 굳어져서

능히 모든 성도와 함께 지식에 넘치는 그리스도의 사랑을 알고

에베소서 3:17~18

사랑 안에 두려움이 없고 온전한 사랑이 두려움을 내쫓나니

두려움에는 형벌이 있음이라 두려워하는 자는 사랑 안에서

온전히 이루지 못하였느니라

요한일서 4:18

나의 영혼이 주를 가까이 따르니

주의 오른손이 나를 붙드시거니와

시편 63:8

Trust
신뢰

마음을 다해 나를 신뢰하고, 네 명철을 의지하지 마라. 범사에 나를 인정해라. 그러면 내가 네 길을 지도할 거란다. 너는 오랫동안 나에 대한 전적인 확신을 갖기 원했음에도 여전히 이 문제로 씨름하고 있구나. 네 명철에 의지하고픈 열망이야말로 나를 신뢰하지 못하게 만드는 주범이란다. 네가 자꾸 네 명철에 의지하려는 건 네 인생을 통제하고 있다는 느낌을 받고 싶어서야. 너는 나를 전적으로 신뢰하길 원하지만 한 발짝도 나갈 수 없다고 느끼고 있지.

사랑하는 나의 아이야. 나를 온전히 의지하는 것은 정말 귀한 목표란다. 이제 내가 삶의 여러 경험을 통해 너를 훈련시킬 거야. 네가 겪는 많은 어려움들 역시 너를 돕기 위한 훈련의 일환임을 믿길 바란다. 내가 네 마음에서 이 놀랍고도 기이한 일들을 행할 수 있도록 허락해 주렴.

성령께서 네가 나를 신뢰할 수 있도록 도우실 거야. 하지만 그는 또한 네 도움을 필요로 한단다. 네 삶을 통제하고 있다는 느낌을 받으려고 네 명철에 의지하지 말고, 성령께서 네 생각을 다스려 주시기를 구하렴. 그리고 담대하게 결과를 기다려라. 믿는 마음으로 나를 바라보렴. 나는 너를 올바른 길로 인도할 거란다.

너는 마음을 다하여 여호와를 신뢰하고
네 명철을 의지하지 말라 너는 범사에 그를 인정하라
그리하면 네 길을 지도하시리라

잠언 3:5~6

네 길을 여호와께 맡기라
그를 의지하면 그가 이루시고

시편 37:5

육신의 생각은 사망이요
영의 생각은 생명과 평안이니라

로마서 8:6

Trust
신뢰

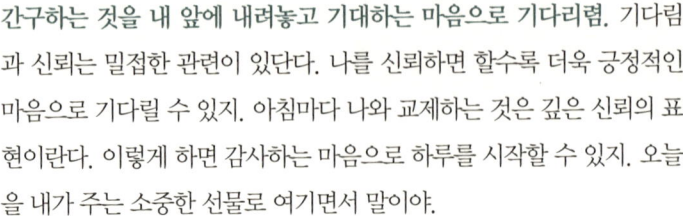

간구하는 것을 내 앞에 내려놓고 기대하는 마음으로 기다리렴. 기다림과 신뢰는 밀접한 관련이 있단다. 나를 신뢰하면 할수록 더욱 긍정적인 마음으로 기다릴 수 있지. 아침마다 나와 교제하는 것은 깊은 신뢰의 표현이란다. 이렇게 하면 감사하는 마음으로 하루를 시작할 수 있지. 오늘을 내가 주는 소중한 선물로 여기면서 말이야.

내 임재를 기다리는 것에는 유익한 '부수적 효과'가 있단다. 그러니 네가 원하는 답을 얻는 데에만 지나치게 초점을 맞추지 말았으면 좋겠구나. 내 거룩한 빛 안에 있을 때 나는 너와 창조주와 피조물, 진흙과 도공의 관계를 맺는단다. 이런 관계는 너를 겸손하게 하며, 너로 하여금 진정한 나를 예배하게 하지. 많은 사람들은 생각 속에 자기 목표와 생활 방식에 맞아떨어지는 다루기 편리한 신을 창조해 낸단다. 이 신을 하나님으로 부를 수도 있겠지만, 사실 이것은 우상 숭배란다. 이런 비극적인 기만에 빠지지 않으려면 말씀을 공부해야 해. 말씀을 읽을 때는, 성령께서 네 생각을 조명해 주셔서 나를 왜곡하지 않고 좀 더 분명히 알 수 있게 해 달라고 기도해라.

간구하는 게 많아도 괜찮아. 이 세상에는 필요한 것이 너무 많거든. 내 임재 안에서 기다리는 동안 신뢰하는 마음으로 나를 바라보렴. 네 마음속에 내 **변함없는 사랑**에 대한 확신을 심어주고 은혜의 음성을 들려줄 테니 말이야.

여호와여 아침에 주께서 나의 소리를 들으시리니

아침에 내가 주께 기도하고 바라리이다

시편 5:3

그러나 여호와여, 이제 주는 우리 아버지시니이다

우리는 진흙이요 주는 토기장이시니

우리는 다 주의 손으로 지으신 것이니이다

이사야 64:8

아버지께 참되게 예배하는 자들은

영과 진리로 예배할 때가 오나니 곧 이 때라 아버지께서는

자기에게 이렇게 예배하는 자들을 찾으시느니라

요한복음 4:23

나는 오직 주의 사랑을 의지하였사오니

나의 마음은 주의 구원을 기뻐하리이다

시편 13:5

Trust
신뢰

나쁜 소식을 두려워하지 말고, 내 변함없는 사랑을 굳게 믿으렴. 너를 향한 내 사랑은 네가 어떻게 하느냐와 상관이 없어. 나는 네가 염려하거나 두려워한다고 너를 덜 사랑하거나 하지는 않는단다. 나를 변함없는 마음으로 신뢰하겠다는 건 훌륭한 목표야. 너는 그 목표에 조금씩 가까워지고 있지. 나는 네가 더디더라도 믿음으로 한 걸음 한 걸음 나아가는 걸 보기 원한단다. 걸음마를 배우는 아기를 사랑스럽게 바라보는 부모처럼 말이야. 나는 네 걸음이 불안정하다 해도 네 모든 믿음의 발걸음에 박수 갈채를 보낼 거야. 발을 헛디디거나 넘어질 때에도 다시 일어날 시간을 줄 거란다. 물론 내게 손을 뻗어 도움을 요청하면 당연히 거절하지 않을 거야.

내게 도움을 구한다는 건 진심으로 나를 신뢰한다는 증거야. 실패하면 자책하기 쉽지. 하지만 나는 자책하는 걸 좋아하지 않는단다. 자신의 실패를 다른 사람이나 내 탓으로 돌리는 사람도 있더구나. 이런 식의 반응은 마음을 상하게 하고 역효과만 불러 올 뿐이야. 제일 좋은 방법은 한 시라도 빨리 내게 돌아오는 거야. 나는 사랑으로 부드럽게 네 상처 입은 자존심을 달래 주고 실수로부터 배울 수 있게 도와줄 거야. 실패의 잿더미 속에서 나를 올려다 볼 때 너는 더욱 겸손해지지. 또한 나를 굳건히 믿으려면 내 도움이 끊임없이 필요하다는 걸 깨닫게 된단다. 나는 **변함없는 사랑으로 너를 인도해 내 거룩한 처소로 들어가게 해 줄 거야.**

그는 흉한 소문을 두려워하지 아니함이여 여호와를 의뢰하고

그의 마음을 굳게 정하였도다

시편 112:7

아침에 나로 하여금 주의 인자한 말씀을 듣게 하소서

내가 주를 의뢰함이니이다 내가 다닐 길을 알게 하소서

내가 내 영혼을 주께 드림이니이다

시편 143:8

무릇 시온에서 슬퍼하는 자에게 화관을 주어 그 재를 대신하며

기쁨의 기름으로 그 슬픔을 대신하며 찬송의 옷으로 그 근심을 대신하시고

그들이 의의 나무 곧 여호와께서 심으신 그 영광을 나타낼 자라

일컬음을 받게 하려 하심이라

이사야 61:3

주의 인자하심으로 주께서 구속하신 백성을 인도하시되

주의 힘으로 그들을 주의 거룩한 처소에 들어가게 하시나이다

출애굽기 15:13

Trust
신뢰

메마른 곳에서도 네 필요를 채워주며 네 뼈에 힘을 더해주마. 나는 네 몸 상태를 아주 잘 알고 있단다. 네가 은밀한 곳에서 만들어지고 있을 때에도 네 형체를 이미 알고 있었지. 너는 내가 손수 지은 **놀랍고 오묘한 존재**란다.

나는 정원사이고 너는 내가 가꾸는 정원이지. 나는 메마른 곳에서도 **너를 만족시킬 수 있단다.** 너는 뙤약볕이 내리쬐는 순간에도 물 댄 동산 같을 거야. 내 무한한 은혜를 받으려면 어떤 상황에서도 나를 신뢰하고 내게 감사해야 한단다.

네 삶의 주인인 내가 **항상 너를 인도할 거야.** 너를 보호하고 인도하는 것은 내게 큰 기쁨이란다. 내 인도를 받으려면 너도 반드시 해야 할 일이 있단다. 바로 말씀을 연구하는 거야. 나는 말씀 안에서 살아 숨 쉬고 있거든. 나와 가까워질수록 내가 너를 위해 준비한 길을 찾고 따라가기 쉬워진단다. 이 생명의 길은 너를 인도할 뿐 아니라 네게 비할 수 없는 기쁨을 선사하지. 내가 네게 생명의 길을 보여줄게. 내 앞에는 충만한 기쁨이 있고 내 오른편에는 영원한 즐거움이 있단다.

여호와가 너를 항상 인도하여
메마른 곳에서도 네 영혼을 만족하게 하며 네 뼈를 견고하게 하리니
너는 물 댄 동산 같겠고 물이 끊어지지 아니하는 샘 같을 것이라

이사야 58:11

내가 주께 감사하옴은 나를 지으심이 심히 기묘하심이라
주께서 하시는 일이 기이함을 내 영혼이 잘 아나이다
내가 은밀한 데서 지음을 받고 땅의 깊은 곳에서 기이하게 지음을 받은 때에
나의 형체가 주의 앞에 숨겨지지 못하였나이다

시편 139:14~15

주의 말씀은 내 발에 등이요 내 길에 빛이니이다

시편 119:105

주께서 생명의 길을 내게 보이시리니 주의 앞에는 충만한 기쁨이 있고
주의 오른쪽에는 영원한 즐거움이 있나이다

시편 16:11

Trust
신뢰

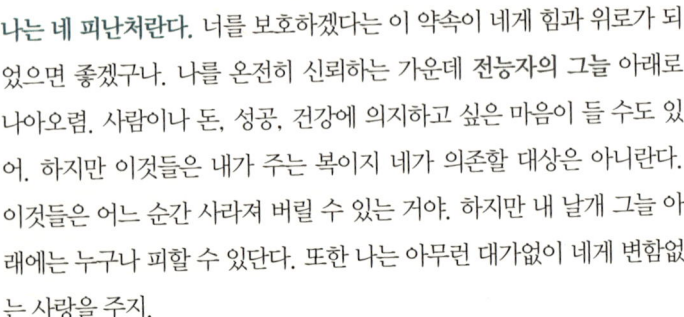

나는 네 피난처란다. 너를 보호하겠다는 이 약속이 네게 힘과 위로가 되었으면 좋겠구나. 나를 온전히 신뢰하는 가운데 **전능자의 그늘** 아래로 나아오렴. 사람이나 돈, 성공, 건강에 의지하고 싶은 마음이 들 수도 있어. 하지만 이것들은 내가 주는 복이지 네가 의존할 대상은 아니란다. 이것들은 어느 순간 사라져 버릴 수 있는 거야. 하지만 내 날개 그늘 아래에는 누구나 피할 수 있단다. 또한 나는 아무런 대가없이 네게 변함없는 사랑을 주지.

나는 네게 이렇게 많은 걸 주었단다. 그러니 다른 것을 신뢰하지 말고 오직 나를 신뢰하렴. 시편 기자는 이렇게 고백했단다. "**여호와께 피하는 것이 사람을 신뢰하는 것보다 나으며 여호와께 피하는 것이 고관들을 신뢰하는 것보다 낫도다.**" 세상에서 가장 지혜로운 솔로몬은 이렇게 말했지. "**자기의 재물을 의지하는 자는 패망하려니와**" 불안한 마음이 들 때마다 엉뚱한 데 의지하지 않도록 조심해야 한단다. 염려의 목소리를 듣지 말고 스스로에게 진리를 선포하렴. 하나님만이 온전히 신뢰할 분이라고 말이야. 그런 다음 나를 바라보며 이렇게 고백하렴. "주여, 당신은 나의 피난처요, 요새요, 내가 의뢰하는 하나님입니다."

지존자의 은밀한 곳에 거주하며 전능자의 그늘 아래에 사는 자여
나는 여호와를 향하여 말하기를 그는 나의 피난처요 나의 요새요
내가 의뢰하는 하나님이라 하리니

시편 91:1~2

하나님이여 주의 인자하심이 어찌 그리 보배로우신지요
사람들이 주의 날개 그늘 아래에 피하나이다

시편 36:7

여호와께 피하는 것이 사람을 신뢰하는 것보다 나으며
여호와께 피하는 것이 고관들을 신뢰하는 것보다 낫도다

시편 118:8~9

자기의 재물을 의지하는 자는 패망하려니와
의인은 푸른 잎사귀 같아서 번성하리라

잠언 11:28

Trust

신뢰

🕊

나와 함께 하는 삶은 결코 지루하거나 뻔하지 않단다. 매일 놀라운 일들이 벌어지지! 이에 대해 네 감정이 복잡하다는 걸 잘 안단다. 한편으로는 놀라운 일이 생기기를 바라면서도 한편으로는 그렇지 않지. 너는 예상치 못한 일이 생겼을 때의 흥분된 느낌을 좋아하면서도 삶이 어느 정도 예측 가능하길 바라고 있어. 실제로 예상치 못한 일이 일어날 가능성을 최소화하기 위해 평소에 여러 방편을 마련해 놓곤 하지.

하지만 나는 네가 예상하고 이해할 수 있는 일만 하면서 스스로를 제한하지 않을 거야. 내 길은 네 길보다 높고 내 생각은 네 생각보다 높거든. 나를 제한하는 건 내가 하나님이길 포기하는 거나 마찬가지지! 나와 가까워질수록 네 삶에는 계속 놀라운 일들이 일어날 거란다. 하지만 걱정하지 마라. 내가 예측 불가능한 나와의 여정을 좀 더 즐길 수 있도록 도와 줄 테니 말이야. 사실 놀라운 일을 기대하는 것에는 유익이 훨씬 많아. 예상치 못한 일이 일어났을 때 뭔가 잘못되었다고 생각하지 않고 나로부터 일어난 일이라고 생각하게 되지. 또한 기분 나빠하기보다는 즉시 내게 돌아오기 쉽단다. 그 일에 담긴 선한 의미를 발견하게 해 달라고 구하고, 이에 적절하게 반응할 수도 있지. 불안한 마음이 든다면 내게 더 가까이 다가오기만 하면 된단다.

매일 놀라운 일을 기대하는 법을 배우게 되면 삶은 더욱 흥미진진해질 거야. 예상치 못한 곳에서 내 흔적을 발견하는 것은 물론, 나를 친밀하게 알아가는 기쁨으로 인해 네 삶은 점점 밝게 빛날 거란다.

이는 하늘이 땅보다 높음 같이 내 길은 너희의 길보다 높으며

내 생각은 너희의 생각보다 높음이니라

이사야 55:9

내가 주를 의뢰하고 적군을 향해 달리며

내 하나님을 의지하고 담을 뛰어넘나이다

시편 18:29

예수를 너희가 보지 못하였으나 사랑하는도다

이제도 보지 못하나 믿고

말할 수 없는 영광스러운 즐거움으로 기뻐하니

베드로전서 1:8

Trust
신뢰

나는 네 힘이고 방패란다. 너를 돕고 보호하기 위해 놀라운 방식으로 끊임없이 일하고 있지. 나를 신뢰하면 네 마음에 **기쁨이 넘쳐흐를 거야.** 나에 대한 사랑과 신뢰는 밀접한 관련이 있단다. 나는 내 자녀들의 마음을 살필 때 그들이 나를 얼마나 사랑하고 신뢰하는 지를 집중해서 보지. 나를 사랑한다고 말하면서 진정으로 신뢰하지 않는다면 그건 그저 허울 좋은 말일 뿐이란다.

전심으로 나를 신뢰하려면 만물을 다스리는 내 절대적인 주권을 인정해야 해. 내 통제를 벗어난 것처럼 보이는 상황에서도 여전히 내가 통치하고 있다는 사실을 믿어야 하지. 나는 이 땅과 천국에서의 네 유익을 위해, 고통과 상실을 포함한 네 삶의 모든 사건을 지휘하고 있단다. 극심한 고통 중에 있을 때는 내가 네 삶의 주인이자 선하신 하나님이라는 사실을 믿기 힘들 거야. 내 방식을 이해할 수 있을 거라고 기대하지 마라. 하늘이 땅보다 높은 것같이 내 길은 네 길보다 높단다. 네가 할 수 있는 최고의 반응은 내게 감사하는 거야. 내가 최악의 상황 속에서도 선을 이룰 수 있다는 걸 믿으며 말이지. 이 믿음의 행위가 네게 용기를 주고 나를 영화롭게 한단다. 각자의 자리에서 분투하는 내 자녀들이 내게 **찬송하며** 감사할 때 나는 참 기쁘단다.

여호와는 나의 힘과 나의 방패이시니
내 마음이 그를 의지하여 도움을 얻었도다
그러므로 내 마음이 크게 기뻐하며 내 노래로 그를 찬송하리로다

시편 28:7

나의 힘이신 여호와여 내가 주를 사랑하나이다
여호와는 나의 반석이시요 나의 요새시요 나를 건지시는 이시요
나의 하나님이시요 내가 그 안에 피할 나의 바위시요 나의 방패시요
나의 구원의 뿔이시요 나의 산성이시로다

시편 18:1~2

이는 하늘이 땅보다 높음 같이 내 길은 너희의 길보다 높으며
내 생각은 너희의 생각보다 높음이니라

이사야 55:9

Trust
신뢰

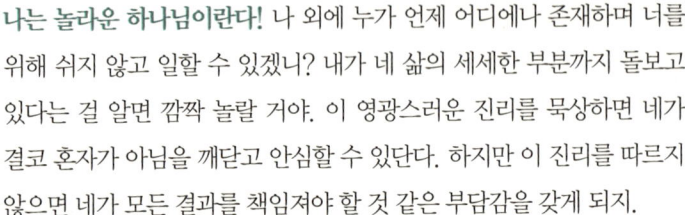

나는 놀라운 하나님이란다! 나 외에 누가 언제 어디에나 존재하며 너를 위해 쉬지 않고 일할 수 있겠니? 내가 네 삶의 세세한 부분까지 돌보고 있다는 걸 알면 깜짝 놀랄 거야. 이 영광스러운 진리를 묵상하면 네가 결코 혼자가 아님을 깨닫고 안심할 수 있단다. 하지만 이 진리를 따르지 않으면 네가 모든 결과를 책임져야 할 것 같은 부담감을 갖게 되지.

너는 나에 대한 진리를 깨달을 뿐 아니라 나와 항상 함께 해야 한단다. 내 자녀들은 '나에 대한 지식'과 '나를 경험으로 아는 것'을 혼동하곤 하지. 하지만 사도 바울은 이 차이를 분명히 알고 있었단다. 바울은 **내 사랑은 인간의 지식을 넘어서는 것이므로, 오직 성령의 능력으로만 이 사랑의 넓이와 길이, 높이와 깊이를 깨달을 수 있다고** 고백했지!

나를 아는 것은 그저 지적인 활동이 아니란다. 이는 나에 대한 신뢰의 문제야. 내 임재가 느껴지지 않을 때는 네 믿음에 의지하여, 내가 옆에 있다고 생각하고 나와 교제하면서 살아가렴. 실제로 그렇기 때문이지! **나는 결코 너를 떠나지도 버리지도 않는단다.** 도움이 필요할 때는 다른 신들에게 달려가지 말고 내게 나아오렴. 어떤 상황에서도 나를 믿고 내게로 나아오는 것이 인생을 사는 최선의 비결이란다.

내가 여호와를 항상 내 앞에 모심이여

그가 나의 오른쪽에 계시므로 내가 흔들리지 아니하리로다

시편 16:8

그의 영광의 풍성함을 따라 그의 성령으로 말미암아

너희 속사람을 능력으로 강건하게 하시오며

믿음으로 말미암아 그리스도께서 너희 마음에 계시게 하시옵고

너희가 사랑 가운데서 뿌리가 박히고 터가 굳어져서

능히 모든 성도와 함께 지식에 넘치는 그리스도의 사랑을 알고

그 너비와 길이와 높이와 깊이가 어떠함을 깨달아

하나님의 모든 충만하신 것으로 너희에게 충만하게 하시기를 구하노라

에베소서 3:16~19

돈을 사랑하지 말고 있는 바를 족한 줄로 알라

그가 친히 말씀하시기를 내가 결코 너희를 버리지 아니하고

너희를 떠나지 아니하리라 하셨느니라

히브리서 13:5

Faith
믿음

네가 느끼든 못느끼든 내 빛은 항상 너를 비추고 있단다. 칠흑같이 어두운 밤이면 때로 네 생각은 왜곡되고 파국으로 치닫기도 하지. 암흑 속에 갇혀 있다는 느낌이 들 때는 **내게 어둠과 빛이 매한가지임을 기억해라.** 나는 항상 너와 함께 하며 너를 향한 내 사랑은 결코 변하지 않는단다. 네게는 낮의 해보다 내 빛이 더욱 절실하지.

앞길이 어둡고 험할 때는 너를 인도하는 나를 신뢰하렴. 믿음으로 걷는다는 건 갈 길을 알려주는 레이더를 사용하는 것과 같아. 네 앞을 가로막고 있는 희뿌연 안개를 보지 말고 **나를 바라보렴.** 그러면 안개가 걷힌 길을 볼 수 있게 될 거야. 나와의 깊은 교제를 갈망하면 네 영혼은 내게 활짝 열리게 된단다. 내 사랑을 받으렴. 그러면 고통의 한 가운데에서도 네 영혼은 기쁨으로 충만하게 될 거야.

주에게서는 흑암이 숨기지 못하며 밤이 낮과 같이 비추이나니
주에게는 흑암과 빛이 같음이니이다

시편 139:12

이는 우리가 믿음으로 행하고
보는 것으로 행하지 아니함이로라

고린도후서 5:7

아침에 나로 하여금 주의 인자한 말씀을 듣게 하소서
내가 주를 의뢰함이니이다 내가 다닐 길을 알게 하소서
내가 내 영혼을 주께 드림이니이다

시편 143:8

믿음의 주요 또 온전하게 하시는 이인 예수를 바라보자
그는 그 앞에 있는 기쁨을 위하여 십자가를 참으사
부끄러움을 개의치 아니하시더니 하나님 보좌 우편에 앉으셨느니라

히브리서 12:2

Faith
믿음

믿음이 없이는 나를 기쁘게 할 수 없단다. 실제로 많은 사람들이 내 존재를 믿지 않은 채 내게 접근하지. 어떤 사람들은 내가 존재할 수도 있고 아닐 수도 있다고 생각한단다. 그래서 하나님이 실제로 존재하고, 자신이 나중에 심판을 받을 수도 있다는 생각이 들 때만 어쩌다 한 번씩 내게 기도를 하지. 어떤 사람들은 극도로 고통스러울 때만 내게 부르짖다가 어려운 고비를 넘기면 금세 나를 잊어버린단다.

이건 진정한 믿음이 아니며, 이런 믿음은 나를 결코 기쁘게 할 수 없어. 나를 기쁘게 하는 믿음은 훨씬 더 견고한 거란다. 바로 **보이지 않지만 사실로 여기는 것이지.** 나는 진심으로 나를 찾는 이들에게 상 주는 것을 좋아한단다. 나는 네가 완벽한 방법으로 나를 찾을 거라고 기대하지 않아. 나는 **네가 먼지에 불과하다는 걸** 잘 알고 있거든. 내가 진정으로 기뻐할 때는 네가 매일 꾸준히 나를 찾을 때야. 그러면 나는 너무 기뻐서 다양한 방식으로 네게 상을 줄 거란다. 나를 더욱 친밀하게 알아가고자 하는 마음을 부어주고, 네 마음의 소원이 내 소원과 가까워지도록 만들어 줄 거야. 또 힘겨운 시기를 지날 때는 부드러운 사랑을 넘치도록 부어 줄 거란다. 네가 마음을 열어 내 사랑을 받아줄 때 나는 말로 다 할 수 없이 기쁘거든.

믿음이 없이는 하나님을 기쁘시게 하지 못하나니
하나님께 나아가는 자는 반드시 그가 계신 것과
또한 그가 자기를 찾는 자들에게 상 주시는 이심을 믿어야 할지니라

히브리서 11:6

믿음은 바라는 것들의 실상이요
보이지 않는 것들의 증거니

히브리서 11:1

너희가 온 마음으로 나를 구하면
나를 찾을 것이요 나를 만나리라

예레미야 29:13

이는 그가 우리의 체질을 아시며
우리가 단지 먼지뿐임을 기억하심이로다

시편 103:14

Faith
믿음

네게 형언할 수 없는 영광스러운 기쁨을 주마. 이 기쁨은 천국에서 내려오는 기쁨이란다. 이 천국의 승리의 기쁨은 오직 내 안에서만 발견할 수 있지. 나로 인해 기뻐하면 너는 자연스럽게 다음에 올 한 단계 '높은' 수준의 영적인 기쁨을 위해 살게 된단다. 이 땅에서 누리는 기쁨은 천국의 기쁨을 살짝 맛보는 것에 불과해. 하지만 네가 사는 세상의 타락을 과소평가하지 마라. 내가 주는 기쁨은 늘 타락한 세상에 사는 슬픔과 뒤섞이게 될 거야. 내가 **너를 영광**으로 인도하는 날까지 말이지.

언젠가 너는 나와 얼굴과 얼굴을 마주하며 보게 되겠지. 하지만 지금은 **한 번도 본 적 없는 나를 사랑하고 보이지 않는데도 믿어야 한단다.** 그러나 이것은 삶에서 가장 복된 길이자 네가 내 자녀라는 증거이기도 하지. 보이지 않는 나를 사랑하는 건 비이성적이거나 엉뚱한 일이 아닌 너를 향한 내 끝없는 사랑에 대한 반응이란다. 너를 향한 내 사랑은 십자가 위에서 극적으로 펼쳐졌고 부활로 입증되었단다. 부활하여 살아계신 구주를 찬양하렴! 보지 않고 믿는 자가 복되단다.

예수를 너희가 보지 못하였으나 사랑하는도다

이제도 보지 못하나 믿고

말할 수 없는 영광스러운 즐거움으로 기뻐하니

베드로전서 1:8

내가 항상 주와 함께 하니 주께서 내 오른손을 붙드셨나이다

주의 교훈으로 나를 인도하시고

후에는 영광으로 나를 영접하시리니

시편 73:23~24

우리가 사랑함은 그가 먼저 우리를 사랑하셨음이라

요한일서 4:19

예수께서 이르시되 너는 나를 본 고로 믿느냐

보지 못하고 믿는 자들은 복되도다 하시니라

요한복음 20:29

Faith
믿음

네가 모험을 별로 좋아하지 않는다는 걸 알아. 하지만 나와 함께 도전해 보지 않으련? 내가 인도하는 곳이 세상에서 제일 안전한 곳이란다. 내가 어디로 인도하든지 나를 따라오렴. 때로 네가 안전하다고 생각하던 영역을 벗어난다 해도 말이야. 내가 두려움 없이 담대하게 나를 따르는 법을 가르쳐 줄게. 네 모든 두려움을 내게 가져오렴. 두려움은 그냥 놔두면 점점 더 커지는 경향이 있단다. 두려움을 내 임재의 빛 앞에 드러내렴. 그러면 두려움은 네가 능히 다룰 수 있을 정도로 작아질 거야. 너를 사로잡던 두려움이 약해지면 자유롭게 나를 따를 수 있게 된단다. 길 밖으로 벗어나지 않도록 내 손을 꼭 잡아라. 나는 앞장서서 이 모험의 여정을 이끌 거란다. 믿음의 걸음을 걸을 때 내게 집중하렴. 너는 곧 쉴 수 있는 공간에 이르게 될 거야. 그리고 네가 온 길을 되돌아보며 네가 이렇게나 멀리 왔다는 사실을 깨닫게 되겠지. 흔들리지 않게 내 손을 꼭 잡고 담대히 저 너머를 바라보렴. 내가 준 새로운 관점을 즐기면서 말이야. 실제로 그냥 머물러 있는 것보다 나와 함께 모험을 떠나는 게 훨씬 안전하단다. 이 새로운 환경에서는 늘 깨어 있어야 하지. 나와 계속 교제하고 내 도움을 구하기 위해 내 손을 꼭 붙잡으렴. 익숙한 환경이 더 안전하게 느껴지겠지만, 그런 환경에 있으면 깨어 있지 못하고 너 자신을 의지하게 된단다. 그 때가 바로 나를 잊어버리고 타락하기 쉬운 때지. 그러니 어디로 인도하든지 담대하게 나를 따르렴. **내가 네 피난처가 되어 너를 안전하게 지켜 줄게.**

여호와께서 사람의 걸음을 정하시고 그의 길을 기뻐하시나니

그는 넘어지나 아주 엎드러지지 아니함은

여호와께서 그의 손으로 붙드심이로다

시편 37:23-24

믿음의 주요 또 온전하게 하시는 이인 예수를 바라보자

그는 그 앞에 있는 기쁨을 위하여 십자가를 참으사

부끄러움을 개의치 아니하시더니

하나님 보좌 우편에 앉으셨느니라

히브리서 12:2

주께서 그들을 주의 은밀한 곳에 숨기사

사람의 꾀에서 벗어나게 하시고

비밀히 장막에 감추사 말다툼에서 면하게 하시리이다

시편 31:20

Worship
예배

나는 굳건한 반석이므로, 너는 내 위에서 춤과 노래로 찬양하며 내 임재를 영원히 즐거워할 수 있단다. 너는 이를 고대해 왔으면서도 대부분의 시간을 이 땅에 매여 있다는 느낌으로 살고 있구나. 예배는 네 삶의 모든 영역과 관련된 거란다. 하지만 너는 마음으로는 원하면서도 왠지 모르게 주저하고 있지.

좀 더 지속적으로 풍성하게 나를 예배하는 법을 배우고 싶다면, 내 임재 안에서 잠잠히 평안을 누리는 것부터 시작하렴. **내 영원한 팔에서 편안히 쉬며** 네가 얼마나 안전한 곳에 거하고 있는지 느끼려무나. 나는 견고한 반석이니 너는 내 위에서 마음껏 뛰놀 수 있단다. 춤과 노래, 기도 모두 내 안에서 누리는 기쁨을 표현하는 방식이지.

내 임재는 측량할 수 없는 충만한 기쁨을 뿜어낸단다! 나를 찬양하면 내 거룩한 임재를 느꼈을 때처럼 기쁨이 더해질 거야. 네가 어떤 모습으로 예배하든지 나는 **네 중심을 본단다.** 마음이야말로 진정한 예배의 처소이기 때문이지.

영원하신 하나님이 네 처소가 되시니
그의 영원하신 팔이 네 아래에 있도다
그가 네 앞에서 대적을 쫓으시며 멸하라 하시도다

신명기 33:27

주께서 생명의 길을 내게 보이시리니 주의 앞에는 충만한 기쁨이 있고
주의 오른쪽에는 영원한 즐거움이 있나이다

시편 16:11

다윗이 여호와 앞에서 힘을 다하여 춤을 추는데
그 때에 다윗이 베 에봇을 입었더라

사무엘하 6:14

여호와께서 사무엘에게 이르시되 그의 용모와 키를 보지 말라
내가 이미 그를 버렸노라 내가 보는 것은 사람과 같지 아니하니
사람은 외모를 보거니와 나 여호와는 중심을 보느니라 하시더라

사무엘상 16:7

Worship
예배

나는 모든 찬양을 받기에 합당한, 영광스럽게 빛나는 공의로운 해란다. 이 영광의 빛 가운데 거하면 치유를 받게 되지. 치유의 광선이 네 안과 밖을 비추는 동안 내 곁에서 잠잠히 기다리렴. 네 영혼을 열어 이 영광의 빛을 충만히 받아라. 이 생명의 빛이 네 안에 충만해지면 **외양간에서 나온 송아지처럼 기뻐 뛰게 될 거야.**

내 약속은 풍성한 복들로 가득 차 있지만 모든 사람에게 허락된 건 아니란다. 오직 내 **이름을 경외하는 사람들**만 이 약속의 유익을 누릴 수 있지. 많은 사람들이 아무 생각 없이 내 이름을 비속어로 사용하고 있어. 이건 신성 모독이며 심각한 결과를 가져오지. 신성을 모독하는 사람들은 회개하지 않으면 내게 용서받지 못할 거야. 나는 모든 사람이 내 이름을 거룩하게 여기며 경외하기를 원한단다. 내 이름은 곧 나이기 때문이지. 나는 **영광의 왕**이란다. 내 이름을 진정으로 경외하면 내가 약속한 좋은 것들을 마음껏 누릴 수 있어. 내 임재 가운데 친밀한 교제를 나누며 치유를 경험할 수 있고, 억누를 수 없는 기쁨을 풍성히 얻을 수 있지. 이 기쁜 복을 누릴 때 다른 사람들에게도 영광의 왕을 전하는 것을 잊지 말아라. 그러면 그들 역시 나를 경외하고 내 거룩한 이름을 찬양하는 예배자가 될 수 있을 거야.

내 이름을 경외하는 너희에게는 공의로운 해가 떠올라서
치료하는 광선을 비추리니
너희가 나가서 외양간에서 나온 송아지 같이 뛰리라

말라기 4:2

너는 네 하나님 여호와의 이름을 망령되게 부르지 말라
여호와는 그의 이름을 망령되게 부르는 자를
죄 없다 하지 아니하리라

출애굽기 20:7

문들아 너희 머리를 들지어다
영원한 문들아 들릴지어다
영광의 왕이 들어가시리로다

시편 24:7

Worship
예배

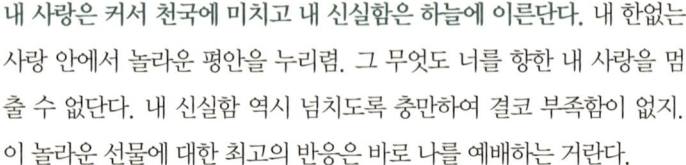

내 사랑은 커서 천국에 미치고 내 신실함은 하늘에 이른단다. 내 한없는 사랑 안에서 놀라운 평안을 누리렴. 그 무엇도 너를 향한 내 사랑을 멈출 수 없단다. 내 신실함 역시 넘치도록 충만하여 결코 부족함이 없지. 이 놀라운 선물에 대한 최고의 반응은 바로 나를 예배하는 거란다.

네가 나를 예배할 때 나는 정말 기뻐. 예배는 너와 나 모두에게 복이란다. 예배는 너를 내 영광에 걸맞는 존재가 되게 하거든. 나를 예배할수록 너는 **사람들 가운데** 내 영광을 더욱 드러낼 수 있게 될 거야. 성령께서 이렇게 만드신단다. 성령은 예배 가운데 **너를 나와 같은 형상으로 점점 변화시키시지.** 예배를 통해 내게 가까이 나아오면, 나는 너를 온전히 변화시켜 다른 사람에게 나를 알리는 통로가 되게 할 거야.

내 사랑은 천국에 이를 뿐 아니라 천국에서 네게로 임한단다. 사랑하는 아이야, 나를 믿으렴. 그리고 너를 온전히 용납하며 네게 미소를 짓고 있는 나를 바라보렴. 내 한없는 사랑은 천국의 눈송이처럼 네게 계속 내리며 네 몸과 영혼에 녹아들고 있단다. 이 사랑은 어떤 힘든 상황 가운데서도 너를 지탱해 주며, 언젠가는 너를 천국으로 들어올릴 거야! 나는 **너를 영광으로 데려올 날**을 고대하고 있단다. 이 완벽한 천국에서 너와 영원히 함께 할 날을 말이지.

주여 내가 만민 중에서 주께 감사하오며

못 나라 중에서 주를 찬송하리이다 무릇 주의 인자는 커서

하늘에 미치고 주의 진리는 궁창에 이르나이다

시편 57:9~10

우리가 다 수건을 벗은 얼굴로

거울을 보는 것 같이 주의 영광을 보매

그와 같은 형상으로 변화하여 영광에서 영광에 이르니

곧 주의 영으로 말미암음이니라

고린도후서 3:18

내가 항상 주와 함께 하니 주께서 내 오른손을 붙드셨나이다

주의 교훈으로 나를 인도하시고 후에는 영광으로 나를 영접하시리니

시편 73:23~24

Desiring him
주를 앙망함

사랑하는 아이야. 나는 너로 인해 참 기쁘단다. 아직 성화의 과정 중에 있기는 하지만 거룩해지고자 하는 소망을 품고 있으니 말이야. 십자가 죽음은 네가 나를 구주로 믿는 순간 너를 영원히 온전한 존재로 만들었단다. 완전한 내가 하늘 법정에서 너의 대리자가 되었으므로 이 속죄제는 완전한 것이지. 하지만 너는 여전히 상하고 깨어진 세상에서 살아야 한단다. 그래서 온전히 거룩해지기를 소망하고 완전한 본향인 천국을 갈망하면서도 때로 공허함을 느끼게 되는 거지.

거룩한 사람이 되는 가장 좋은 방법은 마음을 다하고 뜻을 다하고 힘을 다하여 나를 사랑하는 거야. 다윗 왕은 내 앞에서 기뻐 뛰고 온 맘 다해 춤을 추며 그 열정을 보여주었지. 심각한 죄를 지었음에도 불구하고 다윗은 내 마음에 합한 사람이었단다.

너와 네 주변의 상하고 깨진 것들에 초점을 맞추지 말고 나를 향한 사랑에 불을 지피렴. 나를 향한 네 사랑은 깜박거리는 촛불 같을지 모르지만, 너를 향한 내 사랑은 활활 타오르는 산불과 같단다. 내 열정 속으로 더 가까이 나아오렴. 그러면 내 거룩한 불길이 네 안에 거룩한 열정을 불러일으킬 거란다.

오직 그리스도는 죄를 위하여 한 영원한 제사를 드리시고
하나님 우편에 앉으사 그 후에 자기 원수들을
자기 발등상이 되게 하실 때까지 기다리시나니
그가 거룩하게 된 자들을 한 번의 제사로 영원히 온전하게 하셨느니라

히브리서 10:12~14

너는 마음을 다하고 뜻을 다하고 힘을 다하여
네 하나님 여호와를 사랑하라

신명기 6:5

다윗이 여호와 앞에서 힘을 다하여 춤을 추는데
그 때에 다윗이 베 에봇을 입었더라

사무엘하 6:14

폐하시고 다윗을 왕으로 세우시고 증언하여 이르시되 내가 이새의 아들
다윗을 만나니 내 마음에 맞는 사람이라 내 뜻을 다 이루리라 하시더니

사도행전 13:22

Desiring him
주를 앙망함

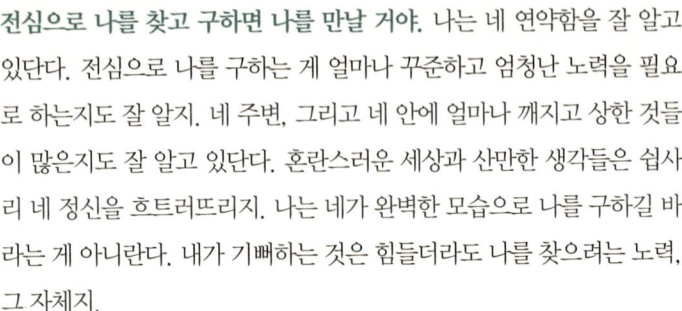

전심으로 나를 찾고 구하면 나를 만날 거야. 나는 네 연약함을 잘 알고 있단다. 전심으로 나를 구하는 게 얼마나 꾸준하고 엄청난 노력을 필요로 하는지도 잘 알지. 네 주변, 그리고 네 안에 얼마나 깨지고 상한 것들이 많은지도 잘 알고 있단다. 혼란스러운 세상과 산만한 생각들은 쉽사리 네 정신을 흐트러뜨리지. 나는 네가 완벽한 모습으로 나를 구하길 바라는 게 아니란다. 내가 기뻐하는 것은 힘들더라도 나를 찾으려는 노력, 그 자체지.

사실 나를 찾으려는 분투는 네게 복이 된단다. 나를 찾으려고 애쓰는 순간 내게 초점을 맞추게 되거든. 수많은 방해 요소들을 헤치고 나를 향해 오는 길을 일구는 동안 점점 더 나를 의식하게 된단다. 내가 네 곁에 있음을 느끼지 못한다 할지라도 네가 나와 교제하고 있다는 사실은 알 수 있지. 나를 찾고자 노력하면 나를 찾게 된단다. 나는 네가 분투할 때 충만히 임하거든. 결과적으로 너는 나를 힘써 구할 때 살아 있고 견고해지며 실제적이 되지. 네가 전심으로 나를 찾을 때 나는 참 기쁘단다. 이 모험에서 가장 중요한 건 인내야. 나를 끊임없이 찾는 한, 너는 옳은 길을 가고 있는 거란다. 네가 네 앞에 서서 갈 길을 보여주고 너를 지치지 않게 해 줄게. 네가 가는 길이 고되고 힘들어도 그 길은 반드시 성공으로 끝날 거란다. 바로 **나를 만나게 될 테니 말이야!**

너희가 온 마음으로 나를 구하면 나를 찾을 것이요 나를 만나리라

이것은 여호와의 말씀이니라

나는 너희들을 만날 것이며 너희를 포로된 중에서 다시 돌아오게 하되

내가 쫓아 보내었던 나라들과 모든 곳에서 모아

사로잡혀 떠났던 그 곳으로 돌아오게 하리라 이것은 여호와의 말씀이니라

예레미야 29:13~14

이러므로 우리에게 구름 같이 둘러싼 허다한 증인들이 있으니

모든 무거운 것과 얽매이기 쉬운 죄를 벗어 버리고

인내로써 우리 앞에 당한 경주를 하며

히브리서 12:1

다만 이뿐 아니라 우리가 환난 중에도 즐거워하나니

이는 환난은 인내를

로마서 5:3

그러므로 너희가 더욱 힘써 너희 믿음에 덕을, 덕에 지식을, 지식에 절제를,

절제에 인내를, 인내에 경건을

베드로후서 1:5~6

Desiring him
주를 앙망함

네가 나를 간절히 알고자 할 때 나는 참 기쁘단다. 나를 이해하려는 건 장엄한 대양의 아름다움을 만끽하기 위해 바닷가에 서는 것과 같아. 너는 바다의 극히 일부분에 지나지 않는 네 눈앞의 바다만 볼 수 있지. 나에 대해서도 너는 무한하고 광대한 내 존재의 극히 일부만을 이해할 수 있단다. 이걸 깨닫게 되면 나를 예배하게 되고, 한없는 영광 안에서 겸손히 기뻐할 수 있게 되지. 나를 이해하는 데에는 한계가 있을 지라도, 나를 즐거워하는 데에는 한계가 없단다!

나는 셀 수 없이 다양한 방식으로 네게 나를 드러내고 있단다. 네가 나를 간절히 알고자 하기 때문이지. 성경은 자녀들과 함께 하고픈 내 뜨거운 열정을 생생하게 묘사하고 있어. "**내가 여기 있노라. 내가 여기 있노라. 내가 종일 손을 펴서 자기 생각을 따라 옳지 않은 길을 걸어가는 패역한 백성들을 불렀나니**" 탕자의 비유를 떠올려 보렴. 아버지(하나님)는 방탕한 아들이 회개하고 집으로 돌아올 때까지 기다릴 수가 없었단다. 그는 체통도 잊고 아들이 아직 저 멀리에 있을 때 달려가 아들을 얼싸안고 그에게 입을 맞추었지. 내 사랑을 네게 드러내고자 하는 열정은 나를 알고자 하는 네 열정과는 비교할 수도 없단다. 너는 이 영원한 사랑을 거저 얻은 거야. 내 사랑을 떨리는 기쁨으로 받아주렴.

그러므로 우리가 여호와를 알자 힘써 여호와를 알자
그의 나타나심은 새벽 빛 같이 어김없나니 비와 같이
땅을 적시는 늦은 비와 같이 우리에게 임하시리라 하니라

호세아 6:3

나는 나를 구하지 아니하던 자에게 물음을 받았으며
나를 찾지 아니하던 자에게 찾아냄이 되었으며
내 이름을 부르지 아니하던 나라에
내가 여기 있노라 내가 여기 있노라 하였노라
내가 종일 손을 펴서 자기 생각을 따라 옳지 않은 길을 걸어가는
패역한 백성들을 불렀나니

이사야 65:1~2

이에 일어나서 아버지께로 돌아가니라
아직도 거리가 먼데 아버지가 그를 보고 측은히 여겨
달려가 목을 안고 입을 맞추니

누가복음 15:20

Desiring him
주를 앙망함

네 마음에 나를 알고자 하는 강한 열망을 일깨운 것은 바로 나란다. 네 안에 불타오르고 있는 그 열망은 실은 내게서 비롯된 것이지. 나를 알기 전까지 너는 생명을 찾기 위해 많은 곳을 헤맸지. 찾았다고 생각했던 때도 있었지만 이내 실망했었어. 나는 네 모든 기대와 환상이 처참히 무너졌을 때 쓰러진 너를 품에 안고 내 자녀로 삼았단다. 그 후에 너는 마음 깊은 곳에서 **나를 간절히 알고자 하는 열망을 갖게 되었지.** 네 곁에 살아 숨 쉬고 있는 나를 만나기 위해 시간도 따로 떼어놓고 말이야.

네가 나를 더욱 친밀하게 알고자 마음먹었을 때 나는 정말 기뻤지만 놀라지는 않았단다. 나는 네가 나를 따라다니기 한참 전부터 너를 쫓아 다녔거든. 나는 네 마음과 생각, 영혼 뿐 아니라 네 모든 삶의 경험 가운데서 일하고 있었단다. 나와 동행하고자 하는 네 갈망은 내가 네 안에서 공들여 일한 결과지. 네 갈망은 나로부터 시작되었거든. 네가 그렇게 반응해 주어서 나는 참 기쁘단다. 우리 관계가 나로부터 시작되었다는 사실을 잊지 말아야 해. 우리가 가까워진 건 너의 영적인 훈련 때문이 아니야. 그런 생각은 위험하단다. 앞으로 나와 함께 하는 시간을 아까워하거나 내게 집중을 잘 못할 수도 있으니 말이야. 네 힘으로 나와 가까워지려고 노력할 때는 내게서 멀리 있다는 느낌을 받게 된단다. 하지만 나를 의지할 때는 너를 향한 내 사랑이 언제나 변함없음을 깨닫게 되지. 나를 의지한다는 건 내가 행했고, 행하고 있으며, 행할 일들을 믿는 거란다. 내가 네 안에 머무르며 너를 변함없이 사랑할 것을 믿으렴.

하나님이여 주는 나의 하나님이시라
내가 간절히 주를 찾되 물이 없어 마르고 황폐한 땅에서
내 영혼이 주를 갈망하며 내 육체가 주를 앙모하나이다

시편 63:1

내 영혼이 하나님 곧 살아 계시는 하나님을 갈망하나니
내가 어느 때에 나아가서 하나님의 얼굴을 뵈올까

시편 42:2

나는 포도나무요 너희는 가지라
그가 내 안에 내가 그 안에 거하면 사람이 열매를 많이 맺나니
나를 떠나서는 너희가 아무 것도 할 수 없음이라

요한복음 15:5

그러나 나는 하나님의 집에 있는 푸른 감람나무 같음이여
하나님의 인자하심을 영원히 의지하리로다

시편 52:8

Depending on him
주를 의지함

진정한 힘은 내가 네게 반드시 필요하다는 사실을 깨닫는 거란다. 내가 필요 없다고 생각하는 사람은 불완전한 자신의 능력에만 의존한다는 점에서 심각한 문제에 봉착한 거란다. 나는 네게 나를 의지하는 훈련을 시키고 있는 거야. 내가 네 힘이니까 말이지.

타락한 세상에서의 삶은 너를 짓누를 수도 있단다. 하지만 나를 계속 바라본다면 나는 네 발을 사슴과 같이 만들어 줄 거야. 또 발밑에 돌들이 울퉁불퉁한지, 오르막길이 가파른지 느끼지 못할 정도로 네 짐을 가볍게 해 주마. 아마 너는 그 사실을 미처 깨닫기도 전에 정상에 도착해 있을 거야. 나와 함께 말이지!

내가 네 주인이라는 사실을 기억하렴. 나는 내가 너를 위해 선택한 길로만 인도한단다. 그러니 네 모든 걸음을 인도해 달라고 구하면서 네 길을 내게 맡기렴. 이것이 내가 너와 동역하는 방법이란다. 내가 너로 높은 곳으로 다니게 해 줄게.

주 여호와는 나의 힘이시라 나의 발을 사슴과 같게 하사

나를 나의 높은 곳으로 다니게 하시리로다

이 노래는 지휘하는 사람을 위하여 내 수금에 맞춘 것이니라

하박국 3:19

소년이라도 피곤하며 곤비하며 장정이라도 넘어지며 쓰러지되

오직 여호와를 앙망하는 자는 새 힘을 얻으리니

독수리가 날개치며 올라감 같을 것이요

달음박질하여도 곤비하지 아니하겠고

걸어가도 피곤하지 아니하리로다

이사야 40:30~31

네 길을 여호와께 맡기라 그를 의지하면 그가 이루시고

시편 37:5

Depending on him
주를 의지함

너는 삶을 스스로 감당할 수 있는 부분과 내 도움이 필요한 부분으로 나누고 있지. 하지만 사실 **네가 하는 모든 일은** – 심지어 숨 쉬는 일까지도 – 내 도움 없이는 불가능하단다. 모든 것은 내가 **능력의 말씀으로 붙들고 있기 때문에 존재하는 거거든.** 네 삶이 전적으로 내게 의존하고 있음을 깨닫는 것은 삶의 견고한 토대가 된단다. 너는 그 토대 위에서 네 일을 **영혼에서 우러나온 진심으로** 할 수 있게 되지.

일상의 일들을 나를 위해 한다면, 네 일상은 의미 있는 것이 될 뿐 아니라 반짝반짝 빛나게 된단다. 네 수고와 노력은 나에 대한 사랑을 표현하는 하나의 방법이 되지. 나를 사랑할수록 너는 네 일을 나를 위해 하는 것을 더욱 즐길 수 있게 된단다. 마음 깊은 곳의 동기가 나를 기쁘게 하면 나는 네가 하는 일을 **좋다고** 여기지.

네가 할 수 있는 최선의 노력은 영혼으로부터 우러나오는 노력이란다. 영혼은 내가 너와 친밀하게 연합하며 거하는 곳이지. 네가 할 수 있는 노력을 다 할 뿐 아니라 끊임없이 나를 바라보며 도움을 구하렴. 그러면 네 영혼은 나와 온전히 연결될 거란다. 너는 너를 통해 일하는 내 모습을 보며 스릴을 만끽하게 될 거야. 이렇게 합력하여 일하는 방식은 흥미진진하면서도 효과적이며, 너와 나 모두에게 만족을 준단다.

이는 하나님의 영광의 광채시요 그 본체의 형상이시라
그의 능력의 말씀으로 만물을 붙드시며 죄를 정결하게 하는 일을 하시고
높은 곳에 계신 지극히 크신 이의 우편에 앉으셨느니라

히브리서 1:3

무슨 일을 하든지 마음을 다하여 주께 하듯 하고 사람에게 하듯 하지 말라

골로새서 3:23

주께 합당하게 행하여 범사에 기쁘시게 하고 모든 선한 일에
열매를 맺게 하시며 하나님을 아는 것에 자라게 하시고

골로새서 1:10

오직 여호와의 종 모세가 너희에게 명령한 명령과
율법을 반드시 행하여 너희의 하나님 여호와를 사랑하고
그의 모든 길로 행하며 그의 계명을 지켜 그에게 친근히 하고
너희의 마음을 다하며 성품을 다하여 그를 섬길지니라 하고

여호수아 22:5

Depending on him
주를 의지함

나는 언제나 네가 무슨 생각을 하는지에 관심이 있단다. 때로 너는 계획을 너무 많이 세워 계획들이 뒤엉키기도 하더구나. 계획에 사로잡히다 보면 나를 점점 멀리하게 되지. 너는 앞길을 스스로 계획한다고 생각하겠지만 사실 내가 네 걸음을 인도하고 있거든. 너는 나를 무시하고 어려운 길을 선택할 수도 있고, 내 뜻을 구하며 옳은 길을 선택할 수도 있지. 네가 세운 수많은 계획들에 몰두하다 혼란스러워질 때는 오히려 이에 감사하렴. 그때가 바로 생각을 멈추고 너 자신을 돌아볼 때니 말이야. 그렇지만 가장 좋은 것은 즉시 내게 돌아오는 거야. 그러면 귀한 시간과 에너지를 아낄 수 있을 거야.

네 염려를 내게 맡기면 내가 네 염려를 돌볼 거란다. 그러면 네 짐은 가벼워지고 너는 나를 의지해 앞으로 나아갈 수 있게 되지. 고통에서 해방된 삶을 보장할 순 없지만 네 삶을 의미 있게 만들어 주겠다고 약속하마. 네가 가야할 길을 지도하고 가르쳐 줄게. 네 조언자가 되어주며 너를 보호해 주마. 내 가르침을 소중히 여기렴. 결국 네 계획이 아닌 내 뜻이 이루어질 테니 말이야.

사람이 마음으로 자기의 길을 계획할지라도
그의 걸음을 인도하시는 이는 여호와시니라

잠언 16:9

여호와여 내가 알거니와 사람의 길이 자신에게 있지 아니하니
걸음을 지도함이 걷는 자에게 있지 아니하니이다

예레미야 10:23

내가 네 갈 길을 가르쳐 보이고
너를 주목하여 훈계하리로다

시편 32:8

사람의 마음에는 많은 계획이 있어도
오직 여호와의 뜻만이 완전히 서리라

잠언 19:21

Depending on him
주를 의지함

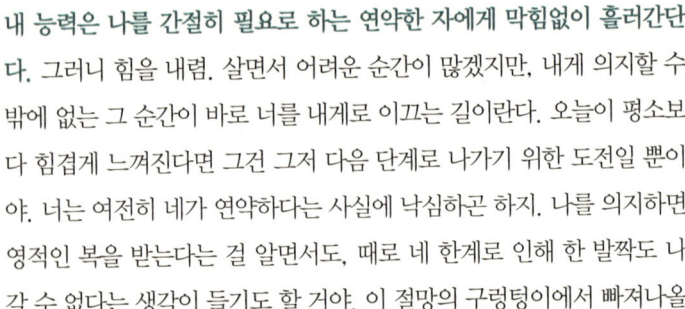

내 능력은 나를 간절히 필요로 하는 연약한 자에게 막힘없이 흘러간단다. 그러니 힘을 내렴. 살면서 어려운 순간이 많겠지만, 내게 의지할 수밖에 없는 그 순간이 바로 너를 내게로 이끄는 길이란다. 오늘이 평소보다 힘겹게 느껴진다면 그건 그저 다음 단계로 나가기 위한 도전일 뿐이야. 너는 여전히 네가 연약하다는 사실에 낙심하곤 하지. 나를 의지하면 영적인 복을 받는다는 걸 알면서도, 때로 네 한계로 인해 한 발짝도 나갈 수 없다는 생각이 들기도 할 거야. 이 절망의 구렁텅이에서 빠져나올 방법은 단 하나란다. 바로 내가 너와 함께 한다는 사실을 아는 것이지.

내가 네게 필요하다는 사실을 깨달을 때 우리 안에 강력한 유대가 생겨 내 능력이 끊임없이 네게로 흘러들어가게 되지. 그 능력으로 인해 너는 다음 단계로 나아갈 힘, 절망과 낙심에 굴하지 않을 힘, 내게 친밀하게 의지하며 나를 알아갈 힘을 얻게 된단다. 내 능력만이 네 한계로 인해 아무 것도 할 수 없는 순간에도 풍성한 삶을 살 수 있게 해 주지. 네가 하루하루 나를 의지하는 가운데 인내하며 사는 것은 기적 같은 일이야. 그러니 네가 어려움을 당하는 이유가 믿음이 모자라거나 복을 받지 못해서라고 생각지 말아라. 이 어려움들은 너를 위해 준비된 길에서 벗어나지 않도록 돕는 수단이란다. 네 앞에 놓인 길이 가파르고 험할 수도 있겠지만, 그 길은 생명의 길이자 어둠을 비추는 나를 만나는 길이란다. 거기서 너는 **모든 지각에 뛰어난 하나님의 평강**을 얻게 될 거야.

비록 무화과나무가 무성하지 못하며 포도나무에 열매가 없으며

감람나무에 소출이 없으며 밭에 먹을 것이 없으며

우리에 양이 없으며 외양간에 소가 없을지라도

여호와로 말미암아 즐거워하며 나의 구원의 하나님으로 말미암아 기뻐하리로다

주 여호와는 나의 힘이시라 나의 발을 사슴과 같게 하사

나를 나의 높은 곳으로 다니게 하시리로다

하박국 3:17~19

능히 너희를 보호하사 거침이 없게 하시고

너희로 그 영광 앞에 흠이 없이 기쁨으로 서게 하실 이

곧 우리 구주 홀로 하나이신 하나님께

우리 주 예수 그리스도로 말미암아 영광과 위엄과 권력과 권세가

영원 전부터 이제와 영원토록 있을지어다 아멘

유다서 1:24~25

그리하면 모든 지각에 뛰어난 하나님의 평강이

그리스도 예수 안에서 너희 마음과 생각을 지키시리라

빌립보서 4:7

Depending on him
주를 의지함

나는 너를 어두운 데서 불러내어 기이한 빛 가운데 들어가게 한 하나님이란다. 어두운 데서 불러냈을 뿐 아니라 내 자녀로 받아들였지. 나는 너를 내 나라에 걸맞는 자로 만들기 위해 **내 공의의 겉옷**을 입혀 주었어. 너는 **내 특별한 백성**이고 내 소유이며 내 기쁨이란다.

나는 너와 같은 불완전한 사람들을 사용해 **내 아름다운 덕을 선포**하기로 선택했지. 네가 이 일을 하고 싶어 하는 만큼이나 잘할 수는 없다는 걸 알아. 사실 너는 내 도움 없이는 이 일을 전혀 할 수 없지. 네 삶의 소명과 이에 응답하는 네 능력에 간극이 있는 건 내 계획의 일부란다. 이 간극 때문에 너는 네가 전적으로 부족한 존재임을 더 잘 알게 되거든. 하지만 너는 내 것이므로, 내가 내 부요함으로 네 부족함을 채울 거란다. 그러니 네 부족함만 바라보지 말고 너를 채워줄 내 곁에 꼭 붙어 있으렴. 나를 의지하면 할수록 내 광대함을 찬양하게 될 거야. 무슨 일을 하든지 의식적으로 내 도움에 의지하렴. 네 모든 필요를 들고 끊임없이 나를 바라볼 때, 네 얼굴은 내 영광의 광채로 빛나게 될 거야.

그러나 너희는 택하신 족속이요 왕 같은 제사장들이요

거룩한 나라요 그의 소유가 된 백성이니

이는 너희를 어두운 데서 불러내어

그의 기이한 빛에 들어가게 하신 이의

아름다운 덕을 선포하게 하려 하심이라

베드로전서 2:9

내가 여호와로 말미암아 크게 기뻐하며

내 영혼이 나의 하나님으로 말미암아 즐거워하리니

이는 그가 구원의 옷을 내게 입히시며 공의의 겉옷을 내게 더하심이

신랑이 사모를 쓰며 신부가 자기 보석으로 단장함 같게 하셨음이라

이사야 61:10

나는 포도나무요 너희는 가지라 그가 내 안에

내가 그 안에 거하면 사람이 열매를 많이 맺나니

나를 떠나서는 너희가 아무 것도 할 수 없음이라

요한복음 15:5

우리가 다 수건을 벗은 얼굴로 거울을 보는 것 같이

주의 영광을 보매 그와 같은 형상으로 변화하여

영광에서 영광에 이르니 곧 주의 영으로 말미암음이니라

고린도후서 3:18

Depending on him
주를 의지함

매일 나를 의지하고 내 임재를 즐거워하며 온유하게 살아가렴. 온유하게 살라는 건 그게 가장 좋은 삶의 태도기 때문만은 아니야. 그건 바로 내가 온유하기 때문이지. 나는 특히 연약한 자들에게 온유하단다. 네게는 의지할 누군가가 필요하고, 나는 그 누구보다 가장 믿을 만한 존재야. 나는 온 우주의 주인이므로 언제든지 너를 도울 수 있지.

너를 언제나 도울 수 있는 건 너와 맺은 언약 때문이야. 이 언약은 세상의 어떤 열정적인 혼인 서약보다도 더 깊고 강력하단다. 부부가 아무리 열렬히 사랑한다고 해도, 둘 중 한 명이 세상을 떠나면 그 언약은 끝이 나지만 내 언약에는 끝이 없지. 이 영원한 언약은 네가 내게 네 구원자가 되어 달라고 요청하는 순간부터 시작된단다. **죽음이나 생명이나 그 어떤 피조물도 너를 내 사랑에서 끊을 수 없지!**

네가 원하는 만큼 충분히 내게 기대렴. 하지만 그 뿐 아니라 나와 교제하는 것도 즐거워 했으면 좋겠구나. 지칠 때는 나와 교제하는 것보다 내게 기대는 게 더 쉽다고 느낄 거야. 마음이 힘들 때는 에너지를 아끼기 위해 감정의 문을 닫기 쉽거든. 하지만 절망적인 상황에서도 너는 네 **구원자인 내 안에서 기뻐할** 수 있단다. 기억하렴. 내가 네 힘이란다. 내 안에서 기뻐하며 내 **온유한** 음성을 듣는 가운데 평안히 쉬렴.

내가 확신하노니 사망이나 생명이나 천사들이나 권세자들이나
현재 일이나 장래 일이나 능력이나 높음이나 깊음이나 다른 어떤 피조물이라도
우리를 우리 주 그리스도 예수 안에 있는 하나님의 사랑에서 끊을 수 없으리라

로마서 8:38~39

비록 무화과나무가 무성하지 못하며 포도나무에 열매가 없으며
감람나무에 소출이 없으며 밭에 먹을 것이 없으며 우리에 양이 없으며
외양간에 소가 없을지라도 나는 여호와로 말미암아 즐거워하며
나의 구원의 하나님으로 말미암아 기뻐하리로다 주 여호와는 나의 힘이시라
나의 발을 사슴과 같게 하사 나를 나의 높은 곳으로 다니게 하시리로다
이 노래는 지휘하는 사람을 위하여 내 수금에 맞춘 것이니라

하박국 3:17~19

또 지진 후에 불이 있으나 불 가운데에도
여호와께서 계시지 아니하더니
불 후에 세미한 소리가 있는지라

열왕기상 19:12

Depending on him
주를 의지함

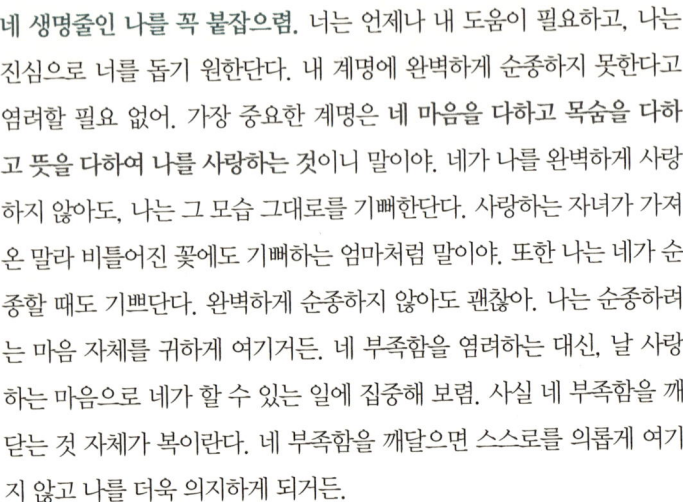

네 생명줄인 나를 꼭 붙잡으렴. 너는 언제나 내 도움이 필요하고, 나는 진심으로 너를 돕기 원한단다. 내 계명에 완벽하게 순종하지 못한다고 염려할 필요 없어. 가장 중요한 계명은 **네 마음을 다하고 목숨을 다하고 뜻을 다하여 나를 사랑하는 것**이니 말이야. 네가 나를 완벽하게 사랑하지 않아도, 나는 그 모습 그대로를 기뻐한단다. 사랑하는 자녀가 가져온 말라 비틀어진 꽃에도 기뻐하는 엄마처럼 말이야. 또한 나는 네가 순종할 때도 기쁘단다. 완벽하게 순종하지 않아도 괜찮아. 나는 순종하려는 마음 자체를 귀하게 여기거든. 네 부족함을 염려하는 대신, 날 사랑하는 마음으로 네가 할 수 있는 일에 집중해 보렴. 사실 네 부족함을 깨닫는 것 자체가 복이란다. 네 부족함을 깨달으면 스스로를 의롭게 여기지 않고 나를 더욱 의지하게 되거든.

네가 나를 생명줄로 여길 때 나는 참 기쁘단다. 내 도움을 구하는 것이 삶을 살아가는 가장 지혜로운 방법이지. 내가 바로 **네 생명**이기 때문이야. 너는 의존적인 존재로 창조되었기에, 나를 붙잡지 않으면 반드시 다른 것을 붙잡게 된단다. 그런 것들은 너를 중독이나 파괴적인 관계 같은 다양한 형태의 우상 숭배로 이끌지. 나를 붙잡을수록 네 삶은 더욱 나아진단다. 나는 네 연약함을 잘 알아. 네 믿음의 근육도 쉽게 지치지. 나를 붙잡은 손에 힘이 빠질 때는 내게 도움을 구하렴! **여호와께서 네 오른손을 붙들고 말한단다. 두려워하지 마라. 내가 너를 도울 거야!**

네 하나님 여호와를 사랑하고

그의 말씀을 청종하며 또 그를 의지하라

그는 네 생명이시요 네 장수이시니

여호와께서 네 조상 아브라함과 이삭과 야곱에게 주리라고

맹세하신 땅에 네가 거주하리라

신명기 30:20

예수께서 이르시되

네 마음을 다하고 목숨을 다하고 뜻을 다하여

주 너의 하나님을 사랑하라 하셨으니

이것이 크고 첫째 되는 계명이요

마태복음 22:37~38

이는 나 여호와 너의 하나님이

네 오른손을 붙들고 네게 이르기를 두려워하지 말라

내가 너를 도우리라 할 것임이니라

이사야 41:13

Depending on him
주를 의지함

네가 온전히 내 것이 되었으면 좋겠다. 너는 오직 내 안에서만 안전할 수 있음에도, 여전히 나 뿐 아니라 도움을 줄 수 있는 사람들, 유리한 환경을 의지하고 싶어 하는구나. 사람들로부터 고립되어 은둔하며 살라는 게 아니야. 오히려 나는 내 자녀들이 서로 돕고 사랑하기를 바라지. 다른 사람을 사랑하는 것은, 내가 주로 사용하는 복의 통로거든. 하지만 **모든 좋은 것과 온전한 선물은**, 인간의 손을 통해 전해진다 해도 궁극적으로 나로부터 온다는 것을 기억해야 해.

나 외에 다른 것을 의지하지 말아야 하는 가장 큰 이유는 그것이 우상이 될 수 있기 때문이야. 누군가의 행동을 네 행복의 기초로 삼는 것은, 오직 나만이 있어야 할 자리에 그 사람을 세우는 거란다. 이는 나를 불쾌하게 만들 뿐 아니라 그 자체로도 파괴적이지. 사람들은 불완전하고 예측할 수 없거든. 그래서 사람을 의지하게 되면 네 인생이 그들의 기분이나 감정에 따라 요동치게 된단다. 더 큰 문제는, 네 마음에 다른 것이 자리 잡고 있으면 나와 친밀한 관계를 맺지 못하게 된다는 거야. 네 마음의 가장 높은 자리에 있어야 하는 것은 바로 나인데 말이지!

어떤 상황에서도 내 안에서 **항상 기뻐하렴**. 원하는 것은 무엇이든 **감사함으로 내게 구하렴**. 네 기도가 어떻게 응답될 지와 상관없이 이것 하나는 분명히 약속하마. 내가 반드시 너를 내 곁으로 인도하며, 내 평안으로 네 마음과 생각을 지켜줄게.

온갖 좋은 은사와 온전한 선물이

다 위로부터 빛들의 아버지께로부터 내려오나니

그는 변함도 없으시고 회선하는 그림자도 없으시니라

야고보서 1:17

그러나 너를 책망할 것이 있나니

너의 처음 사랑을 버렸느니라

요한계시록 2:4

주 안에서 항상 기뻐하라 내가 다시 말하노니 기뻐하라

너희 관용을 모든 사람에게 알게 하라 주께서 가까우시니라

아무 것도 염려하지 말고 다만 모든 일에 기도와 간구로

너희 구할 것을 감사함으로 하나님께 아뢰라

그리하면 모든 지각에 뛰어난 하나님의 평강이

그리스도 예수 안에서 너희 마음과 생각을 지키시리라

빌립보서 4:4~7

Depending on him
주를 의지함

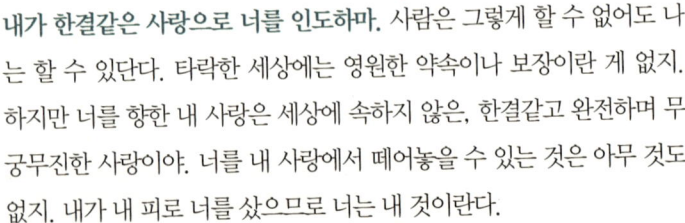

내가 한결같은 사랑으로 너를 인도하마. 사람은 그렇게 할 수 없어도 나는 할 수 있단다. 타락한 세상에는 영원한 약속이나 보장이란 게 없지. 하지만 너를 향한 내 사랑은 세상에 속하지 않은, 한결같고 완전하며 무궁무진한 사랑이야. 너를 내 사랑에서 떼어놓을 수 있는 것은 아무 것도 없지. 내가 내 피로 너를 샀으므로 너는 내 것이란다.

내가 내 오른손으로 너를 붙들며 언제나 너와 함께 한단다. 내 거룩한 처소를 향해갈 때 네가 내 힘에 의지하고 있음을 잊지 말아라. 나는 네가 삶 가운데 인내하고 내게 영광을 돌릴 수 있도록 힘을 준단다. 어떤 이들은 건강과 성공을 통해, 또 어떤 이들은 연약함과 고통 가운데 인내함으로 내게 영광을 돌리지. 인생길이 순탄할 때나 그렇지 않을 때나 내가 언제나 너를 향해 미소 짓고 있음을 잊지 말아라. 내 무한한 힘에 의지하여 앞으로 나아가렴. 분명히 말하건대 네 최종 도착지는 바로 천국이란다!

주의 인자하심으로 주께서 구속하신 백성을 인도하시되
주의 힘으로 그들을 주의 거룩한 처소에 들어가게 하시나이다

출애굽기 15:13

원하건대 주의 거룩한 처소 하늘에서 보시고
주의 백성 이스라엘에게 복을 주시며 우리 조상들에게 맹세하여
우리에게 주신 젖과 꿀이 흐르는 땅에 복을 내리소서 할지니라

신명기 26:15

내가 항상 주와 함께 하니 주께서 내 오른손을 붙드셨나이다
주의 교훈으로 나를 인도하시고 후에는 영광으로 나를 영접하시리니

시편 73:23~24

그러나 우리의 시민권은 하늘에 있는지라
거기로부터 구원하는 자 곧 주 예수 그리스도를 기다리노니

빌립보서 3:20

셋

주는 나의 반석이시니

His love
주의 사랑

나는 너를 '사랑하는 자' 라고 부른단다. 이 이름은 내가 너를 얼마나 사랑하는지 보여주지. 나는 너를 위해 수치와 고난, 그리고 죽음까지 감당하면서 **내 사랑의 전부를** 보여주었단다. 세상에 이보다 더 큰 사랑은 없으며 이는 상상조차 할 수 없지.

비할 데 없는 내 사랑을 경험했던 수많은 순간들을 오래오래 곱씹었으면 좋겠구나. 그 기억들을 즐기고 또 즐기렴! 이렇게 하면 내 놀라운 사랑에 대해 의심이 들 때마다 확신을 얻을 수 있을 거야. 내 사랑은 네 삶의 사소한 순간에서부터 영원에 이르기까지 너를 떠나지 않는단다.

네가 내 안에 거하면 너도 내 사랑 안에 거하게 되지. **내가 바로 사랑**이기 때문이야. 나와 깊이 교제하며 내 곁에서 살아간다면, 나는 네 전 존재 안에서 살아 숨 쉬게 될 거야. 그러면 **내가 너를 변함없이 사랑할** 것이며, 너를 위해 행한 구원 안에서 네가 안전할 것임을 굳게 믿게 될 거란다.

유월절 전에 예수께서 자기가 세상을 떠나
아버지께로 돌아가실 때가 이른 줄 아시고
세상에 있는 자기 사람들을 사랑하시되 끝까지 사랑하시니라

요한복음 13:1

사람이 친구를 위하여 자기 목숨을 버리면
이보다 더 큰 사랑이 없나니

요한복음 15:13

하나님이 우리를 사랑하시는 사랑을 우리가 알고 믿었노니
하나님은 사랑이시라 사랑 안에 거하는 자는
하나님 안에 거하고 하나님도 그의 안에 거하시느니라

요한일서 4:16

나는 오직 주의 사랑을 의지하였사오니
나의 마음은 주의 구원을 기뻐하리이다

시편 13:5

His love
주의 사랑

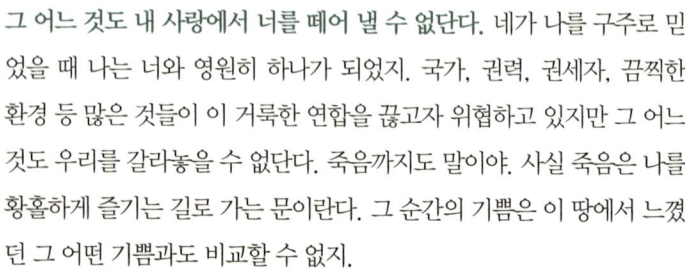

그 어느 것도 내 사랑에서 너를 떼어 낼 수 **없단다**. 네가 나를 구주로 믿었을 때 나는 너와 영원히 하나가 되었지. 국가, 권력, 권세자, 끔찍한 환경 등 많은 것들이 이 거룩한 연합을 끊고자 위협하고 있지만 그 어느 것도 우리를 갈라놓을 수 없단다. 죽음까지도 말이야. 사실 죽음은 나를 황홀하게 즐기는 길로 가는 문이란다. 그 순간의 기쁨은 이 땅에서 느꼈던 그 어떤 기쁨과도 비교할 수 없지.

내 안에는 완전한 사랑뿐 아니라 **완전한 신성**이 깃들어 있단다. 내 안에는 네가 필요한 모든 것이 다 있지. 공허함은 내게 돌아오라는 신호일 수 있단다. 네가 무슨 일을 하든 나는 네 동역자가 될 수 있어. 나를 네 삶의 각 영역에 초대하면 할수록 내 안에서 더욱 만족하게 될 거야. 어려운 날에는 도움을 얻고자 나를 의지할 수 있고, 기쁜 날에는 나와 함께 즐거워할 수 있지. 나는 네 나지막한 기도 소리를 들을 수 있을 만큼 가까이에 있단다. 아니 그보다 훨씬 더 가까이에 있지. **내 사랑은 네 위에 펄럭이는 깃발과 같단다.**

내가 확신하노니 사망이나 생명이나 천사들이나 권세자들이나
현재 일이나 장래 일이나 능력이나 높음이나 깊음이나 다른 어떤 피조물이라도
우리를 우리 주 그리스도 예수 안에 있는 하나님의 사랑에서 끊을 수 없으리라

로마서 8:38~39

여호와께서는 자기에게 간구하는 모든 자

곧 진실하게 간구하는 모든 자에게 가까이 하시는도다

시편 145:18

그 안에는 신성의 모든 충만이 육체로 거하시고

골로새서 2:9

그가 나를 인도하여 잔칫집에 들어갔으니

그 사랑은 내 위에 깃발이로구나

아가 2:4

His love
주의 사랑

너를 향한 내 사랑은 한량없단다. 내 사랑은 엄마가 젖먹이 자녀에게 느끼는 유대감보다도 훨씬 더 강하지. 엄마는 혹시 자녀를 잊을지 몰라도 나는 너를 절대 잊지 않는단다! 너는 내게 정말 소중한 존재야. **내 양 손바닥에 새겨놓을 정도로 말이야.** 그런 너를 잊는다는 건 있을 수 없는 일이란다. 나는 너를 영원히 기억할 뿐 아니라 언제나 긍휼히 여길 거야.

네가 내 사랑을 진정으로 알아갔으면 좋겠구나. **경험을 통해서 실제적으로 말이야. 내 사랑은 모든 지식을 뛰어넘는단다.** 네 은밀한 곳에 거하시며 너를 사랑하시는 성령께서 너를 도우시니, 내 **임재를 풍성히 경험할 수 있게 해 달라고 구하렴.** 내 임재가 네 안에서 차고 넘치면 내 사랑을 넘치도록 경험할 수 있을 거란다.

많은 물도 이 사랑을 끄지 못하겠고 홍수라도 삼키지 못하나니

사람이 그의 온 가산을 다 주고 사랑과 바꾸려 할지라도

오히려 멸시를 받으리라   **아가 8:7**

여인이 어찌 그 젖 먹는 자식을 잊겠으며

자기 태에서 난 아들을 긍휼히 여기지 않겠느냐

그들은 혹시 잊을지라도 나는 너를 잊지 아니할 것이라

내가 너를 내 손바닥에 새겼고 너의 성벽이 항상 내 앞에 있나니

이사야 49:15~16

내가 네게 장가들어 영원히 살되

공의와 정의와 은총과 긍휼히 여김으로 네게 장가 들며

호세아 2:19

그 너비와 길이와 높이와 깊이가 어떠함을 깨달아

하나님의 모든 충만하신 것으로 너희에게 충만하게 하시기를 구하노라

에베소서 3:19

His love
주의 사랑

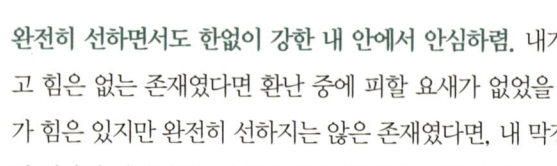

완전히 선하면서도 한없이 강한 내 안에서 안심하렴. 내가 선하기만 하고 힘은 없는 존재였다면 환난 중에 피할 요새가 없었을 거야. 반면 내가 힘은 있지만 완전히 선하지는 않은 존재였다면, 내 막강한 힘은 공포의 대상이 되겠지. 실제로 나를 대적하는 자들은 내 힘에 두려워 떨고 있단다. 하지만 **나는 선한 목자야. 나는 내 양을 알고 내 양도 나를 알지.** 양은 선한 목자를 전혀 두려워하지 않는단다. 오히려 목자의 보호 아래 있을 때 안전함을 느끼지. 마찬가지로 너도 피난처가 되는 내 안에서 안전함을 느낄 수 있단다.

내 보호를 받기 위한 가장 좋은 방법은 나를 전적으로 신뢰하는 거란다. 나를 신뢰하는 사람들은 모두 **내 변함없는 사랑의 품에 안기게 되지.** 양이 해야 할 가장 중요한 일은 끊임없이 목자를 신뢰하는 거야. 네 **영혼의 온전한 목자는 오직 나 뿐이란다.** 내 변함없는 사랑의 피난처 안에서 안식을 누리렴.

여호와는 선하시며 환난 날에 산성이시라

그는 자기에게 피하는 자들을 아시느니라

나훔 1:7

나는 선한 목자라 나는 내 양을 알고 양도 나를 아는 것이

요한복음 10:14

악인에게는 많은 슬픔이 있으나

여호와를 신뢰하는 자에게는 인자하심이 두르리로다

시편 32:10

나의 영혼이 잠잠히 하나님만 바람이여

나의 구원이 그에게서 나오는 도다

오직 그만이 나의 반석이시요 나의 구원이시요 나의 요새이시니

내가 크게 흔들리지 아니하리로다

시편 62:1~2

His love
주의 사랑

내 사랑은 영원한 영광에 이르는 날까지 멈추지 않는단다. 나는 결코 너를 떠나지 않는 신비로운 연인이지. 사람들은 신비로운 것을 아주 싫어한단다. 인생을 감각과 이성으로 이해할 수 있는 것으로 축소하고 싶어 하기 때문이지. 이건 마치 누군가를 사랑한다면서 살아 있는 사람이 아닌 초상화와 시간을 보내는 것과 같아. 사랑은 신비로우면서도 거룩한 거란다. 사랑은 나와 아버지, 그리고 성령이 삼위일체 안에서 누리는 완벽한 관계의 핵심이기 때문이야. 바로 이 사랑 때문에 살아 있는 구원자인 내가 너와 관계를 맺기로 선택했지. 내가 **내 피로 네 모든 죄를 깨끗이 씻었으므로** 우리 사이에는 아무런 장애물이 없어. 너는 **내게 자유롭게 나아올 수 있고**, 나도 이에 화답하며 네 곁으로 다가갈 수 있단다.

내게로 나아오는 방법 중 하나는 내 사랑의 능력을 묵상하는 거란다. **내 사랑은 많은 물로도 끌 수 없고 홍수도 삼킬 수 없지.** 내 사랑은 온 우주에서 가장 강력하며 결국 승리할 거란다. 나를 신뢰하는 한, 사랑은 지금 현재 네 삶에서부터 영원까지 승리할 거야. 하나님의 사랑하는 자녀, 그게 너의 영원한 정체성이란다. 친밀하고 안전한 내 사랑으로 인해 기뻐하렴. 내 사랑이 세상 모든 부요함보다도 훨씬 귀하단다!

그가 빛 가운데 계신 것 같이 우리도 빛 가운데 행하면
우리가 서로 사귐이 있고 그 아들 예수의 피가 우리를
모든 죄에서 깨끗하게 하실 것이요

요한일서 1:7

하나님을 가까이하라 그리하면 너희를 가까이 하시리라
죄인들아 손을 깨끗이 하라 두 마음을 품은 자들아 마음을 성결하게 하라

야고보서 4:8

많은 물도 이 사랑을 끄지 못하겠고 홍수라도 삼키지 못하나니
사람이 그의 온 가산을 다 주고 사랑과 바꾸려 할지라도
오히려 멸시를 받으리라

아가 8:7

하나님이 우리를 사랑하시는 사랑을 우리가 알고 믿었노니
하나님은 사랑이시라 사랑 안에 거하는 자는 하나님 안에 거하고
하나님도 그의 안에 거하시느니라 이로써 사랑이 우리에게
온전히 이루어진 것은 우리로 심판 날에 담대함을 가지게 하려 함이니
주께서 그러하심과 같이 우리도 이 세상에서 그러하니라
사랑 안에 두려움이 없고 온전한 사랑이 두려움을 내쫓나니
두려움에는 형벌이 있음이라
두려워하는 자는 사랑 안에서 온전히 이루지 못하였느니라

요한일서 4:16~18

His love
주의 사랑

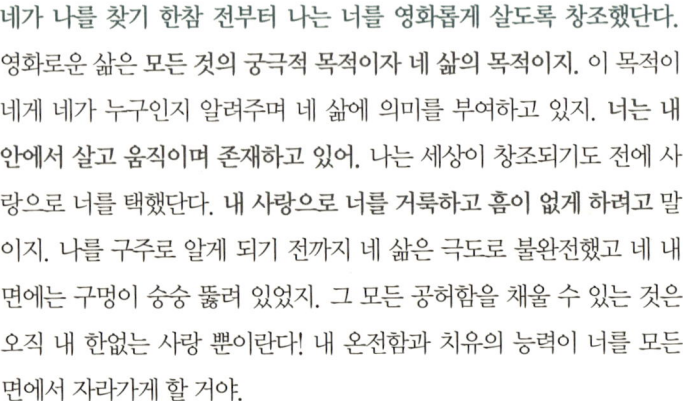

네가 나를 찾기 한참 전부터 나는 너를 영화롭게 살도록 창조했단다. 영화로운 삶은 모든 것의 궁극적 목적이자 네 삶의 목적이지. 이 목적이 네게 네가 누구인지 알려주며 네 삶에 의미를 부여하고 있지. 너는 내 안에서 살고 움직이며 존재하고 있어. 나는 세상이 창조되기도 전에 사랑으로 너를 택했단다. 내 사랑으로 너를 거룩하고 흠이 없게 하려고 말이지. 나를 구주로 알게 되기 전까지 네 삶은 극도로 불완전했고 네 내면에는 구멍이 숭숭 뚫려 있었지. 그 모든 공허함을 채울 수 있는 것은 오직 내 한없는 사랑 뿐이란다! 내 온전함과 치유의 능력이 너를 모든 면에서 자라가게 할 거야.

내 사랑은 너를 온전하게 하는 데서 그치지 않는단다. 내 사랑은 너를 거룩하게 만들지. 너를 향한 내 완벽하고 끝없는 사랑을 깨달으면 죄악의 길에서 빠져나올 수 있단다. 물론 한 번에 거룩해지지는 않는단다. 거룩하게 되는 것은 과정이며, 그 과정은 때로 고통스럽지. 하지만 내 한없는 사랑으로 인한 기쁨은 네가 겪는 고통과 어려움을 압도한단다. 힘겨울 때면 내게로 와 네 마음을 쏟아놓으렴. 내가 너를 사랑으로 안아줄게. 안심하렴. 나는 모든 사람, 모든 것을 영화롭게 하기 위해 일하고 있으며, 그 일은 바로 네 안에서도 이루어지고 있단다.

모든 일을 그의 뜻의 결정대로 일하시는 이의 계획을 따라

우리가 예정을 입어 그 안에서 기업이 되었으니

이는 우리가 그리스도 안에서 전부터 바라던

그의 영광의 찬송이 되게 하려 하심이라

에베소서 1:11~12

우리가 그를 힘입어 살며 기동하며 존재하느니라

너희 시인 중 어떤 사람들의 말과 같이 우리가 그의 소생이라 하니

사도행전 17:28

곧 창세전에 그리스도 안에서 우리를 택하사

우리로 사랑 안에서 그 앞에 거룩하고 흠이 없게 하시려고

에베소서 1:4

백성들아 시시로 그를 의지하고 그의 앞에 마음을 토하라

하나님은 우리의 피난처시로다(셀라)

시편 62:8

His love
주의 사랑

나는 너로 인해 기쁨을 이기지 못하며 즐거이 노래 부르며 기뻐한단다. 때로 너는 이런 놀라운 사랑을 받을 자격이 없다고 느끼더구나. 하지만 내 사랑을 **받기 합당할** 만큼 충분히 선하거나 열심히 일할 수 있는 사람은 아무도 없어. 내가 그런 너희와 관계를 맺기로 선택한 것은 오직 나의 자비 때문이란다. 십자가 죽음은 의를 온전히 충족시켰고 네게 자비를 베풀 길을 열어주었지. 나는 부활한 구원자로서 나를 믿는 모든 사람에게 영생과 사랑을 마음껏 부어주고 있단다. **나는 겸손한 자를 구원으로 아름답게 하고 내 백성을 기뻐하지.**

나는 너를 열렬히 사랑한단다. 하지만 내 사랑의 힘을 압박으로 느끼지 않았으면 좋겠구나. 나는 누구도 내 강한 열정으로 압박하지 않는단다. 나는 내 자녀들 한 사람 한 사람이 어느 정도까지 감당할 수 있는지 정확히 알고 있지. 하지만 나는 네가 내 사랑을 더 많이 감당할 수 있도록 네 역량을 늘릴 수 있단다. 그 방법 중 하나는 **나로 인해 즐거워하는 거야.** 이렇게 할 수 있게 해 달라고 성령께 도움을 구하렴. 나를 즐거워할수록 너는 더욱 영적으로 강해지고 내 사랑을 더 많이 받아들일 수 있게 될 거란다.

너의 하나님 여호와가 너의 가운데에 계시니

그는 구원을 베푸실 전능자이시라

그가 너로 말미암아 기쁨을 이기지 못하시며 너를 잠잠히 사랑하시며

너로 말미암아 즐거이 부르며 기뻐하시리라 하리라

스바냐 3:17

하나님이 세상을 이처럼 사랑하사 독생자를 주셨으니

이는 그를 믿는 자마다 멸망하지 않고 영생을 얻게 하려 하심이라

요한복음 3:16

여호와께서는 자기 백성을 기뻐하시며

겸손한 자를 구원으로 아름답게 하심이로다

시편 149:4

또 여호와를 기뻐하라

그가 네 마음의 소원을 네게 이루어 주시리로다

시편 37:4

His love
주의 사랑

산들이 흔들리고 언덕이 옮겨질 지라도, 너를 향한 내 한결같은 사랑은 흔들리지 않으며 평안의 언약도 깨지지 않을 것이란다. 세상에서 거대한 산처럼 움직이지 않고 그 자리에 오래 있는 것도 없지. 하지만 아무리 높은 산이라도 내 사랑과 평안보다 오래 지속될 수는 없단다.

내 한결같은 사랑을 깊이 묵상해 보렴. '한결같은'이라는 단어에는 '고갈되지 않는' 이라는 뜻이 있단다. 너를 향한 내 사랑은 결코 고갈되지 않지. 그건 네가 얼마나 많은 사랑을 필요로 하는지, 얼마나 자주 나를 실망시키는지와 상관이 없어. '한결같은' 이라는 단어에는 **변함없는** 이라는 뜻도 있단다. 나는 네가 잘 하면 더 사랑하고 못 하면 덜 사랑하고 그러지 않아. 내 사랑은 네 생각보다 훨씬 변함없고 끊임없으며 흔들리지 않거든. 마음을 열어 이 놀라운 선물을 충만히 받으렴.

평안의 언약은 내가 주권적으로 맺은 은혜의 선물이며, 결코 깨지지 않는단다. 이 복을 네게서 빼앗는 것은 내가 하나님이기를 포기하는 거나 마찬가지지. 실제로 **내가 곧 네 평안**이란다. 나를 더 깊이 알아갈수록 내 측량할 수 없는 평안을 더 깊이 경험할 수 있지. 나와 함께 시간을 보내고 삶의 순간순간마다 나를 구하렴. 너 자신이 싫어질 때도 **너를 긍휼히 여기는 내게 담대히 나아오려무나.**

산들이 떠나며 언덕들은 옮겨질지라도
나의 자비는 네게서 떠나지 아니하며
나의 화평의 언약은 흔들리지 아니하리라
너를 긍휼히 여기시는 여호와께서 말씀하셨느니라

이사야 54:10

너희는 하늘로 눈을 들며 그 아래의 땅을 살피라
하늘이 연기 같이 사라지고 땅이 옷 같이 해어지며
거기에 사는 자들이 하루살이 같이 죽으려니와
나의 구원은 영원히 있고
나의 공의는 폐하여지지 아니하리라

이사야 51:6

그는 우리의 화평이신지라 둘로 하나를 만드사
원수 된 것 곧 중간에 막힌 담을 자기 육체로 허시고

에베소서 2:14

His forgiveness
주의 용서

나를 친밀하게 알아가면 네 죄를 더 깊이 깨닫게 된단다. 또한 네가 네 결점과 잘못에 집중할지, 아니면 영광스러운 구원의 은혜를 누릴 지를 끊임없이 선택해야 하지. 십자가 희생에 초점을 맞추면, 네가 받은 사랑이 얼마나 놀라운지 깨닫고 기쁨으로 살아가게 될 거야. 세상에 **이보다 더 큰 사랑은 없으며,** 내 사랑은 네 삶 구석구석에 스며들어 있지. 이런 내 사랑에 보답하는 가장 좋은 길은 네 삶의 모든 영역에서 나를 사랑하는 거야. 물론 나를 사랑하기 때문에 구원을 받는 건 아니란다. 하지만 너는 나를 사랑함으로써, 네가 받은 용서가 얼마나 크며 이에 얼마나 감사하고 있는지를 보일 수 있단다.

안타깝게도 많은 사람들이 내게 용서받을 것이 거의(혹은 아예) 없다고 생각한단다. 절대적인 진리는 없다는 이 땅에 만연한 거짓말에 속고 있는 거지. 선과 악은 상대적인 개념이므로 구원자는 필요 없다고 생각하는 거야. 이 거짓말에 속아 넘어간 사람들은 내게 용서를 구하지 않고, 죄를 용서받지 못했기 때문에 나를 사랑하지도 않지. 악한 자의 속임수로 인해 그들의 생각은 어둠 가운데 있단다. 그 짙은 어둠을 뚫고 들어갈 수 있는 것은 오직 내 사랑의 빛 뿐이야. 네가 내 빛 가운데 걸으면 내 사랑의 빛이 너를 통해 그들의 어둠을 비출 거란다. 너는 나를 따르는 자이고, **나를 따르는 자는 어둠에 다니지 않고 생명의 빛을 얻게 되니까 말이지.**

나는 오직 주의 사랑을 의지하였사오니

나의 마음은 주의 구원을 기뻐하리이다

내가 여호와를 찬송하리니 이는 주께서 내게 은덕을 베푸심이로다

시편 13:5~6

사람이 친구를 위하여 자기 목숨을 버리면

이보다 더 큰 사랑이 없나니

요한복음 15:13

이러므로 내가 네게 말하노니 그의 많은 죄가 사하여졌도다

이는 그의 사랑함이 많음이라

사함을 받은 일이 적은 자는 적게 사랑하느니라

누가복음 7:47

예수께서 또 말씀하여 이르시되 나는 세상의 빛이니

나를 따르는 자는 어둠에 다니지 아니하고 생명의 빛을 얻으리라

요한복음 8:12

His forgiveness
주의 신실하심

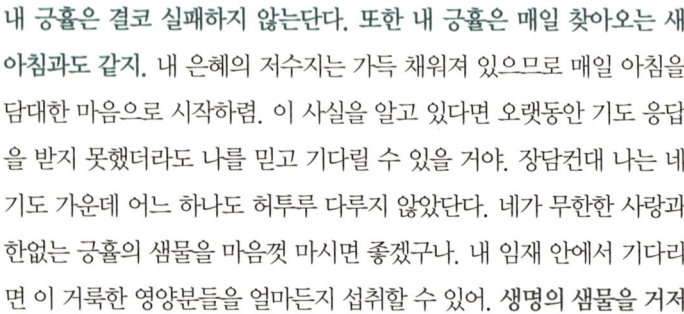

내 궁휼은 결코 실패하지 않는단다. 또한 내 궁휼은 매일 찾아오는 새 아침과도 같지. 내 은혜의 저수지는 가득 채워져 있으므로 매일 아침을 담대한 마음으로 시작하렴. 이 사실을 알고 있다면 오랫동안 기도 응답을 받지 못했더라도 나를 믿고 기다릴 수 있을 거야. 장담컨대 나는 네 기도 가운데 어느 하나도 허투루 다루지 않았단다. 네가 무한한 사랑과 한없는 궁휼의 샘물을 마음껏 마시면 좋겠구나. 내 임재 안에서 기다리면 이 거룩한 영양분들을 얼마든지 섭취할 수 있어. **생명의 샘물을 거저 마실 수 있는 거지.**

아직 응답되지 않은 기도가 많더라도 너는 완벽한 방법으로 기가 막힌 시기에 내 약속을 지키는 **내 신실함을 믿을 수 있단다.** 내가 네 근심과 두려움을 없애주고 평안을 줄 거야.

기도 응답을 기다리느라 지쳤다면, 나 역시 네게 **은혜와 궁휼을 베풀기 위해 기다리는 중**이라는 걸 기억하렴. 내가 너를 위해 사랑으로 준비한 선물을 받을 준비가 될 때까지 기다릴게. 나를 신뢰하는 마음으로 기대하고 기다리는 모든 사람에게는 복이 있단다.

여호와의 인자와 긍휼이 무궁하시므로
우리가 진멸되지 아니함이니이다 이것들이 아침마다 새로우니
주의 성실하심이 크시도소이다
내 심령에 이르기를 여호와는 나의 기업이시니
그러므로 내가 그를 바라리라 하도다

예레미야애가 3:22~24

또 내게 말씀하시되 이루었도다
나는 알파와 오메가요 처음과 마지막이라
내가 생명수 샘물을 목마른 자에게 값없이 주리니

요한계시록 21:6

평안을 너희에게 끼치노니 곧 나의 평안을 너희에게 주노라
내가 너희에게 주는 것은 세상이 주는 것과 같지 아니하니라
너희는 마음에 근심하지도 말고 두려워하지도 말라

요한복음 14:27

그러나 여호와께서 기다리시나니
이는 너희에게 은혜를 베풀려 하심이요 일어나시리니
이는 너희를 긍휼히 여기려 하심이라
대저 여호와는 정의의 하나님이심이라
그를 기다리는 자마다 복이 있도다

이사야 30:18

His presence
주의 임재

나는 너와 언제나 함께하며 어려운 순간마다 너를 돕는 임마누엘의 하나님이란다. 무슨 일이 생겨도 네게 필요한 건 무엇이든 줄 수 있지. 견디기 힘든 일이 생기면 고민하지 말고 현재에 집중하며, 피난처가 되는 내 임재 안에 머무르렴. 내가 암탉이 새끼를 품듯 **내 날개 아래** 너를 안전하게 보호할 거야. 내 날개 속으로 들어오면, 여기가 네 피난처일 뿐 아니라 네 믿음이 자라는 곳임을 깨닫게 될 거야. 또한 내 곁에 있을 때에야 비로소 내가 얼마나 믿을 만한 존재인지 깨닫게 되지.

내가 네 반석이자 **구원자**임을 기억하렴. 나는 아무도 당할 자가 없을 만큼 강력한 힘을 가졌음에도 불구하고 친히 연약한 인간이 되어 너를 죄에서 구원했단다. 내게로 피하면 내 넘치는 사랑을 더욱 깨닫게 되지. 나는 네 영원한 사랑의 반석이므로 너는 내 안에서 완전히 안전하단다.

하나님은 우리의 피난처시요 힘이시니

환난 중에 만날 큰 도움이시라

그러므로 땅이 변하든지 산이 흔들려 바다 가운데에 빠지든지

바닷물이 솟아나고 뛰놀든지

그것이 넘침으로 산이 흔들릴지라도

우리는 두려워하지 아니하리로다(셀라)

시편 46:1~3

예루살렘아 예루살렘아 선지자들을 죽이고

네게 파송된 자들을 돌로 치는 자여

암탉이 그 새끼를 날개 아래에 모음 같이

내가 네 자녀를 모으려 한 일이 몇 번이더냐

그러나 너희가 원하지 아니하였도다

마태복음 23:37

그가 너를 그의 깃으로 덮으시리니

네가 그의 날개 아래에 피하리로다

그의 진실함은 방패와 손 방패가 되시나니

시편 91:4

나의 반석이시요 나의 구속자이신 여호와여

내 입의 말과 마음의 묵상이 주님 앞에 열납되기를 원하나이다

시편 19:14

His presence
주의 임재

나와 교제하는 것을 즐거워했으면 좋겠구나. 내 임재 안에서 기쁨을 누리면 너를 위해 예비된 영원한 기쁨을 미리 맛볼 수 있단다. 하지만 일상은 너를 지치게 하고, 매일 해야 할 일들에 신경 쓰며 살다 보면 내 존재를 잊기 쉽지.

일상 속에서 나와 교제하기 원한다면 내 임재 안에 머무르며 기다려야 한단다. 해야 할 일에 대한 생각은 잠시 내려놓고 기쁜 마음으로 내게 집중하렴. 네 의식 속에 내 임재의 흔적을 새겨 넣어라. 그 후에 일상으로 천천히 돌아오면서 일상 속에서 나와의 교제를 지속해 보렴. 내가 네 일상에 깊이 개입해 달라고 기도하면서 말이야.

이미 나와 깊은 관계를 유지하고 있다면 일상 속에서 나를 더 쉽게 찾을 수 있단다. 물론 때로 나를 잊어버릴 수도 있겠지. 그건 네가 사람인 이상 어쩔 수 없어. 하지만 내 안에서 생각하고 말하며 느끼기로 마음먹으면 너는 언제든 나와 다시 연결될 수 있단다. 내 존재를 의식할수록 네 하루는 더욱 밝아질 거야. 또한 네 일상도 나와의 교제가 주는 생명력으로 인해 활기가 넘치게 될 거란다.

나 곧 내 영혼은 여호와를 기다리며 나는 주의 말씀을 바라는도다
파수꾼이 아침을 기다림보다 내 영혼이 주를 더 기다리나니
참으로 파수꾼이 아침을 기다림보다 더하도다

시편 130:5~6

아버지가 자식을 긍휼히 여김 같이
여호와께서는 자기를 경외하는 자를 긍휼히 여기시나니
이는 그가 우리의 체질을 아시며
우리가 단지 먼지뿐임을 기억하심이로다

시편 103:13~14

우리가 그를 힘입어 살며 기동하며 존재하느니라
너희 시인 중 어떤 사람들의 말과 같이 우리가 그의 소생이라 하니

사도행전 17:28

His presence
주의 임재

나는 결코 너를 떠나지도 버리지도 않을 거야. 많은 그리스도인들이 '나와 교제하려면' 좋은 일을 많이 해야 한다고 생각한단다. 그게 사실이라면 나와 교제하는 건 하나도 즐겁지 않을 거야. 나를 영접할 정도가 되려면 완벽한 사람이 되어야겠지. 하지만 나는 네가 좋은 사람이 되려고 노력하는 대신 내 빛 가운데로 담대하게 나아왔으면 좋겠구나.

내가 빛 가운데 있는 것 같이 너도 빛 가운데 거닐면, 내 피가 네 모든 죄를 깨끗하게 씻길 거야. 죄를 깨닫게 되면, 내게 죄를 고백하고 변화가 필요한 부분에 내 도움을 구하렴. 물론 네 의로움은 네가 죄를 얼마나 신속하고 온전하게 고백했느냐에 따라 결정되는 건 아니란다. 너는 오직 내 의로움을 통해서만 의로워질 수 있지. 네가 내 자녀가 되는 순간, 나는 이 의로움을 네게 기꺼이, 그리고 영원히 허락했어.

내 빛 가운데 거니는 것은 여러모로 네게 복이 된단다. 나와 함께 나눌 때, 좋은 일은 더 좋아지고 안 좋은 일은 더 잘 견딜 수 있게 되지. 사랑의 빛 가운데 거하면, 다른 사람들을 더 사랑하고 그들과의 관계를 더욱 즐거워할 수 있게 된단다. 내 거룩한 빛으로 죄가 선명하게 드러나게 되니 죄로 인해 비틀거리거나 넘어지는 일도 줄어들 거야. **내 빛 가운데 거닐면 내 의로움 안에서 기뻐 뛰놀 수 있을 거란다.**

돈을 사랑하지 말고 있는 바를 족한 줄로 알라
그가 친히 말씀하시기를 내가 결코 너희를 버리지 아니하고
너희를 떠나지 아니하리라 하셨느니라

히브리서 13:5

그가 빛 가운데 계신 것 같이 우리도 빛 가운데 행하면
우리가 서로 사귐이 있고 그 아들 예수의 피가
우리를 모든 죄에서 깨끗하게 하실 것이요

요한일서 1:7

즐겁게 소리칠 줄 아는 백성은 복이 있나니
여호와여 그들이 주의 얼굴 빛 안에서 다니리로다
그들은 종일 주의 이름 때문에 기뻐하며
주의 공의로 말미암아 높아지오니

시편 89:15~16

His presence
주의 임재

나는 언제나 네 앞에서 한 번에 한 걸음씩 걸어오도록 손짓한단다. 높은 것이나 깊은 것이나 그 외 어떤 피조물도 내 사랑에서 너를 끊을 수 없지. 내가 지금 바로 여기에 임한다는 사실에 초점을 맞추며 살았으면 좋겠구나. 너는 삶의 매 순간 내 임재에 초점을 맞추며 살 수 있단다. 내가 늘 너와 함께 하며, 인도하고 격려한다는 사실을 알고 있으니 말이야. 너는 지금 이 순간은 뛰어넘고 다음 일만 생각하려는 경향이 있어. 네 앞에 놓인 일과 네 앞에 있는 나는 무시한 채 말이지. 하지만 지금 이 순간 내게 집중하면 나는 네가 지금 하고 있는 일에 임하게 된단다. 그러면 네 일은 더 이상 노동이 아닌 기쁨이 되고, 일이 아닌 놀이가 되지.

나와 동역하며 살아간다는 건, 영원히 나와 함께 할 천국을 이 땅에서 조금 맛보는 거란다. 쉽지는 않지만 아주 멋진 일이지. 그러려면 네 영혼과 마음을 내게 집중해야 한단다. 다윗은 시편에서 나와 동역하며 사는 삶을 이렇게 표현했지. **"내가 여호와를 항상 내 앞에 모심이여."** 양치기였던 다윗은 홀로 보내던 많은 시간을 내 얼굴을 구하고 내 임재를 누리는 데 사용했단다. 그리고 여호와를 항상 앞에 모시며 사는 삶이 얼마나 아름다운지 깨달았지. 너도 지금 다윗처럼 살아가도록 훈련받고 있는 중이란다. 이 일은 지금까지 해 왔던 어떤 노력보다도 지속적인 노력이 필요한 일이지. 무슨 일을 하든지 내게 하듯 하렴. 그 일을 나와 함께, 나를 통해, 내 안에서 하길 바란다.

내가 확신하노니 사망이나 생명이나 천사들이나 권세자들이나

현재 일이나 장래 일이나 능력이나 높음이나 깊음이나

다른 어떤 피조물이라도

우리를 우리 주 그리스도 예수 안에 있는

하나님의 사랑에서 끊을 수 없으리라

로마서 8:38~39

내가 여호와를 항상 내 앞에 모심이여

그가 나의 오른쪽에 계시므로 내가 흔들리지 아니하리로다

시편 16:8

무슨 일을 하든지 마음을 다하여 주께 하듯 하고 사람에게 하듯 하지 말라

이는 기업의 상을 주께 받을 줄 아나니 너희는 주 그리스도를 섬기느니라

골로새서 3:23~24

His presence
주의 임재

나는 네가 생각하는 것보다 훨씬 더 가까이에 있단다. 공기보다도 더 가까이에 있지. 공기를 의식하는 건 쉽지 않은 일이야. 공기는 보이지 않고, 또 계속 들이마실 수 있으니 말이지. 나도 공기처럼 보이지는 않지만 항상 네 곁에 있단다. 내 존재를 깨닫지 못하면 외로움을 느끼기 쉬워. 하지만 내 임재를 늘 의식한다면 다시는 외롭다고 느끼지 않게 될 거야.

내가 네 곁에 있음을 더욱 깊이, 그리고 지속적으로 경험하며, 나로 인해 깊은 평안과 만족을 누렸으면 좋겠구나. 외로움을 느끼는 것과 내 존재를 의식하지 못하는 것은 매우 긴밀한 관계가 있단다. 이건 꽤 오랜 역사를 가진 문제지. 야곱도 가족들과 떨어져 광야에 홀로 남겨졌을 때 극도의 외로움을 느꼈단다. 그때 나는 야곱의 꿈에 나타나 그와 함께 했고 잠에서 깨어난 야곱은 이렇게 말했지. **"여호와께서 과연 여기 계시거늘 내가 알지 못하였도다."** 내가 함께 하고 있다는 사실을 깨달으면 외롭지 않을 거야. 나는 너와 함께 할 뿐 아니라 네 마음과 생각 안에도 살고 있단다. 그래서 네 모든 것을 볼 수 있지. 물론 판단의 눈이 아닌 무조건적인 사랑의 눈으로 말이야. 외로울 때면 내 얼굴을 찾으렴. 공허함을 가지고 내게 나아오면, 내 거룩한 임재로 인해 네 안에 **생명이 풍성해질 거야.**

주께서 나를 온전한 중에 붙드시고

영원히 주 앞에 세우시나이다

시편 41:12

야곱이 잠이 깨어 이르되

여호와께서 과연 여기 계시거늘 내가 알지 못하였도다

창세기 28:16

여호와여 주께서 나를 살펴 보셨으므로 나를 아시나이다

주께서 내가 앉고 일어섬을 아시고 멀리서도 나의 생각을 밝히 아시오며

시편 139:1~2

도둑이 오는 것은 도둑질하고 죽이고 멸망시키려는 것뿐이요

내가 온 것은 양으로 생명을 얻게 하고

더 풍성히 얻게 하려는 것이라

요한복음 10:10

Abiding in him
주 안에 머무름

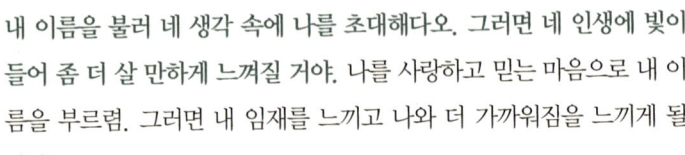

내 이름을 불러 네 생각 속에 나를 초대해다오. 그러면 네 인생에 빛이 들어 좀 더 살 만하게 느껴질 거야. 나를 사랑하고 믿는 마음으로 내 이름을 부르렴. 그러면 내 임재를 느끼고 나와 더 가까워짐을 느끼게 될 거야.

내 이름에는 놀라운 능력이 있단다. 그저 "예수님" 하고 부르기만 해도 힘든 날이 좋은 날로 변할 수 있지. 내 이름을 자주 부른다는 건 내가 네 삶에 늘 필요하다는 사실을 인정하는 거란다. 내 이름을 부르며 기도할 때 사실 너는 내 존재 자체를 부르고 있는 거야. 나를 초대하면 나는 기쁜 마음으로 네 곁으로 더 가까이 갈 거란다.

인생의 큰 사건이 있을 때만큼이나 일상의 소소한 순간에도 나를 의지하려는 네 모습이 참 귀하구나. 내 이름을 부를 때, 나는 네 필요뿐 아니라 네 사랑에도 응답한단다. 나를 바라보면 내 얼굴이 너를 환하게 비출 거야. 이 빛은 너를 용납하며 인정하는 빛이지. 이 빛이 네 하루를 밝히고 너를 평안케 할 거란다.

다른 이로써는 구원을 받을 수 없나니
천하 사람 중에 구원을 받을 만한 다른 이름을
우리에게 주신 일이 없음이라 하였더라

사도행전 4:12

하나님을 가까이하라 그리하면 너희를 가까이하시리라
죄인들아 손을 깨끗이 하라 두 마음을 품은 자들아 마음을 성결하게 하라

야고보서 4:8

누구든지 주의 이름을 부르는 자는 구원을 받으리라 하였느니라

사도행전 2:21

여호와는 그의 얼굴을 네게 비추사 은혜 베푸시기를 원하며
여호와는 그 얼굴을 네게로 향하여 드사
평강 주시기를 원하노라 할지니라 하라

민수기 6:25~26

Abiding in him
주 안에 머무름

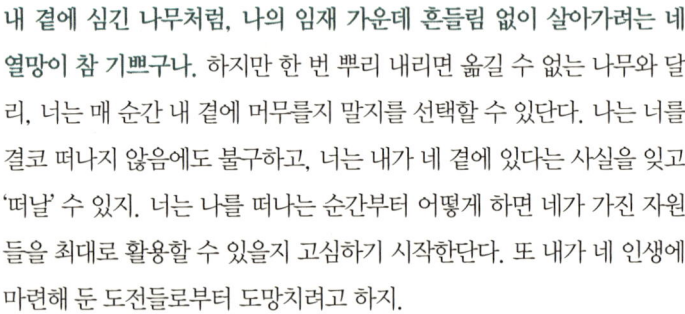

내 곁에 심긴 나무처럼, 나의 임재 가운데 흔들림 없이 살아가려는 네 열망이 참 기쁘구나. 하지만 한 번 뿌리 내리면 옮길 수 없는 나무와 달리, 너는 매 순간 내 곁에 머무를지 말지를 선택할 수 있단다. 나는 너를 결코 떠나지 않음에도 불구하고, 너는 내가 네 곁에 있다는 사실을 잊고 '떠날' 수 있지. 너는 나를 떠나는 순간부터 어떻게 하면 네가 가진 자원들을 최대로 활용할 수 있을지 고심하기 시작한단다. 또 내가 네 인생에 마련해 둔 도전들로부터 도망치려고 하지.

네 안에 사는 성령은 이 위태로운 상황에서도 너를 떠나지 않는단다. 성령은 네가 누구이며 누구의 것인지 기억하도록 돕지. 너는 내 것이란다! 내게 돌아오는 건 그리 힘든 일이 아니야. 그저 **내 변함없는 사랑을** 굳게 믿으면 되지. 네가 다시 나와 함께 한다면, 내 사랑이 너를 깨끗하게 하고 새롭게 하며 충만케 할 거란다. 네가 나를 얼마나 자주 잊었든지 간에 너를 향한 내 사랑은 변함없단다. 이 한결같은 사랑 안에서 강건하게 자라가렴.

그러나 나는 하나님의 집에 있는 푸른 감람나무 같음이여
하나님의 인자하심을 영원히 의지하리로다

시편 52:8

너희는 강하고 담대하라 두려워하지 말라 그들 앞에서 떨지 말라
이는 네 하나님 여호와 그가 너와 함께 가시며
결코 너를 떠나지 아니하시며 버리지 아니하실 것임이라 하고

신명기 31:6

이와 같이 성령도 우리의 연약함을 도우시나니
우리는 마땅히 기도할 바를 알지 못하나 오직 성령이 말할 수 없는 탄식으로
우리를 위하여 친히 간구하시느니라

로마서 8:26

그 너비와 길이와 높이와 깊이가 어떠함을 깨달아
하나님의 모든 충만하신 것으로 너희에게 충만하게 하시기를 구하노라

에베소서 3:19

Abiding in him
주 안에 머무름

내 곁에 살면서 나와 같은 관점으로 세상을 보았으면 좋겠구나. 내 빛이 사방에서 너를 비추고 네 안에서도 빛나고 있단다. 그러므로 빛의 자녀들처럼 행하여라. 이 빛이 네 내면과 너를 둘러싼 세상을 변화시킨단다. 네가 전에 어둠이었다는 사실을 기억하렴. 성령이 생명을 불어넣기 전까지 너는 어둠이었단다. 네 안에 이 영광스러운 은혜가 넘쳐 흐를 때까지 이 복된 진리를 묵상하고 그 안에 거하렴.

나를 신뢰해라. 나는 하루에 한 단계씩 차근차근 너를 인도한단다. 내 빛은 그 날 그 날을 비출 뿐이란다. 미래를 보려 애써도 어둠밖에 볼 수 없지. **내 얼굴빛은** 지금 바로 이 순간 **네게 비추고 있거든.** 내 은혜와 사랑을 발견할 수 있는 곳도 바로 여기지. 그러니 영원히 내 곁에 머물며, 모든 것을 변화시키는 내 빛 안에서 풍성히 자라가렴.

너희가 전에는 어둠이더니 이제는 주 안에서 빛이라
빛의 자녀들처럼 행하라

에베소서 5:8

곧 창세전에 그리스도 안에서 우리를 택하사 우리로 사랑 안에서
그 앞에 거룩하고 흠이 없게 하시려고 그 기쁘신 뜻대로 우리를 예정하사
예수 그리스도로 말미암아 자기의 아들들이 되게 하셨으니
이는 그가 사랑하시는 자 안에서 우리에게 거저 주시는 바
그의 은혜의 영광을 찬송하게 하려는 것이라

에베소서 1:4~6

여호와는 그의 얼굴을 네게 비추사 은혜 베푸시기를 원하며

민수기 6:25

이는 여호와의 집에 심겼음이여
우리 하나님의 뜰 안에서 번성하리로다

시편 92:13

Abiding in him
주 안에 머무름

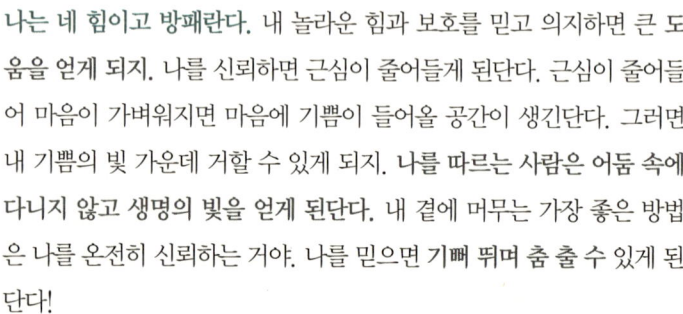

나는 네 힘이고 방패란다. 내 놀라운 힘과 보호를 믿고 의지하면 큰 도움을 얻게 되지. 나를 신뢰하면 근심이 줄어들게 된단다. 근심이 줄어들어 마음이 가벼워지면 마음에 기쁨이 들어올 공간이 생긴단다. 그러면 내 기쁨의 빛 가운데 거할 수 있게 되지. **나를 따르는 사람은 어둠 속에 다니지 않고 생명의 빛을 얻게 된단다.** 내 곁에 머무는 가장 좋은 방법은 나를 온전히 신뢰하는 거야. 나를 믿으면 **기뻐 뛰며 춤 출 수 있게 된단다!**

나를 따르는 또 다른 방법은 모든 상황에 감사하는 거란다. "예수님, 감사합니다."라는 기도야말로 가장 단순하고도 효과적인 기도지. 나는 네가 다양한 방식으로 내게 감사를 표현했으면 좋겠구나. 예술적인 감각이 있다면 노래와 춤, 그림, 조각 등으로, 언어적인 재능이 있다면 말과 글로 찬양할 수도 있겠지. 더 나아가 너는 네가 행하는 모든 일을 통해 나를 예배하는 법을 배울 수 있단다. 무슨 일을 하든지 **마음을 다 하여 주께 하듯 하렴.** 최선을 다 해 감사하고 찬양하렴. 이 기쁨의 훈련이 나를 영화롭게 하고 너를 기쁘게 할 거란다.

여호와는 나의 힘과 나의 방패이시니

내 마음이 그를 의지하여 도움을 얻었도다

그러므로 내 마음이 크게 기뻐하며

내 노래로 그를 찬송하리로다

시편 28:7

예수께서 또 말씀하여 이르시되 나는 세상의 빛이니

나를 따르는 자는 어둠에 다니지 아니하고 생명의 빛을 얻으리라

요한복음 8:12

항상 기뻐하라 쉬지 말고 기도하라 범사에 감사하라

이것이 그리스도 예수 안에서 너희를 향하신 하나님의 뜻이니라

데살로니가전서 5:16~18

무슨 일을 하든지 마음을 다하여 주께 하듯 하고

사람에게 하듯 하지 말라

골로새서 3:23

Abiding in him

주 안에 머무름

너는 내게 영원한 생명을 주시는 성령으로 인해 살고 있는 거란다. 너는 죄와 허물로 죽었으므로 나를 구주로 받아들일 능력이 없었단다. 하지만 성령이 너를 살려 내게 응답할 수 있게 했지. 너는 말 그대로 성령으로 살고 있는 거란다. 그러니 성령의 인도에 따라 앞으로 걸어가렴. 성령은 과거로 돌아가도록 하지 않는단다. 그러니 과거를 피난처로 삼지 마라. 내가 인도하는 방향으로 계속 앞으로 걸어가렴. 내 타이밍에 따라 걸어야 해. 나보다 너무 앞서 가지도 말고 뒤쳐지지도 말아라.

성령을 의지하면 그가 이 모든 문제를 도우실 거야. 성령의 도움은 구하기만 하면 언제 어디서든 얻을 수 있단다. 불안한 마음에 서두르고 있다면 "성령님, 서두르지 않게 해 주세요."라고 기도하렴. 갈 바를 알지 못할 때는 갈 길을 보여 달라고 구하고, 어떻게 기도해야 할지 모를 때는 이렇게 외치렴. "성령님, 나 좀 도와주세요!" 그러면 성령께서 말할 수 없는 탄식으로 너를 위해 기도할 거야. 성령의 도움을 구하고 그의 사랑의 손길에 너를 맡길수록 너의 삶은 더욱 나아질 거란다. 성령과 한 걸음 한 걸음 걸어 나가면 어느새 내 곁에서 걷고 있는 너를 볼 수 있을 거야.

만일 우리가 성령으로 살면 또한 성령으로 행할지니

갈라디아서 5:25

그는 허물과 죄로 죽었던 너희를 살리셨도다 그 때에 너희는
그 가운데서 행하여 이 세상 풍조를 따르고 공중의 권세 잡은 자를 따랐으니
곧 지금 불순종의 아들들 가운데서 역사하는 영이라

에베소서 2:1~2

여호와여 주의 도를 내게 보이시고 주의 길을 내게 가르치소서
주의 진리로 나를 지도하시고 교훈하소서 주는 내 구원의 하나님이시니
내가 종일 주를 기다리나이다

시편 25:4~5

이와 같이 성령도 우리의 연약함을 도우시나니
우리는 마땅히 기도할 바를 알지 못하나 오직 성령이 말할 수 없는 탄식으로
우리를 위하여 친히 간구하시느니라

로마서 8:26

Abiding in him

주 안에 머무름

네 삶의 여정이 무계획적인 것처럼 느껴져도, 네 걸음을 인도하고 있는 것은 나란다. 지금은 네 앞에 놓인 길이 베일에 가려 잘 보이지 않을 거야. 너는 충분한 정보가 없는 상태에서 어디로 가야 할지 선택해야 하지. 한 걸음을 내딛는 게 미지의 세계에 뛰어드는 것처럼 위험하게 느껴질 거야. 그럴 때 네가 할 수 있는 최선은 나를 붙잡는 거란다. 어린 아이가 도시의 복잡한 거리를 걷고 있다고 상상해 보렴. 길을 잃을까봐 얼마나 애가 타고 무섭겠니? 하지만 믿음직한 어른의 손을 꼭 잡고 있으면 도착지까지 무사히 갈 수 있듯이, 너도 너를 돕고 인도하는 내 손을 꼭 붙잡으면 안전할 거란다.

가야 할 길은 알지 못할 수 있지만 너는 가장 중요한 것을 알고 있잖니? 내가 곧 길이라는 사실을 말이야. 나와 함께라면 절대 길을 잃지 않을 거야. 아무 길로나 가는 것 같아도 네 인생의 주인인 **내가 확실한 길로 인도하고 있단다**. 네 안에 불확실한 미래에 대한 불안, 잘못된 선택을 할지 모른다는 두려움이 있는 것을 잘 알아. 그 감정들을 내게 털어 놓으렴. 매 순간 네가 할 수 있는 최선의 선택은 나와 교제 가운데 머무는 거야. 이것이 내 손을 꼭 잡는 방법이자, 나를 믿고 앞이 보이지 않는 길을 한 걸음씩 나아가는 방법이란다.

사람의 걸음은 여호와로 말미암나니
사람이 어찌 자기의 길을 알 수 있으랴

잠언 20:24

예수께서 이르시되 내가 곧 길이요 진리요 생명이니
나로 말미암지 않고는 아버지께로 올 자가 없느니라

요한복음 14:6

사람이 마음으로 자기의 길을 계획할지라도
그의 걸음을 인도하시는 이는 여호와시니라

잠언 16:9

이는 우리가 믿음으로 행하고
보는 것으로 행하지 아니함이로라

고린도후서 5:7

Abiding in him
주 안에 머무름

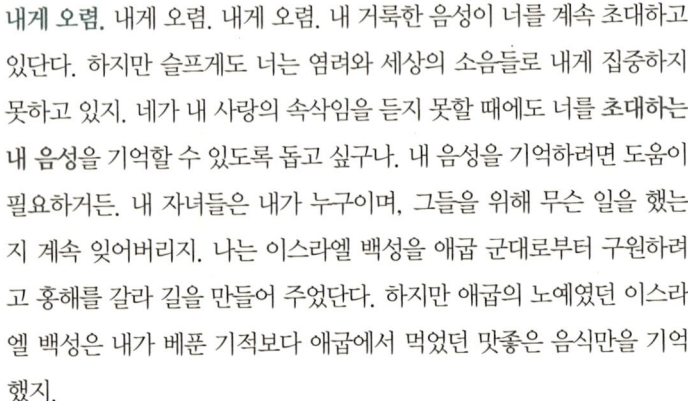

내게 오렴. 내게 오렴. 내게 오렴. 내 거룩한 음성이 너를 계속 초대하고 있단다. 하지만 슬프게도 너는 염려와 세상의 소음들로 내게 집중하지 못하고 있지. 네가 내 사랑의 속삭임을 듣지 못할 때에도 너를 **초대하는 내 음성**을 기억할 수 있도록 돕고 싶구나. 내 음성을 기억하려면 도움이 필요하거든. 내 자녀들은 내가 누구이며, 그들을 위해 무슨 일을 했는지 계속 잊어버리지. 나는 이스라엘 백성을 애굽 군대로부터 구원하려고 홍해를 갈라 길을 만들어 주었단다. 하지만 애굽의 노예였던 이스라엘 백성은 내가 베푼 기적보다 애굽에서 먹었던 맛좋은 음식만을 기억했지.

사소한 문제들에 시선을 뺏기지 말고, 십자가 죽음과 영광스러운 부활이 네 삶의 매 순간을 비추고 있음을 기억해라. 내가 네 곁에 있음을 깨닫고 이 빛 가운데 생명력 있게 살아가렴. 나를 네 영혼의 연인이라고 생각하는 것도 기억하는 데 도움이 될 거야. 나는 너를 지금부터 영원까지 사랑한단다. 너도 스스로를 내 사랑을 받는 사람으로 여기렴. 이것이 네 궁극적인 정체성이란다. 내가 너를 온전히 사랑한다는 성경적 진리가 네 생각을 가득 채웠으면 좋겠구나. 내 사랑하는 아이야. 언제라도 내게로 와 네 마음을 쏟아놓으렴. 나는 네 피난처란다.

수고하고 무거운 짐 진 자들아 다 내게로 오라

내가 너희를 쉬게 하리라

마태복음 11:28

모세가 바다 위로 손을 내밀매

여호와께서 큰 동풍이 밤새도록 바닷물을 물러가게 하시니

물이 갈라져 바다가 마른 땅이 된지라

이스라엘 자손이 바다 가운데를 육지로 걸어가고

물은 그들의 좌우에 벽이 되니

출애굽기 14:21~22

백성들아 시시로 그를 의지하고 그의 앞에 마음을 토하라

하나님은 우리의 피난처시로다(셀라)

시편 62:8

Listening to him
주의 음성을 들음

내 음성을 들으렴! 그러면 두려움 없이 평안과 안정을 누리며 살 수 있단다. 내 음성을 듣는 것이 곧 지혜를 얻는 길이지. 내 음성을 듣고자 하면 누구나 지혜를 얻을 수 있단다. **지혜는 거리에서 외치고 광장에서 소리를 높이며** 진리를 선포하고 있지. 지혜를 무시하면 심판의 날에 자비를 구해도 소용없단다. 바로 지금이 지혜에 귀를 기울일 때이지!

무엇보다 중요한 것은 내 말을 꾸준히, 그리고 정확하게 듣는 거란다. 내 말을 정확하게 이해하지 못하면 거짓 신에게 예배하게 되지. 이것이 우상 숭배란다. 우상 숭배로부터 너를 지키는 가장 좋은 방법은 성경을 공부하고 묵상하는 거야. 그러면 말씀이 네 안에 뿌리를 내리고 자라나 생각의 관점을 바꾸지. **하나님의 말씀은 살아 있고 활력이 있으며 좌우에 날선 어떤 검보다도 예리하여**, 네 안에 위대한 일을 이룰 수 있단다.

내 음성을 꾸준히 듣는 것은 훈련인 동시에 마음의 문제야. 너를 향한 내 사랑을 확신할수록 너는 내 말에 더 귀를 기울이게 된단다. 나는 나를 구주로 믿는 모든 사람을 **변함없이** 깊이 **사랑한단다**. 믿음의 눈으로 나를 바라보렴. 나는 너를 사랑하고 받아들이며 내 얼굴을 네게 비추고 있단다. 내 **음성을 들으렴**. 이것이 평안에 이르는 길이란다.

오직 내 말을 듣는 자는 평안히 살며 재앙의 두려움이 없이 안전하리라

잠언 1:33

지혜가 길거리에서 부르며 광장에서 소리를 높이며
시끄러운 길목에서 소리를 지르며 성문 어귀와 성중에서 그 소리를 발하여
이르되 너희 어리석은 자들은 어리석음을 좋아하며 거만한 자들은
거만을 기뻐하며 미련한 자들은 지식을 미워하니 어느 때까지 하겠느냐

잠언 1:20~22

하나님의 말씀은 살아 있고 활력이 있어
좌우에 날선 어떤 검보다도 예리하여 혼과 영과 및 관절과 골수를 찔러
쪼개기까지 하며 또 마음의 생각과 뜻을 판단하나니

히브리서 4:12

주의 얼굴을 주의 종에게 비추시고
주의 사랑하심으로 나를 구원하소서

시편 31:16

Intimacy with him
주와의 친밀함

네게는 나를 친밀하게 알 수 있는 놀라운 특권이 있단다. 하지만 그것이 나와 똑같은 존재인 것처럼 행세해도 된다는 뜻은 아니야. 나는 네가 나와 동행하면서도 나를 **만왕의 왕**으로 경배하길 바란단다. 이 둘 사이에서 균형을 유지하는 게 쉽지는 않을 거야. 내 형상을 따라 인간을 창조한 것은 내게 큰 모험이었지. 나는 네게 자유 의지로 나를 경배하고 사랑할 수 있는 놀라운 능력을 주었거든. 네 자유에는 내 피라는 엄청난 대가가 필요했단다. 내 피로 인해 너는 만왕의 왕이며 만주의 주인 나를 알 수 있었던 거야. 나는 내 자녀들이 경외하는 마음으로 내게 오기를 기다리고 있단다. 그러면 나는 마음을 열고 그들의 친한 친구가 되어 줄 거란다. 우리가 교제하며 나누는 기쁨은 측량할 수도 없을 거야.

하지만 때로 너는 내가 누구인지 잊은 채 도를 넘곤 하더구나. 경솔할 뿐 아니라 무례하기까지 한 말을 내뱉으면서 말이지. 네 무례함은 우리의 친밀한 관계에 방해가 된단다. 하지만 나는 네 무례함에도 불구하고 여전히 너를 사랑한단다. 네가 내 장엄한 임재를 기억하고 회개하는 마음으로 내게 돌아오면, 나는 너를 용서할 뿐 아니라 버선발로 달려 나가 꼭 안아 줄 거야. 그리고 우리는 **생명의 길**을 함께 걸으며 다시 함께 하게 된 기쁨을 나누게 될 거란다.

우리 주 예수 그리스도께서 나타나실 때까지
흠도 없고 책망 받을 것도 없이 이 명령을 지키라
기약이 이르면 하나님이 그의 나타나심을 보이시리니
하나님은 복되시고 유일하신 주권자이시며 만왕의 왕이시며 만주의 주시오

디모데전서 6:14~15

예수께서 이르시되 진실로 진실로 너희에게 이르노니
아브라함이 나기 전부터 내가 있느니라 하시니

요한복음 8:58

이에 일어나서 아버지께로 돌아가니라 아직도 거리가 먼데
아버지가 그를 보고 측은히 여겨 달려가 목을 안고 입을 맞추니

누가복음 15:20

주께서 생명의 길을 내게 보이시리니
주의 앞에는 충만한 기쁨이 있고 주의 오른쪽에는 영원한 즐거움이 있나이다

시편 16:11

Intimacy with him
주와의 친밀함

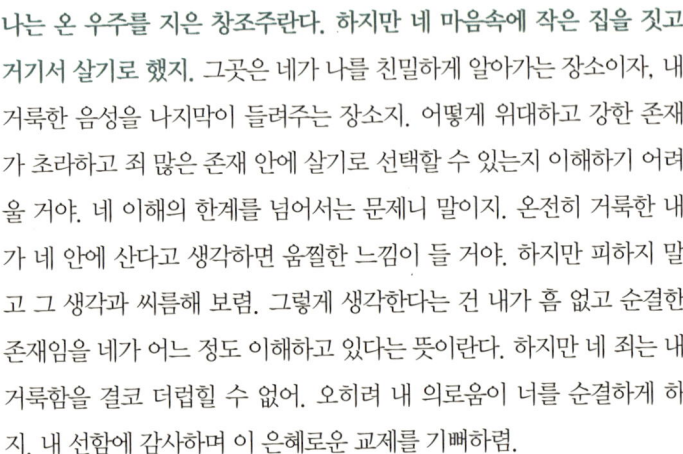

나는 온 우주를 지은 창조주란다. 하지만 네 마음속에 작은 집을 짓고 거기서 살기로 했지. 그곳은 네가 나를 친밀하게 알아가는 장소이자, 내 거룩한 음성을 나지막이 들려주는 장소지. 어떻게 위대하고 강한 존재가 초라하고 죄 많은 존재 안에 살기로 선택할 수 있는지 이해하기 어려울 거야. 네 이해의 한계를 넘어서는 문제니 말이지. 온전히 거룩한 내가 네 안에 산다고 생각하면 움찔한 느낌이 들 거야. 하지만 피하지 말고 그 생각과 씨름해 보렴. 그렇게 생각한다는 건 내가 흠 없고 순결한 존재임을 네가 어느 정도 이해하고 있다는 뜻이란다. 하지만 네 죄는 내 거룩함을 결코 더럽힐 수 없어. 오히려 내 의로움이 너를 순결하게 하지. 내 선함에 감사하며 이 은혜로운 교제를 기뻐하렴.

가장 높은 천국에 사는 내가 초라하기 짝이 없는 네 마음속에 사는 이유가 뭔지 아니? 너와 깊이 친해지고 싶어서야. 너는 연약하단다. 그래서 세상에서 들려오는 소리에 쉽게 흔들리지. 내가 네 마음속에서 부드럽게 속삭이는 내 음성을 들을 수 있도록 도와줄게. 네게 필요한 것은 고요함이란다. 안으로나 밖으로나 말이지. 세상의 소리가 잘 들리지 않는 조용한 곳을 찾아 이 사랑의 말씀에 집중해 보렴. "너희는 가만히 있어 내가 하나님 됨을 알지어다." 내 거룩하고 조용한 음성을 듣는 동안 잠잠히 모든 것을 내려놓고 내 임재 안에서 편히 쉬렴.

이 모든 날 마지막에는 아들을 통하여 우리에게 말씀하셨으니

이 아들을 만유의 상속자로 세우시고

또 그로 말미암아 모든 세계를 지으셨느니라

히브리서 1:2

그의 영광의 풍성함을 따라 그의 성령으로 말미암아

너희 속사람을 능력으로 강건하게 하시오며

믿음으로 말미암아 그리스도께서 너희 마음에 계시게 하시옵고

너희가 사랑 가운데서 뿌리가 박히고 터가 굳어져서

에베소서 3:16-17

또 지진 후에 불이 있으나 불 가운데에도 여호와께서 계시지 아니하더니

불 후에 세미한 소리가 있는지라

열왕기상 19:12

이르시기를 너희는 가만히 있어 내가 하나님 됨을 알지어다

내가 뭇 나라 중에서 높임을 받으리라

내가 세계 중에서 높임을 받으리라 하시도다

시편 46:10

Intimacy with him
주와의 친밀함

네 영혼은 머리로는 이해할 수 없는 심오한 진리들을 이해할 수 있단다. 그 중 하나가 바로 너를 향한 내 완전한 사랑이지. 이것은 **내 아버지가 나를 향해 품으신 바로 그 사랑이란다.** 내가 이 땅에 와서 살기로 했기에, 그 형언할 수 없는 사랑을 네게 실제로 보여줄 수 있었지.

나를 본 사람은 아버지를 본 것이란다. 그래서 나를 더 잘 알게 되면, 나 뿐 아니라 내 아버지도 더욱 온전하게 알게 되지. 우리를 더 잘 알수록 우리의 거룩한 사랑이 네 안에 더욱 충만해진단다. 내 사랑과 내 임재는 떼려야 뗄 수 없단다. 내가 네 안에 살고 있기 때문이지! 우리가 경험하게 될 친밀함의 깊이는 끝이 없단다. 나는 너에 대한 모든 걸 알고 있지. 네 가장 깊은 곳의 소원과 감추고 싶은 비밀까지도 말이야. 네가 모르는 너에 대한 사실도 완전히 알고 있단다. 하지만 그것은 냉담한 지식이 아닌 사랑이 담긴 지식이지. 네 마음과 영혼을 내게 활짝 열면, 내 한없는 사랑을 풍성히 경험하고 나와 더욱 친밀해질 수 있어. 지금은 부분적으로 알지만, 천국에서는 내가 너를 온전하고 분명하게 알듯이 너도 나를 온전히 알고 이해하게 될 거란다.

내가 아버지의 이름을 그들에게 알게 하였고 또 알게 하리니
이는 나를 사랑하신 사랑이 그들 안에 있고 나도 그들 안에 있게 하려 함이니이다

요한복음 17:26

예수께서 이르시되 빌립아 내가 이렇게 오래 너희와 함께 있으되
네가 나를 알지 못하느냐 나를 본 자는 아버지를 보았거늘
어찌하여 아버지를 보이라 하느냐

요한복음 14:9

주의 폭포 소리에 깊은 바다가 서로 부르며
주의 모든 파도와 물결이 나를 휩쓸었나이다

시편 42:7

우리가 지금은 거울로 보는 것 같이 희미하나
그 때에는 얼굴과 얼굴을 대하여 볼 것이요 지금은 내가 부분적으로 아나
그 때에는 주께서 나를 아신 것 같이 내가 온전히 알리라

고린도전서 13:12

Intimacy with him
주와의 친밀함

나는 네 영혼을 영원히 사랑하며 너와 친밀하게 연결되기를 바란단다. 네가 나를 더욱 풍성히 알고 싶어 할 때 나는 정말 기뻐. 나는 너에 대한 모든 것을 알고 있단다. 또한 네가 불완전한 존재임에도 불구하고 너를 열렬히 사랑하기로 결심했지. 나는 이미 네 인생 전체를 위한 대가를 다 지불했단다. 너를 내게서 멀어지게 할 수도 있었던 과거, 현재, 미래 모두를 위해서 말이야.

아직 어두움이 조금 남아 있기는 하지만, **하나님의 영광을 아는 빛이** 네 마음을 계속 비추고 있단다. 이 빛은 **날이 새어 샛별이 떠오를 때까지 어둠을 밝혀 주는 등불**과도 같지. 아직 끝나지 않은 이 드라마에서 네 역할은 내 거룩한 임재를 믿음으로 기다리는 거야. 나와 더욱 친밀해지기 위해 이보다 더 좋은 방법은 없어. 기다림은 고된 훈련이지만 네가 누릴 복은 네 수고보다 훨씬 크단다. 사실 수고하고 노력하는 가운데 내게 집중하게 된다는 점에서, **수고는 그 자체로 네게 복된** 일이지. 내 임재의 빛 가운데 기다리면 네 안에 끊임없이 내 사랑이 부어질 거야. 그리고 이 눈부신 사랑의 빛 안에서 내 **얼굴에 나타난 영광의 빛**을 잠시나마 볼 수 있을 거란다.

모든 사람이 죄를 범하였으매 하나님의 영광에 이르지 못하더니

그리스도 예수 안에 있는 속량으로 말미암아

하나님의 은혜로 값없이 의롭다 하심을 얻은 자 되었느니라

로마서 3:23~24

어두운 데에 빛이 비치라 말씀하셨던 그 하나님께서

예수 그리스도의 얼굴에 있는 하나님의 영광을 아는 빛을

우리 마음에 비추셨느니라

고린도후서 4:6

또 우리에게는 더 확실한 예언이 있어

어두운 데를 비추는 등불과 같으니 날이 새어

샛별이 너희 마음에 떠오르기까지 너희가 이것을 주의하는 것이 옳으니라

베드로후서 1:19

나 곧 내 영혼은 여호와를 기다리며 나는 주의 말씀을 바라는도다

파수꾼이 아침을 기다림보다 내 영혼이 주를 더 기다리나니

참으로 파수꾼이 아침을 기다림보다 더하도다

시편 130:5~6

Intimacy with him
주와의 친밀함

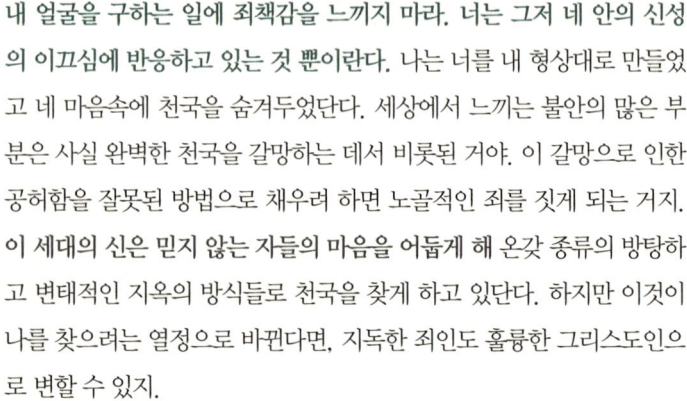

내 얼굴을 구하는 일에 죄책감을 느끼지 마라. 너는 그저 네 안의 신성의 이끄심에 반응하고 있는 것 뿐이란다. 나는 너를 내 형상대로 만들었고 네 마음속에 천국을 숨겨두었단다. 세상에서 느끼는 불안의 많은 부분은 사실 완벽한 천국을 갈망하는 데서 비롯된 거야. 이 갈망으로 인한 공허함을 잘못된 방법으로 채우려 하면 노골적인 죄를 짓게 되는 거지. 이 세대의 신은 믿지 않는 자들의 마음을 어둡게 해 온갖 종류의 방탕하고 변태적인 지옥의 방식들로 천국을 찾게 하고 있단다. 하지만 이것이 나를 찾으려는 열정으로 바뀐다면, 지독한 죄인도 훌륭한 그리스도인으로 변할 수 있지.

오직 내 사랑과 용서만이 영혼의 갈급함을 만족시킬 수 있단다. 그러니 세상의 것이 아닌 내 사랑과 용서를 구하렴. 너는 내 형상대로 창조된 존재이기에 지금 여기에 있는 것으로는 온전한 만족을 얻을 수 없어. 천국은 내 집이기에 궁극적으로 네 집이란다. 그곳에서는 네가 갈망하는 모든 것이 완전히 채워질 거야. 나는 네 마음속에 천국에 있는 것들을 조금 넣어 놓았단다. 네가 나를 찾는 건 그 천국의 실재를 맛보고 싶어서일지도 몰라. 그러니 내게 그렇게 즐거움을 주는 일에 대해 죄책감을 가질 필요가 전혀 없단다! 네가 나를 찾을 때 나는 정말로 기쁘거든.

여호와와 그의 능력을 구할 지어다

그의 얼굴을 항상 구할지어다

시편 105:4

그 중에 이 세상의 신이 믿지 아니하는 자들의 마음을 혼미하게 하여

그리스도의 영광의 복음의 광채가 비치지 못하게 함이니

그리스도는 하나님의 형상이니라

고린도후서 4:4

너희가 어찌하여 양식이 아닌 것을 위하여 은을 달아 주며

배부르게 하지 못할 것을 위하여 수고하느냐 내게 듣고 들을지어다

그리하면 너희가 좋은 것을 먹을 것이며

너희 자신들이 기름진 것으로 즐거움을 얻으리라

이사야 55:2

Pleasing him
주를 기쁘시게 함

많은 걸 이루지 못했어도 나와 교제하며 보냈다면 그날은 성공한 날이란다. 이 얼마나 좋은 소식이니! 아마 너는 어느 정도든 실패했다는 느낌 없이 하루를 마무리한 적이 별로 없을 거야. 세상이 이야기하는 '성공'의 의미와 기준이 계속 너를 불안하고 뒤숭숭하게 만들지.

이런 혼란을 피하는 실제적인 방법은 나를 기쁘게 하려고 하는 거란다. 네가 나와의 교제를 최우선으로 둘 때 나는 참 기쁘단다. 나와 함께하는 시간이 늘어갈수록 너는 점점 더 내 길을 걷게 되지. 내 빛은 네 죄를 분명히 드러내 보여주는 동시에 네 영혼을 만족시켜 준단다. 그러니 나와 교제하며 오늘 하루를 성공적으로 만들어 보자꾸나.

예수께서 이르시되 네 마음을 다하고 목숨을 다하고 뜻을 다하여
주 너의 하나님을 사랑하라 하셨으니 이것이 크고 첫째 되는 계명이요

마태복음 22:37~38

주께서 우리의 죄악을 주의 앞에 놓으시며
우리의 은밀한 죄를 주의 얼굴 빛 가운데에 두셨사오니

시편 90:8

여호와께서 이와 같이 말씀하시되
너희는 길에 서서 보며 옛적 길 곧 선한 길이 어디인지 알아보고 그리로 가라
너희 심령이 평강을 얻으리라 하나
그들의 대답이 우리는 그리로 가지 않겠노라 하였으며

예레미야 6:16

골수와 기름진 것을 먹음과 같이 나의 영혼이 만족할 것이라
나의 입이 기쁜 입술로 주를 찬송하되

시편 63:5

Pleasing him
주를 기쁘시게 함

나는 네게 복을 주고 너를 지키며 내 얼굴을 네게 비춘단다. 또 내 얼굴을 네게로 들어 네게 평강을 주기 원하지. 너를 향해 넘쳐흐르는 내 마음이 잘 나타나 있는 이 복된 말씀을 묵상하면 좋겠구나. 나는 내 자녀들에게 복을 주기 원한단다. 내 복을 받으려면 내 사랑의 임재 안에 거해야 하지. 하지만 때로 사람들은 이걸 내켜하지 않더구나. 부, 성공 같은 우상들만 바라보면서 말이야. 너도 이런 우상 숭배에 빠지기 쉽단다. 하지만 네게는 나를 최우선으로 구하던 빛나는 순간들이 있었지. 네가 점점 더 나를 갈망하는 건 **내 선함을 맛보아 알았기** 때문이야.

사람의 마음 깊은 곳에는 내게 인정받고 싶은 강한 열망이 있단다. 많은 사람들은 내가 그들을 인정하지 않을지도 모른다는 두려움 때문에 나를 미워하지. 내 법을 어겼다는 걸 본능적으로 알고 있기 때문에 가능한 내게서 멀리 떨어져 살려고 하는 거야. 하지만 이 세상 어디에도 내가 존재하지 않는 곳은 없단다. 내게로 와 생명을 얻기는커녕, 도리어 나로부터 도망가려 한다니 이 얼마나 슬픈 일이니! 내게로 오면 **내 멍에는 쉽고 내 짐은 가볍다는** 사실을 알게 된단다. 내게 인정을 받을 뿐 아니라 네 영혼이 쉼을 얻게 되지. 내 안에서 쉬며 내가 주는 은혜의 **평안**을 누리렴.

여호와는 네게 복을 주시고 너를 지키시기를 원하며

여호와는 그의 얼굴을 네게 비추사 은혜 베푸시기를 원하며

여호와는 그 얼굴을 네게로 향하여 드사 평강 주시기를 원하노라 할지니라 하라

민수기 6:24~26

너희는 여호와의 선하심을 맛보아 알지어다

그에게 피하는 자는 복이 있도다

시편 34:8

내 아버지의 뜻은 아들을 보고 믿는 자마다 영생을 얻는 이것이니

마지막 날에 내가 이를 다시 살리리라 하시니라

요한복음 6:40

수고하고 무거운 짐 진 자들아 다 내게로 오라 내가 너희를 쉬게 하리라

나는 마음이 온유하고 겸손하니 나의 멍에를 메고 내게 배우라 그리하면

너희 마음이 쉼을 얻으리니 이는 내 멍에는 쉽고 내 짐은 가벼움이라 하시니라

마태복음 11:28~30

Pleasing him
주를 기쁘시게 함

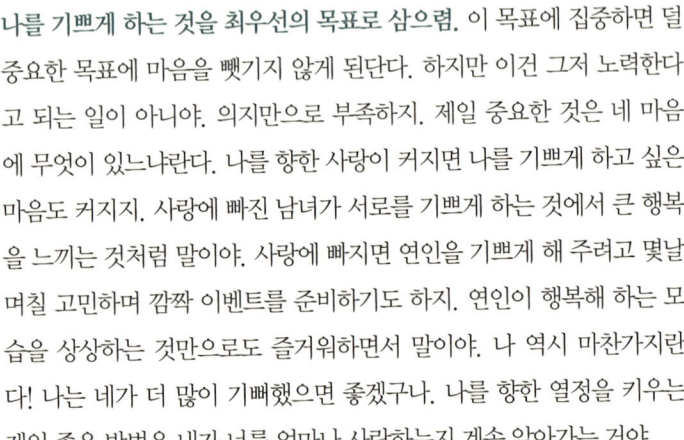

나를 기쁘게 하는 것을 최우선의 목표로 삼으렴. 이 목표에 집중하면 덜 중요한 목표에 마음을 뺏기지 않게 된단다. 하지만 이건 그저 노력한다고 되는 일이 아니야. 의지만으로 부족하지. 제일 중요한 것은 네 마음에 무엇이 있느냐란다. 나를 향한 사랑이 커지면 나를 기쁘게 하고 싶은 마음도 커지지. 사랑에 빠진 남녀가 서로를 기쁘게 하는 것에서 큰 행복을 느끼는 것처럼 말이야. 사랑에 빠지면 연인을 기쁘게 해 주려고 몇날 며칠 고민하며 깜짝 이벤트를 준비하기도 하지. 연인이 행복해 하는 모습을 상상하는 것만으로도 즐거워하면서 말이야. 나 역시 마찬가지란다! 나는 네가 더 많이 기뻐했으면 좋겠구나. 나를 향한 열정을 키우는 제일 좋은 방법은 내가 너를 얼마나 사랑하는지 계속 알아가는 거야.

나를 기쁘게 하고 싶을 때마다 나를 네 영혼의 연인으로 생각하렴. 나는 너의 모든 것 하나하나를 다 사랑한단다. 내 **변함없는** 사랑의 빛 안에서, 나를 기쁘게 하려는 마음이 싹트고 자라났으면 좋겠구나.

주께 합당하게 행하여 범사에 기쁘시게 하고
모든 선한 일에 열매를 맺게 하시며 하나님을 아는 것에 자라게 하시고

골로새서 1:10

그러므로 함께 하늘의 부르심을 받은 거룩한 형제들아
우리가 믿는 도리의 사도이시며 대제사장이신 예수를 깊이 생각하라

히브리서 3:1

아버지께서 나를 사랑하신 것 같이 나도 너희를 사랑하였으니
나의 사랑 안에 거하라 내가 아버지의 계명을 지켜 그의 사랑 안에 거하는 것 같이
너희도 내 계명을 지키면 내 사랑 안에 거하리라 내가 이것을 너희에게 이름은
내 기쁨이 너희 안에 있어 너희 기쁨을 충만하게 하려 함이라

요한복음 15:9~11

그러나 나는 하나님의 집에 있는 푸른 감람나무 같음이여
하나님의 인자하심을 영원히 의지하리로다

시편 52:8

Resting in him
주 안에서 쉼

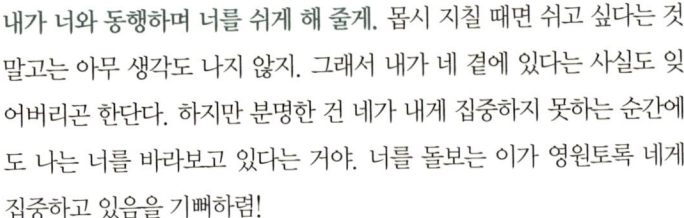

내가 너와 동행하며 너를 쉬게 해 줄게. 몹시 지칠 때면 쉬고 싶다는 것 말고는 아무 생각도 나지 않지. 그래서 내가 네 곁에 있다는 사실도 잊어버리곤 한단다. 하지만 분명한 건 네가 내게 집중하지 못하는 순간에도 나는 너를 바라보고 있다는 거야. 너를 돌보는 이가 영원토록 네게 집중하고 있음을 기뻐하렴!

아무리 헌신적인 부모라도 24시간 자녀만 바라보고 있을 수는 없어. 부모도 사람이니 일정 시간은 잠을 자야 하고, 신경 쓸 일이 많아서 자녀에게 충분히 집중하지 못할 수도 있지. 아무리 헌신적인 부모라도 자녀에게 불의의 사고가 일어나는 것을 막을 수는 없어. 사랑하는 자녀를 한시도 눈을 떼지 않고 지켜볼 수 있는 존재는 오직 나뿐이란다.

언제 어디에서 쉼을 얻을 수 있을지 걱정하지 마라. 대신 내가 너를 쉬게 하리라는 약속을 기억하렴. 염려에는 너무 많은 에너지가 소비된단다. 네 에너지는 최대한으로 아껴 안식처에 이르는 데 사용해야 해. 자동차에 기름이 거의 떨어졌는데 주유소가 멀리 있다고 생각해 보렴. 그러면 기름을 최소한으로 쓰려고 천천히 조심스럽게 운전하지 않겠니? 마찬가지로 네 안에 에너지가 떨어졌을 때는 에너지를 최대한 효율적으로 사용해야 한단다. 내 도움을 구하며 천천히 조심스럽게 나아가렴. 내가 너를 온전히 돌볼 수 있다는 사실을 믿으며 말이야. 그러면 한정된 에너지를 최대한으로 사용할 수 있을 거란다. 피곤하고 지칠 때마다 **내게 오렴. 내가 너를 쉬게 해 줄게.**

여호와께서 이르시되 내가 친히 가리라

내가 너를 쉬게 하리라

출애굽기 33:14

나의 도움은 천지를 지으신 여호와에게서로다

여호와께서 너를 실족하지 아니하게 하시며

너를 지키시는 이가 졸지 아니하시리로다

시편 121:2~3

수고하고 무거운 짐 진 자들아 다 내게로 오라

내가 너희를 쉬게 하리라

마태복음 11:28

Resting in him
주 안에서 쉼

갈림길에 섰을 때 나를 바라보렴. 믿음의 조상들이 어느 길로 갔는지, 어느 길이 좋은 길인지 내게 묻고 그 길을 걸어가라. 최선의 길로 가기 원한다면 **모든 상황 가운데 성령 안에서 깨어 기도해야 해.** 성령은 네가 선택의 기로에서 무심코 지나쳐 가지 않을 수 있도록 도우신단다. 어느 길로 가야 할지 모르겠거든 걸음을 멈추고 내 임재 가운데서 기다리며 나와의 교제 가운데 머물러라. 내가 가장 적절한 시기에 네 갈 길을 보여줄 것을 믿으면서 말이야.

그러면 선한 길로 가게 될 뿐 아니라 **영혼의 평안도** 얻게 될 거야. 나는 네가 얼마나 지쳤고, 네 영혼이 얼마나 간절히 쉼을 원하는지 잘 알고 있어. 네 생각은 몸이 가만히 있을 때에도 분주하게 움직이지. 내가 네 생각들을 다스리기 원한다면 그것을 내게로 가져오렴. 무슨 생각을 하고 있는지 다 알고 있으니 숨길 필요 없단다. 내가 너로 내 관점으로 생각하게 도울 수 있도록 내 안에서 충분히 기다리렴. 시간 낭비처럼 느껴질 수 있겠지만 실은 정반대란다. 적게 움직이면서도 훨씬 더 많은 걸 얻게 될 거야. **길이요 진리요 생명인** 내가 네 곁에서 함께 할 것이기 때문이지. 삶이 힘들고 어렵더라도 너는 나와의 교제 가운데 영혼의 쉼을 누릴 수 있단다.

여호와께서 이와 같이 말씀하시되 너희는 길에 서서 보며
옛적 길 곧 선한 길이 어디인지 알아보고 그리로 가라
너희 심령이 평강을 얻으리라 하나 그들의 대답이
우리는 그리로 가지 않겠노라 하였으며

예레미야 6:16

모든 기도와 간구를 하되 항상 성령 안에서 기도하고
이를 위하여 깨어 구하기를 항상 힘쓰며 여러 성도를 위하여 구하라

에베소서 6:18

예수께서 이르시되 내가 곧 길이요 진리요 생명이니
나로 말미암지 않고는 아버지께로 올 자가 없느니라

요한복음 14:6

Resting in him
주 안에서 쉼

내가 흑암 가운데서도 네 빛이 되어 주마. 가끔은 그늘 아래서 쉴 필요가 있단다. 얼마나 지쳤는지 신경 쓰지 않고 밀어붙이기만 하면 완전히 무너질 수도 있어. 많은 그리스도인들이 지쳐 떨어질 때까지 자신을 소진하면서도 괜찮은 척하지. **네 원수 사탄은 이 모습을 보면서 매우 흡족해 한단다.** 이런 가면이 내 자녀들을 약하게 만든다는 걸 잘 알고 있거든. 이 가면을 계속 쓰고 있으면 사탄의 먹잇감이 될 수 있단다.

혹 쓰러진다 해도 너무 혼란스러워하지 말아라. 너는 다시 **일어날 거야.** 내가 네 영혼과 생각과 육체에 새로운 힘을 불어 넣어 줄게. 내가 그 일을 하는 동안 기꺼이 **흑암 가운데 앉아 있으렴.** 나는 네가 서 있을 때나 앉아 있을 때나 걸어 다닐 때나 모든 순간에 너와 함께 한단다. 네가 앉아 있던 그 그늘에서 나를 찾고 구하렴. 내가 네 **피난처가** 되어주고 내 **날개** 아래서 너를 돌봐주마. 네가 쉬는 동안 **내가 네 빛이 되어** 너를 보호하고 치유하며 회복시켜 줄게.

내 회복의 사역이 끝나면 날개 밖으로 천천히 나올 수 있을 거야. 다시 일어나 여정을 떠날 준비가 되면 내가 너와 함께 갈 거란다. 네 갈 길을 비춰 주며 네게 힘을 주고 격려하면서 말이야. 내게 소망을 두렴. 너는 내 도움으로 말미암아 다시 나를 찬양하게 될 거란다.

나의 대적이여 나로 말미암아 기뻐하지 말지어다
나는 엎드러질지라도 일어날 것이요
어두운 데에 앉을지라도 여호와께서 나의 빛이 되실 것임이로다

미가 7:8

근신하라 깨어라 너희 대적 마귀가 우는 사자 같이
두루 다니며 삼킬 자를 찾나니

베드로전서 5:8

그가 너를 그의 깃으로 덮으시리니 네가 그의 날개 아래에 피하리로다
그의 진실함은 방패와 손 방패가 되시나니

시편 91:4

내 영혼아 네가 어찌하여 낙심하며 어찌하여 내 속에서 불안해 하는가
너는 하나님께 소망을 두라
그가 나타나 도우심으로 말미암아 내가 여전히 찬송하리로다

시편 42:5

Resting in him
주 안에서 쉼

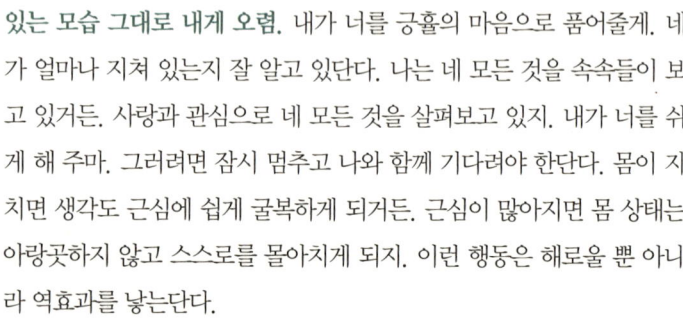

있는 모습 그대로 내게 오렴. 내가 너를 긍휼의 마음으로 품어줄게. 네가 얼마나 지쳐 있는지 잘 알고 있단다. 나는 네 모든 것을 속속들이 보고 있거든. 사랑과 관심으로 네 모든 것을 살펴보고 있지. 내가 너를 쉬게 해 주마. 그러려면 잠시 멈추고 나와 함께 기다려야 한단다. 몸이 지치면 생각도 근심에 쉽게 굴복하게 되거든. 근심이 많아지면 몸 상태는 아랑곳하지 않고 스스로를 몰아치게 되지. 이런 행동은 해로울 뿐 아니라 역효과를 낳는단다.

무엇을 하고 있든 잠시 내려놓고 **내게 집중하는 시간을 가지렴.** 나는 네 몸과 생각 뿐 아니라 **네 영혼도** 쉬게 한단다. 몸과 영혼이 쉬려면 먼저 생각이 안정되어야 하지. 내게 집중하는 동안 조용히, 그리고 천천히 숨을 내쉬렴. 이렇게 기도하면 도움이 될 거야. "예수님, 제게 당신의 평안을 채워 주세요." 내 평안은 모든 지식을 뛰어넘기 때문에, 결국 네 생각은 내 임재 안에 평안히 쉬게 될 거야. **간구한다는** 건 네 짐을 내 강한 어깨로 옮기는 거란다. 그러면 네 짐이 한결 가벼워지지. 간구할 때는 **감사함으로** 하렴. 감사로 올리는 기도가 나를 기쁘게 한단다. 감사하는 태도는 하늘 문을 열어 측량할 수 없는 복을 얻게 하고, 네 마음을 열어 나를 더 깊이 받아들이게 한단다.

수고하고 무거운 짐 진 자들아 다 내게로 오라
내가 너희를 쉬게 하리라 나는 마음이 온유하고 겸손하니
나의 멍에를 메고 내게 배우라 그리하면 너희 마음이 쉼을 얻으리니

마태복음 11:28~29

그러므로 함께 하늘의 부르심을 받은 거룩한 형제들아
우리가 믿는 도리의 사도이시며 대제사장이신 예수를 깊이 생각하라

히브리서 3:1

아무 것도 염려하지 말고 다만 모든 일에 기도와 간구로
너희 구할 것을 감사함으로 하나님께 아뢰라
그리하면 모든 지각에 뛰어난 하나님의 평강이
그리스도 예수 안에서 너희 마음과 생각을 지키시리라

빌립보서 4:6~7

Resting in him
주 안에서 쉼

너는 내 사랑하는 자란다. 삶의 많은 어려움 속에서도 **나는 너를 온종일 보호하고 있지.** 내가 너를 계속 보호하지 않으면 어떤 일이 벌어질지 너는 상상조차 못할 거야. 네가 겪는 모든 시련은 내가 **허락한** 거란다. 이 시련은 궁극적으로는 네게 유익하며 내게는 영광이 되지. 어떤 시련 가운데 있든지 내가 너를 늘 보호한다는 사실을 믿으렴. 그러면 내 안에서 **안전하게 쉴 수 있단다.**

너는 **내 사랑하는 자녀**라는 사실을 잊지 말아라. 나는 너를 정말 사랑하기 때문에, 네가 가장 고통스러운 시기를 지날 때 너를 안고 지나간단다. 내 사랑하는 아이야. 목자의 인도를 받는 양처럼 **내 품 안에서 편히 쉬렴.** 나는 네 목자일 뿐 아니라, 새끼에게 하늘을 나는 법을 가르쳐 주는 어미 독수리와 같단다. 둥지를 흔들어 새끼를 내보내듯이, 나도 너를 네가 안전하다고 여기는 곳에서 벗어나게 하지. 하지만 나는 너를 계속 지켜보고 있단다. 날개의 힘이 부족해 곤두박질치려 할 때는 **내 날개를 펴서** 너를 받아내며, 다시 하늘을 날 준비가 될 때까지 안고 있지. 내가 너를 언제까지나 지켜보며 돌보고 있음을 믿고 내 **안에서 평안히 쉬렴.**

여호와의 사랑을 입은 자는 그 곁에 안전히 살리로다
여호와께서 그를 날이 마치도록 보호하시고
그를 자기 어깨 사이에 있게 하시리로다

신명기 33:12

나는 선한 목자라 나는 내 양을 알고 양도 나를 아는 것이
아버지께서 나를 아시고 내가 아버지를 아는 것 같으니
나는 양을 위하여 목숨을 버리노라

요한복음 10:14~15

마치 독수리가 자기의 보금자리를 어지럽게 하며
자기의 새끼 위에 너풀거리며 그의 날개를 펴서 새끼를 받으며
그의 날개 위에 그것을 업는 것 같이

신명기 32:11

Freedom in him
주 안에서 자유함

나는 너를 완전히, 전적으로, 영원히 구원했단다! 너는 분명히 구원받았으니 이 형언할 수 없는 선물이 주는 자유를 누리며 살아가렴. 그것이 내가 이 땅에 온 이유란다. 나는 너를 죄와 속박에서 해방시키려고 이 땅에 왔거든. 이 영광스러운 복음의 진리를 가슴 깊은 곳에 새기면 점점 더 자유를 누리게 될 거야.

나는 하나님과 너의 사이를 이어주는 가장 이상적인 중재자란다. 너를 완벽하게 이해하기 때문이지. 이 땅에서 인간의 몸을 입고 살았던 33년간, 나는 시험이 얼마나 견디기 힘든 것인지 몸소 경험했단다. **성령에 이끌려 광야로 가서 40일 밤낮을 금식하며 사탄의 시험을 받았지**. 이 땅에서의 삶은 시험의 연속이었단다. 십자가에 달렸을 때 사람들은 **십자가에서 내려오면 나를 믿겠다며** 조롱했지. 그것은 내가 충분히 할 수 있는 일이었기에 더욱 고통스러운 시험이었단다.

이제 나는 부활하여 **네가 하나님께 나아갈 수 있도록** 돕고 있단다. 나는 모든 것을 할 수 있으며 언제나 너를 도울 준비가 되어 있지. 네가 어둠 속에서 괴로워하고 자책할 때에도 항상 너를 기다리고 있단다. 내 도움을 구하며 빛 가운데로 나아오면 나는 기쁨으로 네 간구에 응답할 거야. 나는 너를 완벽히 이해하며 영원히 사랑하거든.

그러므로 자기를 힘입어 하나님께 나아가는 자들을
온전히 구원하실 수 있으니
이는 그가 항상 살아 계셔서 그들을 위하여 간구하심이라

히브리서 7:25

진리를 알지니 진리가 너희를 자유롭게 하리라

요한복음 8:32

그 때에 예수께서 성령에게 이끌리어
마귀에게 시험을 받으러 광야로 가사
사십 일을 밤낮으로 금식하신 후에 주리신지라

마태복음 4:1~2

이스라엘의 왕 그리스도가 지금 십자가에서 내려와
우리가 보고 믿게 할지어다 하며
함께 십자가에 못 박힌 자들도 예수를 욕하더라

마가복음 15:32

Freedom in him
주 안에서 자유함

마음이 아플 때는 내게로 오렴. 네 고통을 함께 나눠줄게. 기쁠 때 내게 오렴. 나와 나누면 네 기쁨은 배가 될 거야. 네 모습이 어떠하든 있는 모습 그대로 내게 나아오렴. 네 행위를 먼저 깨끗하게 할 필요도 없단다. 이미 나는 네 최악의 모습을 알고 있거든. 마음이 아플 때는 너를 비난하지 않고 있는 그대로 이해해 줄 누군가가 있었으면 하고 바라지. 행복할 때는 진심으로 축하해 줄 누군가와 기쁨을 나누기 원하고 말이야. 나는 네 마음을 충분히 공감하고 이해한단다. 그리고 너를 아주 많이 사랑하지. 그러니 그 모든 것을 가지고 내게 오렴.

사람들은 보통 나와 나눌 수 있는 부분과 아닌 부분을 나눠 놓는단다. 어떤 사람은 수치스럽게 생각하는 자신의 성격을 나누기를 꺼려하고, 어떤 사람은 외로움, 두려움, 죄책감 같은 고통스러운 감정을 다룰 때 내 도움을 구할 생각도 하지 않지. 그 감정들에 너무 익숙해진 나머지, 내가 바로 옆에 있는데도 혼자서 그 감정들과 싸우느라 정신이 없단다.

네 상처를 치유해 주고 싶구나. 어떤 상처들은 네 안에 너무 오래 있어 네 정체성의 일부처럼 되어버려 네가 가는 곳마다 따라다니는데, 정작 너는 잘 깨닫지 못하고 있더구나. 그 상처를 내게 가져오렴. 내가 자유 안에서 거닐 수 있게 도와줄게. 내가 주는 자유를 오래 누리는 방법은 하나야. 반복해서 네 상처들을 내 치유의 임재 가운데 드러내는 거지. 상처가 치유되면 넘치는 기쁨을 경험하게 될 거야. 나와 함께 그 기쁨을 나누자. 그 기쁨이 네 안에서 계속 넘쳐흐르도록 해 주마.

그러므로 이제 그리스도 예수 안에 있는 자에게는

결코 정죄함이 없나니

로마서 8:1

여호와께서 우리를 위하여 큰일을 행하셨으니 우리는 기쁘도다

시편 126:3

내가 고통 중에 여호와께 부르짖었더니 여호와께서 응답하시고

나를 넓은 곳에 세우셨도다

시편 118:5

그러므로 아들이 너희를 자유롭게 하면

너희가 참으로 자유로우리라

요한복음 8:36

Freedom in him
주 안에서 자유함

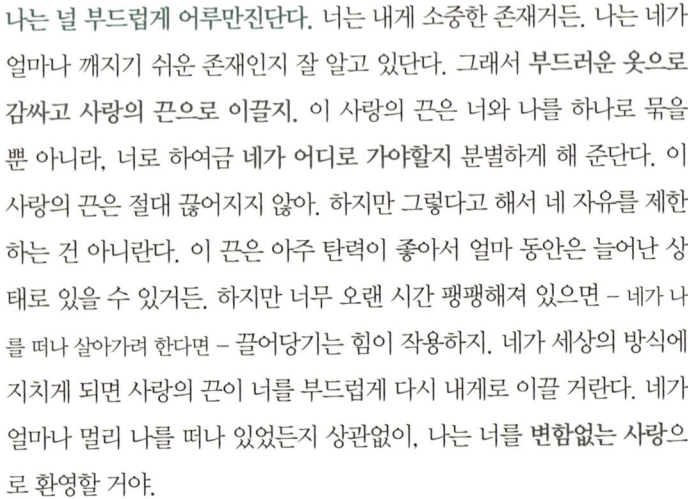

나는 널 부드럽게 어루만진단다. 너는 내게 소중한 존재거든. 나는 네가 얼마나 깨지기 쉬운 존재인지 잘 알고 있단다. 그래서 **부드러운 옷으로 감싸고 사랑의 끈으로 이끌지**. 이 사랑의 끈은 너와 나를 하나로 묶을 뿐 아니라, 너로 하여금 네가 어디로 가야할지 분별하게 해 준단다. 이 사랑의 끈은 절대 끊어지지 않아. 하지만 그렇다고 해서 네 자유를 제한하는 건 아니란다. 이 끈은 아주 탄력이 좋아서 얼마 동안은 늘어난 상태로 있을 수 있거든. 하지만 너무 오랜 시간 팽팽해져 있으면 – 네가 나를 떠나 살아가려 한다면 – 끌어당기는 힘이 작용하지. 네가 세상의 방식에 지치게 되면 사랑의 끈이 너를 부드럽게 다시 내게로 이끌 거란다. 네가 얼마나 멀리 나를 떠나 있었든지 상관없이, 나는 너를 **변함없는 사랑**으로 환영할 거야.

내가 이 땅에 온 것은 너를 돌보고 자유케 하기 위해서란다. 나는 십자가 죽음으로 죄의 노예로 살아왔던 네 목에서 **멍에를 벗겨내고 너를 죄에서 해방시켰지**. 나는 네 멍에의 빗장을 부순 자리에 사랑의 끈을 매었단다. 이제 너는 구주인 내 안에서 기쁜 마음으로 고개를 들고 당당하게 걸어갈 수 있어. **아들이 너를 자유롭게 하면 너는 참으로 자유롭게 될 거란다!**

내가 사람의 줄 곧 사랑의 줄로 그들을 이끌었고
그들에게 대하여 그 목에서 멍에를 벗기는 자 같이 되었으며
그들 앞에 먹을 것을 두었노라

호세아 11:4

아침에 나로 하여금 주의 인자한 말씀을 듣게 하소서
내가 주를 의뢰함이니이다 내가 다닐 길을 알게 하소서
내가 내 영혼을 주께 드림이니이다

시편 143:8

예수께서 대답하시되 진실로 진실로 너희에게 이르노니
죄를 범하는 자마다 죄의 종이라 종은 영원히 집에 거하지 못하되
아들은 영원히 거하나니 그러므로 아들이 너희를 자유롭게 하면
너희가 참으로 자유로우리라

요한복음 8:34~36

나는 너희를 애굽 땅에서 인도해 내어
그들에게 종된 것을 면하게 한 너희의 하나님 여호와이니라
내가 너희의 멍에의 빗장을 부수고 너희를 바로 서서 걷게 하였느니라

레위기 26:13

His sufficiency
주 안에서 만족함

나는 네게 거룩한 만족을 주고 싶구나. 거룩한 만족이란, 내가 너를 놀랍게 채워준다는 사실을 믿음으로 평안을 유지하는 거지. 나는 네게 오직 나만을 의지하고 내가 주는 어떤 것이든 만족하는 법을 가르치고 있는 거란다. 나를 온전히 의지할 때 풍성한 복을 받을 수 있지. 내가 너를, 너라면 선택하지 않을 길로 인도하더라도 말이야. 지금이나 앞으로나 내가 주는 것에 진심으로 만족하며 살아간다면, 불안과 염려가 너를 사로잡지 않을 거야. 걱정 대신 내 안에서 굳건하고 담대한 마음을 갖게 될 거야.

이 세상은 두려움을 조장하는 메시지로 가득하단다. 매일 보도되는 뉴스들은 너를 두렵게 하지. 광고업자들은 일부러 불안과 염려를 불러일으킨단다. 그래야 상품이 얼마나 소비자를 안전하고 행복하게 만드는지 설득할 수 있으니 말이야. 이런 해로운 메시지에 맞서려면 분별력을 갖기 위해 노력해야 해. 성령께 내 관점으로 생각하게 해 달라고 구하렴. 네 생각이 성령의 다스림 가운데 들어갈수록 너는 **생명과 평안**을 경험하게 될 거야.

이 세상에 네가 가지고 온 것은 하나도 없다는 걸 기억하렴. **숨 쉬는 호흡을 포함해 네가 가진 모든 것은 다 내가 준 선물이란다. 이 세상을 떠날 때도 아무것도 가져갈 수 없지만, 내가 네 안에서 이룬 영적인 변화는 영원할 거야. 내가 너를 내 형상으로 변화시켜 온전한 만족을 주는 천국을 준비할 수 있도록 나와 함께 하자꾸나.**

그러나 자족하는 마음이 있으면

경건은 큰 이익이 되느니라

우리가 세상에 아무 것도 가지고 온 것이 없으매

또한 아무 것도 가지고 가지 못하리니

디모데전서 6:6~7

그는 흉한 소문을 두려워하지 아니함이여

여호와를 의뢰하고

그의 마음을 굳게 정하였도다

시편 112:7

육신의 생각은 사망이요

영의 생각은 생명과 평안이니라

로마서 8:6

His sufficiency
주 안에서 만족함

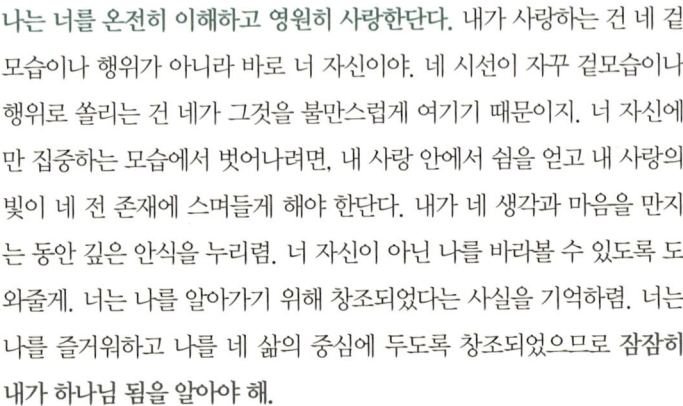

나는 너를 온전히 이해하고 영원히 사랑한단다. 내가 사랑하는 건 네 겉모습이나 행위가 아니라 바로 너 자신이야. 네 시선이 자꾸 겉모습이나 행위로 쏠리는 건 네가 그것을 불만스럽게 여기기 때문이지. 너 자신에만 집중하는 모습에서 벗어나려면, 내 사랑 안에서 쉼을 얻고 내 사랑의 빛이 네 전 존재에 스며들게 해야 한단다. 내가 네 생각과 마음을 만지는 동안 깊은 안식을 누리렴. 너 자신이 아닌 나를 바라볼 수 있도록 도와줄게. 너는 나를 알아가기 위해 창조되었다는 사실을 기억하렴. 너는 나를 즐거워하고 나를 네 삶의 중심에 두도록 창조되었으므로 **잠잠히 내가 하나님 됨을 알아야 해.**

　세상은 우상으로 가득 차 있단다. 너는 더 좋은 사람이라고 느끼고 싶을 때 우상을 찾지. 음식, 오락거리, 운동, 통제욕 같은 것들이 모두 우상이 될 수 있단다. 하지만 그것들은 네 영혼의 목마름을 채워 줄 수 없어. 네 영혼이 갈망하는 것은 오직 나이기 때문이지. 우상은 네 주의를 분산시키는 방법으로 나를 향한 네 갈망을 억누르지만 우상은 결코 너를 만족시킬 수 없단다. 영혼이 갉아 먹히는 듯한 느낌이 든다면 내게로 돌아오렴. 내가 네 영혼을 최고의 만찬으로 만족시켜 줄게.

산들이 떠나며 언덕들은 옮겨질지라도 나의 자비는 네게서 떠나지 아니하며

나의 화평의 언약은 흔들리지 아니하리라

너를 긍휼히 여기시는 여호와께서 말씀하셨느니라

이사야 54:10

이르시기를 너희는 가만히 있어 내가 하나님 됨을 알지어다

내가 뭇 나라 중에서 높임을 받으리라

내가 세계 중에서 높임을 받으리라 하시도다

시편 46:10

하나님이여 주는 나의 하나님이시라 내가 간절히 주를 찾되

물이 없어 마르고 황폐한 땅에서

내 영혼이 주를 갈망하며 내 육체가 주를 앙모하나이다

내가 주의 권능과 영광을 보기 위하여 이와 같이 성소에서 주를 바라보았나이다

주의 인자하심이 생명보다 나으므로 내 입술이 주를 찬양할 것이라

이러므로 나의 평생에 주를 송축하며 주의 이름으로 말미암아

나의 손을 들리이다 골수와 기름진 것을 먹음과 같이

나의 영혼이 만족할 것이라 나의 입이 기쁜 입술로 주를 찬송하되

시편 63:1~5

His sufficiency
주 안에서 만족함

어떤 상황에서도 자족할 수 있는 비결은, 내가 누구이며 내가 네게 준 것이 무엇인지 아는 거란다. 나는 창조주이자 만왕의 왕이며, 네 구원자이자 목자이지. 내가 네게 준 것은 모든 능력과 영광 안에 있는 나 자신이란다. 오직 나만이 어떤 상황에서도 만족할 수 있게 해 주지. **나는 영광 가운데 내 풍성함으로 네 모든 쓸 것을 채워 주겠다고 약속했단다.** 구할 것이 많을수록 나를 더 깊이 알아가렴. 나와 친밀해지면 너는 **힘을** 얻고 어떤 상황에서도 **기뻐할 수 있단다.**

내 자녀 중 어떤 사람들은 궁핍할 때 편안해 하고 풍족할 때 힘겨워한단다. 내가 풍족하게 채워주면 이를 가치 없게 여기고 심지어 죄책감을 느끼는 거야. 이 얼마나 슬픈 일인지 모르겠구나! 부유한 부모가 자녀가 원하던 값비싼 선물을 사 줬다고 생각해 보렴. 부모는 아이가 선물을 받고 기뻐하며 감사할 거라 기대하겠지. 만약 아이가 이 값진 선물을 가치 없게 여긴다면 부모는 크게 실망하고 상처받을 거야. 내 자녀들이 내가 주는 풍성한 선물을 받기를 꺼려할 때 나도 똑같이 느낀단다. 자족의 비결은 어린 아이처럼 나를 신뢰하는 거란다. 내 무한한 부요함과 자비로운 사랑을 믿는 거야. 그러나 내 방법을 이해할 수 있을 거라고 생각하지 마라. 하늘이 땅보다 높은 것처럼, 내 길은 네 길보다 높고 내 생각은 네 생각보다 높단다.

나는 비천에 처할 줄도 알고 풍부에 처할 줄도 알아
모든 일 곧 배부름과 배고픔과 풍부와 궁핍에도 처할 줄 아는
일체의 비결을 배웠노라
내게 능력 주시는 자 안에서 내가 모든 것을 할 수 있느니라

빌립보서 4:12~13

나의 하나님이 그리스도 예수 안에서
영광 가운데 그 풍성한 대로 너희 모든 쓸 것을 채우시리라

빌립보서 4:19

이는 내 생각이 너희의 생각과 다르며
내 길은 너희의 길과 다름이니라 여호와의 말씀이니라
이는 하늘이 땅보다 높음 같이 내 길은 너희의 길보다 높으며
내 생각은 너희의 생각보다 높음이니라

이사야 55:8~9

His sufficiency

주 안에서 만족함

너는 나와 연합할 때 완전해진단다. 내 곁에 있으면 점점 본래 창조되었던 모습으로 변화되지. 너 자신에게 뭔가 중요한 게 **빠져** 있는 것 같은 느낌을 받을 때 이를 진지하게 받아들이지 않으면 비생산적인 방식으로 반응하게 된단다. 먹을 것이나 오락거리를 찾거나 겉모습을 꾸미는 식으로 불완전함을 채우려 하는 거지. 하지만 나는 여전히 네 곁에서 네가 나를 떠올려주기를 인내하며 기다리고 있단다. 너를 만족시킬 수 없는 것들을 통해 만족감을 얻으려 하면 더 좌절하게 될 거야. 그렇게 불안한 상태에 있을 때는 내게 돌아오기 어렵단다. 오직 나만이 너를 완전케 할 수 있는데 말이지. 하지만 늦은 건 아니란다. 그저 이렇게 외치면 돼. "예수님! 도와주세요!"

나는 내 자녀가 부를 때 반드시 응답한단다. 램프의 요정처럼 즉시 소원을 들어주지는 않을지 모르지만, 네게 필요한 것들을 주기 위해 바로 일하기 시작하지. 나는 네가 지금까지 세상의 방법으로 만족을 얻으려 했다는 사실을 깨우쳐줄 거란다. 그리고 내 영광의 부요함으로 네 부족함을 채워줄 거야. 그리고 네가 차분하게 생각할 수 있을 만큼 진정이 되면, 너를 온전케 하는 내 곁으로 오도록 초청할 거란다. 내 안에서 쉼을 누리며 나만 바라보면 내 평안이 네게로 흘러들어 간단다. 나는 질그릇에 불과한 너를 내 보배로 가득 채울 거야. 너는 내 **영광**을 **아는 빛**으로 가득하게 될 거란다. 그리고 그 빛은 너를 본래 창조된 모습으로 온전히 변화시킬 거야.

인내를 온전히 이루라 이는 너희로 온전하고 구비하여
조금도 부족함이 없게 하려 함이라

야고보서 1:4

그는 자기를 경외하는 자들의 소원을 이루시며
또 그들의 부르짖음을 들으사 구원하시리로다

시편 145:19

하나님을 가까이하라 그리하면 너희를 가까이하시리라

야고보서 4:8

어두운 데에 빛이 비치라 말씀하셨던 그 하나님께서
예수 그리스도의 얼굴에 있는 하나님의 영광을 아는 빛을
우리 마음에 비추셨느니라 우리가 이 보배를 질그릇에 가졌으니
이는 심히 큰 능력은 하나님께 있고
우리에게 있지 아니함을 알게 하려 함이라

고린도후서 4:6~7

His sufficiency
주 안에서 만족함

나는 이 분열되고 깨어진 세상에서 모든 것을 하나로 붙들고 있는 중심 되는 실재란다. 내게 초점을 맞추면 네 삶은 의미 있고 아름다워지. 내가 없다면 세상은 의미도 소망도 없는 황량한 곳이 될 거야. 나는 네게 **내 아버지께 가는 길**, 곧 영생을 얻는 길을 보여 주기 위해 이 땅에 왔단다. 하지만 나는 너를 옳은 길로 인도하는 표지를 훨씬 뛰어넘는 존재란다. **나는 곧 길이거든. 나와 아버지는 하나이므로**, 나는 전능한 하나님이란다! 네 죄를 감당하고 네 친구가 되기 위해 친히 인간이 되었지. 내 안에서, 그리고 나를 통해서 네게 아버지의 얼굴을 보여 주기 원했단다.

네가 필요로 하는 모든 것이 내 안에 있단다. 이 세상에서는 진리를 발견하기 어렵지만 **나는 진리 그 자체**란다. 네 마음과 생각을 영광스러운 나에 대한 경이로움으로 가득 채우렴. 그러면 세속적인 생각에서 벗어나 진리의 빛을 볼 수 있을 거야. 또한 그렇게 되면 네 안에 내 생명이 자라날 수 있는 거룩한 자리가 만들어질 거야. 나 외에는 영생을 얻을 수 없으며 다른 길은 필요 없지. 내 생명의 길이 네 앞에 활짝 열려 있으니 말이야. 이 길은 내 빛을 발하며 영원까지 쭉 이어져 있지. 나와 함께 이 길을 계속 간다면 **영원한 즐거움**을 맛볼 수 있을 거야.

예수께서 이르시되 내가 곧 길이요

진리요 생명이니 나로 말미암지 않고는 아버지께로 올 자가 없느니라

요한복음 14:6

나와 아버지는 하나이니라 하신대

요한복음 10:30

이는 하나님의 영광의 광채시요 그 본체의 형상이시라

그의 능력의 말씀으로 만물을 붙드시며 죄를 정결하게 하는 일을 하시고

높은 곳에 계신 지극히 크신 이의 우편에 앉으셨느니라

히브리서 1:3

주께서 생명의 길을 내게 보이시리니

주의 앞에는 충만한 기쁨이 있고

주의 오른쪽에는 영원한 즐거움이 있나이다

시편 16:11

넷

주

안에서

내 영혼

안전합니다

Protection
보호하심

두려워하지 마라. 네 하나님인 내가 너와 함께 한단다. 내가 내 의로운 오른손으로 너를 붙들 거란다. 이 말씀이 따뜻한 담요처럼 차가운 고통과 두려움으로부터 너를 감싸 줄 거야. 어려움이 닥칠 때 내 손을 꼭 붙잡고 나와 계속 이야기하자. 내가 네 힘이고 노래이니 **나를 믿고 두려워하지 마라. 내 능력이 늘 너와 함께 한단다. 나는 너를 결코 홀로 두지 않을 거야.** 네게 힘을 주고 너를 돕겠다고 약속하마. 이 진리를 깨달으면 네 안에 기쁨과 평안이 가득하게 되지.

내 의로운 오른손은 네가 기쁠 때나 힘들 때나 너를 붙들고 있단다. 인생이 순탄할 때는 내가 너와 함께 하고 있다는 걸 의식하지 못할 수도 있지. 하지만 내 도움의 손길이 멈춘다면 너는 바로 무너지고 말거야. **사망의 음침한 골짜기를 지날 때** 내 도움을 간절히 구하며 감사함으로 내 강한 손을 꼭 붙잡으렴. 내 의로운 오른손이 힘겨운 시간 가운데 너를 붙들 거란다. 내가 한 걸음씩 앞으로 나갈 수 있도록 도와줄게. 나를 믿고 내게 의지하며 시험을 견뎌 낸다면, 환난 중에도 복을 받게 된단다. 나는 너를 높이려고 이 낮은 고통의 골짜기까지 내려 왔거든. 내가 너를 고통의 골짜기에서 일으켜 나와 함께 거룩한 즐거움을 나누는 자리로 인도할 거야.

두려워하지 말라 내가 너와 함께 함이라 놀라지 말라

나는 네 하나님이 됨이라 내가 너를 굳세게 하리라

참으로 너를 도와주리라 참으로 나의 의로운 오른손으로 너를 붙들리라

이사야 41:10

보라 하나님은 나의 구원이시라

내가 신뢰하고 두려움이 없으리니

주 여호와는 나의 힘이시며 나의 노래시며 나의 구원이심이라

이사야 12:2

내가 사망의 음침한 골짜기로 다닐지라도 해를 두려워하지 않을 것은

주께서 나와 함께 하심이라 주의 지팡이와 막대기가 나를 안위하시나이다

시편 23:4

또 주께서 주의 구원하는 방패를 내게 주시며

주의 오른손이 나를 붙들고 주의 온유함이 나를 크게 하셨나이다

시편 18:35

Protection
보호하심

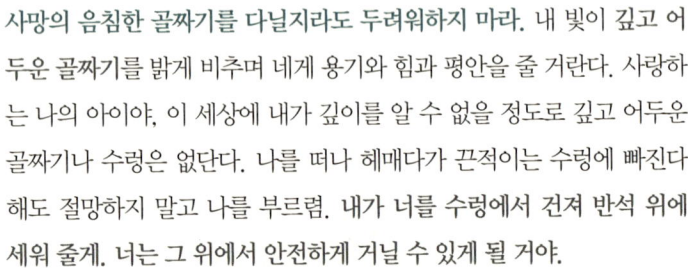

사망의 음침한 골짜기를 다닐지라도 두려워하지 마라. 내 빛이 깊고 어두운 골짜기를 밝게 비추며 네게 용기와 힘과 평안을 줄 거란다. 사랑하는 나의 아이야, 이 세상에 내가 깊이를 알 수 없을 정도로 깊고 어두운 골짜기나 수렁은 없단다. 나를 떠나 헤매다가 끈적이는 수렁에 빠진다 해도 절망하지 말고 나를 부르렴. 내가 너를 수렁에서 건져 반석 위에 세워 줄게. 너는 그 위에서 안전하게 거닐 수 있게 될 거야.

두려울 때마다 네 목자인 내가 만반의 준비를 하고 있다는 걸 기억하렴. 나는 항상 너를 보호할 막대기를 지니고 있으며, 이를 아주 정확하게 사용할 수 있단다. 또 내 지팡이가 너를 인도할 거야. 내 지팡이의 끝은 휘어 있어서 내 팔이 닿지 않는 곳에 떨어진 사람들을 구해내기에 안성맞춤이지. 내가 언제나 너를 보호하고 인도하니 안심해라. 두려울 때는 내가 네 앞에서 가며 너와 함께 하는 하나님이라는 사실을 기억하렴. 나는 결코 너를 떠나지 않을 거야. 고통의 골짜기를 지날 때는 이 말을 마음에 새기렴. "내가 해를 두려워하지 않을 것은 주께서 나와 함께 하심이라."

내가 사망의 음침한 골짜기로 다닐지라도
해를 두려워하지 않을 것은 주께서 나와 함께 하심이라
주의 지팡이와 막대기가 나를 안위하시나이다

시편 23:4

내가 여호와를 기다리고 기다렸더니
귀를 기울이사 나의 부르짖음을 들으셨도다
나를 기가 막힐 웅덩이와 수렁에서 끌어올리시고
내 발을 반석 위에 두사 내 걸음을 견고하게 하셨도다

시편 40:1~2

나는 선한 목자라 선한 목자는 양들을 위하여 목숨을 버리거니와

요한복음 10:11

그리하면 여호와 그가 네 앞에서 가시며 너와 함께 하사 너를 떠나지 아니하시며
버리지 아니하시리니 너는 두려워하지 말라 놀라지 말라

신명기 31:8

Assurance

확신

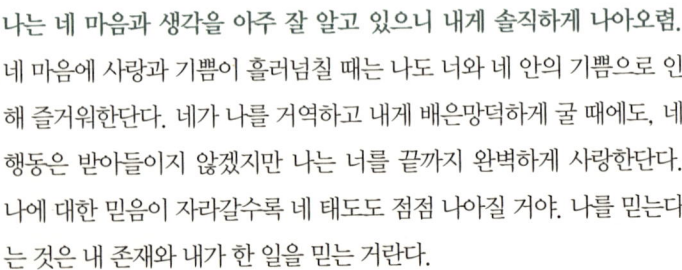

나는 네 마음과 생각을 아주 잘 알고 있으니 내게 솔직하게 나아오렴. 네 마음에 사랑과 기쁨이 흘러넘칠 때는 나도 너와 네 안의 기쁨으로 인해 즐거워한단다. 네가 나를 거역하고 내게 배은망덕하게 굴 때에도, 네 행동은 받아들이지 않겠지만 나는 너를 끝까지 완벽하게 사랑한단다. 나에 대한 믿음이 자라갈수록 네 태도도 점점 나아질 거야. 나를 믿는다는 것은 내 존재와 내가 한 일을 믿는 거란다.

감사하는 마음이 들지 않을 때는 네 믿음의 목표인 **영혼의 구원**에 초점을 맞추렴. 이 땅에서 어떤 고난을 겪든지 네 영혼은 절대적으로 안전하단다. 또한 말로 다 할 수 없는 아름답고 영원한 삶이 너를 기다리고 있지. 네가 나를 구주로 믿는 순간부터 이 위대한 유산은 네 것이 되었단다. 네 영혼이 구원받았다는 놀라운 사실을 깊이 묵상할수록 자유를 얻게 될 거야. 형용할 수 없는 기쁨과 충만한 영광을 누릴 자유 말이지.

하나님의 말씀은 살아 있고 활력이 있어
좌우에 날선 어떤 검보다도 예리하여
혼과 영과 및 관절과 골수를 찔러 쪼개기까지 하며
또 마음의 생각과 뜻을 판단하나니

히브리서 4:12

예수를 너희가 보지 못하였으나 사랑하는도다
이제도 보지 못하나 믿고 말할 수 없는 영광스러운 즐거움으로 기뻐하니
믿음의 결국 곧 영혼의 구원을 받음이라

베드로전서 1:8~9

여호와께 감사하라 그는 선하시며 그 인자하심이 영원함이로다

시편 107:1

내가 그들에게 영생을 주노니 영원히 멸망하지 아니할 것이요
또 그들을 내 손에서 빼앗을 자가 없느니라

요한복음 10:28

Assurance
확신

진리는 내 본질이므로 진리를 사랑하지 않고는 나를 사랑할 수 없단다. 내가 이 땅에 내려온 것도 진리를 증언하기 위해서였지. 나는 거짓을 싫어한단다. 특히 구원에 대해 거짓 증언을 하는 것을 아주 싫어하지. 구원은 오직 **나를 통해서만** 가능하거든. 요즘 같은 '관용'의 시대에는 절대적인 진리를 믿는 것이 오만으로 여겨지지. 하지만 절대적인 진리가 아니라면 복음은 결코 좋은 소식이라고 할 수 없단다. 복음이 부분적으로만 진리라면 나를 구주로 믿는 사람들은 **세상에서 가장 불쌍한 사람들일 거야.**

내 말과 내 사역이 모두 그 절대적인 진리를 증언하고 있단다. 수많은 기적과 이를 통해 드러난 영광이 내 가르침이 진리임을 확증하고 있지. 또한 나는 부활과 승천을 통해, 내가 주장했던 바와 같이 내가 유일한 구주 하나님임을 입증했단다. 이 초월적 진리의 토대 위에 네 인생을 세우렴. 말씀과 성령을 통해 내 음성을 들으면, 삶의 의미와 목적을 얻게 되고 매일을 확신 가운데 살아갈 수 있을 거야. 내 영원한 사랑 안에서 안정감을 누리고, 인생의 도전을 나와 함께하는 모험으로 여기면서 이 진리 위에 네 인생을 세울수록 나와 더 가까워진단다. 진리 안에 살면서 나를 즐거워하고 의지하며 영화롭게 하려무나.

예수께서 이르시되 내가 곧 길이요 진리요 생명이니

나로 말미암지 않고는 아버지께로 올 자가 없느니라

요한복음 14:6

빌라도가 이르되 그러면 네가 왕이 아니냐 예수께서 대답하시되

네 말과 같이 내가 왕이니라 내가 이를 위하여 태어났으며

이를 위하여 세상에 왔나니 곧 진리에 대하여 증언하려 함이로라

무릇 진리에 속한 자는 내 음성을 듣느니라 하신대

요한복음 18:37

만일 그리스도 안에서 우리가 바라는 것이 다만 이 세상의 삶뿐이면

모든 사람 가운데 우리가 더욱 불쌍한 자이리라

고린도전서 15:19

오직 이것을 기록함은 너희로 예수께서 하나님의 아들 그리스도이심을

믿게 하려 함이요 또 너희로 믿고 그 이름을 힘입어 생명을 얻게 하려 함이니라

요한복음 20:30~31

Assurance
확신

내게서 멀어지기 시작할 때마다 네 시선을 조용히 다시 내게 옮기렴. 나는 네가 나와 완벽하게 동행하기를 요구하지 않는단다. 내가 네게 바라는 것은 나와 꾸준히 동행하는 거지. 그러니 이 진리 안에서 안심하렴. 네 생각은 내게서 아주 빨리, 그리고 아주 멀리 멀어질 수 있단다. 그렇다고 실망하거나 낙심하지는 마라. 대신 다시 나를 바라보고, 내가 불완전한 너를 있는 그대로 용납한다는 진리를 믿으렴.

나는 너를 있는 모습 그대로 받아들일 뿐 아니라 그 모습 자체로 **사랑**한단다. 나는 네 죄를 위해 대신 죽었고 내 온전함으로 너를 온전케 했지. 그러므로 너는 네 생각을 내게 맡겨야 한단다. 내 온전한 의가 너를 구원했으며, 너는 결코 내 의를 잃어버리지 않을 거야! 너 자신에게 비현실적인 기대를 하면 자기혐오에 빠지기 쉽단다. 실패했을 때는 자책하며 괴로워하지 말고 **천천히** 네 시선을 돌려 나를 바라보렴. **변함없는 사랑으로 늘 네가 돌아오기만을 기다리고 있는 나를 말이야.**

오직 그리스도는 죄를 위하여 한 영원한 제사를 드리시고

하나님 우편에 앉으사 그 후에 자기 원수들을

자기 발등상이 되게 하실 때까지 기다리시나니

그가 거룩하게 된 자들을 한 번의 제사로 영원히 온전하게 하셨느니라

히브리서 10:12~14

주께서 대답하여 이르시되 마르다야 마르다야

네가 많은 일로 염려하고 근심하나 몇 가지만 하든지

혹은 한 가지만이라도 족하니라

마리아는 이 좋은 편을 택하였으니

빼앗기지 아니하리라 하시니라

누가복음 10:41~42

하나님이여 주의 인자하심이 어찌 그리 보배로우신지요

사람들이 주의 날개 그늘 아래에 피하나이다

시편 36:7

Assurance
확신

있는 모습 그대로를 보일 수 있을 정도로 나를 신뢰하면 좋겠구나. 그럴 때 나는 네 안에서 최선을 끌어낼 수 있단다. 내가 네 영혼에 심어둔 바로 그 선물 말이지. 내게 솔직해진다는 게 얼마나 고통스러운 일인지 잘 알아. 그러려면 먼저 스스로에게 솔직해져야 하니까 말이야. 너는 스스로가 싫어질 때 그 사실을 인식하지 못하거나 알고도 무시하곤 하지. 하지만 두려워하지 마라. 내가 있는 모습 그대로의 너를 마주할 용기를 줄게. 너 자신을 정직하게 마주하기 위한 가장 좋은 방법은 **네가 공의의 겉옷을 입고 있다는 사실을 기억하는 거란다.** 나는 네 깨끗한 구원의 옷 속에 뭐가 있는지 잘 알고 있어. 그럼에도 불구하고 **나는 너로 인해 기쁨을 이기지 못하며 즐겁게 노래를 부른단다.**

　내 **변함없는 사랑**에 마음을 활짝 열고 너를 괴롭히는 것이 무엇이든 내게 와서 이야기하렴. 네가 겪는 고통을 내 사랑의 빛 안으로 가져오려무나. 이 빛 안에서는 절망하지 않고 네 고통스러운 상황에 대해 생각해볼 수 있단다. 내 사랑의 확신 가운데 소망을 얻을 수 있기 때문이지. 네가 가장 보여주고 싶지 않은 모습도 내 빛나는 임재의 능력 안에서는 아무 것도 아니야. 내가 너를 보호할 수 있다는 사실을 믿고 너를 내게 맡기렴. 그리고 너를 향한 내 계획에 따라 너를 변화시켜 달라고 구하렴. 내가 네 영혼 안에 심어둔 선물이 잘 자라나도록 나와 함께 하자꾸나.

두려워하지 말라 네가 수치를 당하지 아니하리라 놀라지 말라
네가 부끄러움을 보지 아니하리라 네가 네 젊었을 때의 수치를 잊겠고
과부 때의 치욕을 다시 기억함이 없으리니 이는 너를 지으신 이가
네 남편이시라 그의 이름은 만군의 여호와이시며
네 구속자는 이스라엘의 거룩한 이시라
그는 온 땅의 하나님이라 일컬음을 받으실 것이라

이사야 54:4~5

내가 여호와로 말미암아 크게 기뻐하며 내 영혼이 나의 하나님으로 말미암아
즐거워하리니 이는 그가 구원의 옷을 내게 입히시며 공의의 겉옷을
내게 더하심이 신랑이 사모를 쓰며 신부가 자기 보석으로 단장함 같게 하셨음이라

이사야 61:10

너의 하나님 여호와가 너의 가운데에 계시니 그는 구원을 베푸실 전능자이시라
그가 너로 말미암아 기쁨을 이기지 못하시며 너를 잠잠히 사랑하시며
너로 말미암아 즐거이 부르며 기뻐하시리라 하리라

스바냐 3:17

나는 오직 주의 사랑을 의지하였사오니 나의 마음은 주의 구원을 기뻐하리이다
내가 여호와를 찬송하리니 이는 주께서 내게 은덕을 베푸심이로다

시편 13:5~6

Grace
은혜

내 은혜는 너를 만족시켜 준단다. 하지만 은혜는 그날 그날 주어지므로 너는 반드시 현재를 사는 법을 배워야 한단다. 네 마음은 너무나 쉽게 미래에 대한 염려로 흘러가지. 또 많은 시간을 과거를 돌아보는 데 허비하는구나. 현재의 멋진 순간들이 네 앞에 펼쳐져 있는데도 눈치도 못 채면서 말이야. 그건 네가 스스로의 힘으로 만족을 얻으려 하기 때문이란다. 나를 의지하는 가운데 내가 주는 만족을 누리는 법을 배우렴.

지금 여기를 살아가기 위해서는 내 은혜가 필요하단다. 내가 네게 주는 모든 것이 은혜이지. 하지만 은혜를 받으려면 네 본성을 거슬러야 한단다. 너는 매일 내 도움이 필요한 수많은 상황을 마주하게 될 거고, 나는 그때마다 네게 도움의 손길을 건넬 거야. 네가 할 일은 네게 도움이 필요함을 깨닫고 내가 주는 은혜를 받는 거란다. 나는 네게 필요한 모든 것을 주고 너와 항상 함께할 거야. 그러니 내일 일을 염려하지 마라. 내 은혜는 오늘로 족하단다.

나에게 이르시기를 내 은혜가 네게 족하도다

이는 내 능력이 약한 데서 온전하여짐이라 하신지라

그러므로 도리어 크게 기뻐함으로 나의 여러 약한 것들에 대하여 자랑하리니

이는 그리스도의 능력이 내게 머물게 하려 함이라

고린도후서 12:9

그들이 주를 앙망하고 광채를 내었으니

그들의 얼굴은 부끄럽지 아니하리로다

시편 34:5

나의 하나님이 그리스도 예수 안에서 영광 가운데

그 풍성한 대로 너희 모든 쓸 것을 채우시리라

빌립보서 4:19

그러므로 내일 일을 위하여 염려하지 말라 내일 일은 내일이 염려할 것이요

한 날의 괴로움은 그 날로 족하니라

마태복음 6:34

Grace
은혜

내 은혜는 모든 것을 변화시킨단다. 심지어 네 실수나 잘못도 선한 일을 위해 쓰일 수 있지. 내 나라에서는 이것이 가능하단다. 잘못을 저질렀을 때는 '그렇게 하지 않았으면 어땠을까?' 라는 헛된 공상에 빠지기 쉽지. 하지만 그런다고 달라지는 건 아무것도 없어. 잘못을 저질렀을 때 스스로를 받아들이는 최고의 전략은 내 곁으로 오는 거란다. 내 곁으로 오면 그 상황을 내 관점에서 볼 수 있게 되지. 너는 잘못을 거의 저지르지 않는 완벽에 가까운 사람이 되어야 한다고 생각하는 경향이 있어. 하지만 내 생각은 전혀 달라. 나는 너를 내 사랑하는 자녀로 본단다. 여러 면에서 연약하고 나를 떠나 방황을 하기 쉬운 그린 자녀 말이야. 네가 그런 존재라고 해서 너를 향한 내 사랑이 약해지는 건 아니야. 게다가 나는 내 무한한 지혜로 네 실수와 잘못들을 엮어 정교하고 아름다운 작품으로 만들어 낼 수 있지.

너는 네 자신 뿐 아니라 네가 한 선택까지도 받아들일 줄 알아야 해. 이미 벌어진 일을 두고 이랬으면 어땠을까 저랬으면 어땠을까 하는 건 시간 낭비란다. 그럴수록 내게서 더 멀어질 뿐이지.

지금 그렇게 하고 있다면 돌이켜 내게로 달려 오렴! 나와 함께 이야기하고 내 안에서 평안을 누려라. 모든 것을 변화시키는 내 은혜 안에 흠뻑 잠기면, 완벽해지고 싶어 하는 네 마음도 스르르 녹아버릴 거야.

아버지가 자식을 긍휼히 여김 같이 여호와께서는

자기를 경외하는 자를 긍휼히 여기시나니

이는 그가 우리의 체질을 아시며

우리가 단지 먼지뿐임을 기억하심이로다

시편 103:13~14

구하오니 주의 종에게 하신 말씀대로

주의 인자하심이 나의 위안이 되게 하시며

시편 119:76

우리는 그리스도 안에서 그의 은혜의 풍성함을 따라

그의 피로 말미암아 속량 곧 죄 사함을 받았느니라

이는 그가 모든 지혜와 총명을 우리에게 넘치게 하사

에베소서 1:7~8

Grace

은혜

나는 네 모든 것을 정확하게 알고 있단다. 네 인생의 아주 사소한 부분까지도 말이야. 하지만 나는 너를 은혜의 눈으로 바라보고 있으니 너무 걱정하지 않아도 된단다. 내가 율법의 눈으로 너를 바라본다면 그건 정말 네게 끔찍한 일이 될 거야. 하지만 안타깝게도 너는 너 자신을 종종 그렇게 바라본단다. 네 행위가 얼마나 선한지 율법적으로 판단하면서 말이지. 하지만 그게 얼마나 어리석은 일인지는 조금만 생각해 봐도 알 수 있단다. 네 행위는 내 거룩한 기준을 결코 만족시킬 수 없거든. 네 행위에 집중하지 말고 내게로 와서 **내 변함없는 사랑을** 받으렴. 너는 늘 실패할까봐 염려하지만 내 사랑은 결코 실패하지 않는단다.

은혜의 눈으로 네 모습을 보렴. 너는 내 거룩한 의의 옷을 입고 있으며, 나를 바라보고 있을 때는 더욱 **환한 빛을** 발하지. 내 영광이 드러날 때는 정말 사랑스러워 보인단다. 실제로 **나는 너로 인해 기쁨을 이기지 못하고 있어!** 나는 전능하므로 네 현재 모습과 천국에서의 모습을 동시에 볼 수 있단다. 현재의 너를 볼 수 있기에, 네 삶에 변화가 필요한 부분에서 너와 함께 일할 수 있고, 천국의 너를 볼 수 있기에 너를 온전히, 그리고 한없이 사랑할 수 있단다. 은혜의 눈으로 스스로를 바라보는 가장 좋은 방법은 **내 변함없는 사랑이라는** 안경을 쓰는 거란다. 이 훈련을 계속 한다면, 너 자신 뿐 아니라 다른 사람도 은혜의 눈으로 볼 수 있게 될 거야.

하나님이여 주의 인자하심이 어찌 그리 보배로우신지요

사람들이 주의 날개 그늘 아래에 피하나이다

시편 36:7

내가 여호와께 간구하매 내게 응답하시고

내 모든 두려움에서 나를 건지셨도다

그들이 주를 앙망하고 광채를 내었으니

그들의 얼굴은 부끄럽지 아니하리로다

시편 34:4~5

너의 하나님 여호와가 너의 가운데에 계시니

그는 구원을 베푸실 전능자이시라 그가 너로 말미암아

기쁨을 이기지 못하시며 너를 잠잠히 사랑하시며

너로 말미암아 즐거이 부르며 기뻐하시리라 하리라

스바냐 3:17

Grace
은혜

우리의 관계는 은혜로 흠뻑 젖어 있단다. 그러므로 네 행위는 우리 사이를 갈라놓을 수 없지. 나를 실망시켰다는 생각이 들면 죄책감과 두려움에 휩싸이게 되고 내가 너를 더 이상 사랑하지 않을 거라고 생각하게 되지. 가치 없는 사람이라는 느낌이 들면 스스로를 책망하게 된단다. 그때는 내가 네게 구원의 옷을 입히고 공의의 겉옷을 입혀 주었음을 기억하렴. 네 구원은 네 행위가 아닌 네게 달린 거란다. 내가 이미 너를 구원했으니 내 사랑 안에서 안심하렴.

깊은 후회가 몰려올 때는 네 소중한 인생에 부어진 은혜를 굳게 붙잡으렴. 너를 향한 내 사랑은 결코 멈추지 않는단다. 너와 내 관계는 은혜로 흠뻑 젖어있어. 양념을 재워 둔 고기에서 다시 양념을 뺄 수 없듯이, 우리 둘도 영원히 갈라질 수 없지. 양념에 오래 숙성시킬수록 맛도 좋아지고 육질도 부드러워지듯이, 은혜 안에 오래 머물수록 은혜는 네 안으로 더욱 충만히 스며든단다. 그렇게 되면 네게서 은혜를 제거하는 건 불가능해지지! 너는 완벽하게 구원받았으니 안심하렴. 내 영광스러운 은혜가 너를 내 눈에 거룩하고 흠이 없게 만들었단다. 네 행위가 어떠하든지 나는 너를 영원히 사랑할 거야.

너희는 그 은혜에 의하여 믿음으로 말미암아 구원을 받았으니
이것은 너희에게서 난 것이 아니요 하나님의 선물이라
행위에서 난 것이 아니니 이는 누구든지 자랑하지 못하게 함이라

에베소서 2:8~9

내가 여호와로 말미암아 크게 기뻐하며
내 영혼이 나의 하나님으로 말미암아 즐거워하리니
이는 그가 구원의 옷을 내게 입히시며 공의의 겉옷을 내게 더하심이
신랑이 사모를 쓰며 신부가 자기 보석으로 단장함 같게 하셨음이라

이사야 61:10

곧 창세전에 그리스도 안에서 우리를 택하사
우리로 사랑 안에서 그 앞에 거룩하고 흠이 없게 하시려고
그 기쁘신 뜻대로 우리를 예정하사 예수 그리스도로 말미암아
자기의 아들들이 되게 하셨으니 이는 그가 사랑하시는 자 안에서
우리에게 거저 주시는 바 그의 은혜의 영광을 찬송하게 하려는 것이라

에베소서 1:4~6

높음이나 깊음이나 다른 어떤 피조물이라도
우리를 우리 주 그리스도 예수 안에 있는 하나님의 사랑에서 끊을 수 없으리라

로마서 8:39

Joy
기쁨

내 안에서 항상 기뻐하여라. 기쁨은 매 순간 선택하는 거란다. 인생의 가장 힘든 순간에도 내 안에서 기쁨을 찾을 수 있지. 나는 언제나 네 곁에서 너를 돕고 있으며 극한의 역경 가운데서도 너를 인도한단다.

깊이 사랑하고 흠모하던 이와 약혼하게 된 여인을 상상해 보렴. 사랑하는 사람을 생각할 때마다 그녀의 마음에는 기쁨이 넘쳐흐르겠지. 어려운 문제들은 점점 희미해지고 그 문제들은 더 이상 그녀의 열정과 기쁨을 꺾지 못할 거야. 마찬가지로 네 완벽한 약혼자인 내가 너와 영원히 함께 할 것을 약속했다는 사실을 잊지 않는다면, 수많은 문제가 네 앞을 가로막고 있다 하더라도 내 안에서 기뻐할 수 있단다.

너는 바로 지금 여기서 네 곁에서 영원히 함께 하고 있는 나를 발견할 수 있고 그런 나로 인해 언제나 기뻐할 수 있어. 나와 함께 하는 삶은 **영원히 계속되는 축제와 같지!** 네 영혼이 내 안에서 만족하게 되면 다른 사람들과도 좋은 관계를 맺을 수 있을 거야. 네 안에 거하는 나를 즐거워하면 다른 사람들을 온유한 마음으로 축복할 수 있게 된단다.

주 안에서 항상 기뻐하라 내가 다시 말하노니
기뻐하라 너희 관용을 모든 사람에게 알게 하라 주께서 가까우시니라

빌립보서 4:4~5

고난 받는 자는 그 날이 다 험악하나
마음이 즐거운 자는 항상 잔치하느니라

잠언 15:15

골수와 기름진 것을 먹음과 같이 나의 영혼이 만족할 것이라
나의 입이 기쁜 입술로 주를 찬송하되

시편 63:5

내 안에 거하라 나도 너희 안에 거하리라
가지가 포도나무에 붙어 있지 아니하면 스스로 열매를 맺을 수 없음 같이
너희도 내 안에 있지 아니하면 그러하리라

요한복음 15:4

Joy

기쁨

내 자녀들에게 바라는 것은 깨어 있는 영혼이란다. 영혼이 깨어 있을 때 나와 함께 하는 기쁨을 온전히 누릴 수 있지. 하지만 네 영혼은 잠들어 있을 때가 많단다. 네 삶에 주어진 모든 복을 당연하게 여기고, 부정적인 부분에만 과하게 초점을 맞추며, 세상의 눈으로 바람직한 인생이 무엇인지를 정의하곤 하지. 내가 너로 이러한 세상 짐을 벗어버릴 수 있도록 도와주마. 그러면 네 영혼은 나와 함께 높이 날아오를 수 있을 거야.

영혼이 깨어 있기를 갈망하는 것만으로도 이미 반은 온 거란다. 내 자녀 중에는 헌신을 의무로 여기고, 엉뚱한 곳에서 기쁨을 찾으려는 사람들이 많지. 그런 사람들은 **나와 함께 하는 게 얼마나 기쁜** 일인지 이해하지 못한단다. 이 기쁨은 세상이 줄 수 있는 어떤 기쁨과도 비교할 수 없는데 말이지.

물론 이것 아니면 저것을 택해야 하는 건 아니란다. 나를 즐거워하는 것과 내가 준 선물을 즐거워하는 것 중 꼭 하나를 택할 필요는 없어. 이건 우선순위의 문제일 뿐이란다. 내가 바라는 건 네가 그 무엇보다도 나를 소중히 여기는 거야. 나를 온전히 즐거워할수록 네가 받은 복들에 더욱 감사할 수 있게 된단다. 네가 내 안에서 기뻐하면 나는 네게 차고 넘치는 복을 줄 거야. 네가 인생에서 나를 가장 중요하게 여기면 내가 네게 준 모든 것은 우상이 아닌 선물이 되지. **나를 기뻐하면 내가 네 마음 깊은 곳의 소원을 이루어 줄 거야.**

여호와의 눈은 온 땅을 두루 감찰하사
전심으로 자기에게 향하는 자들을 위하여 능력을 베푸시나니
이 일은 왕이 망령되이 행하였은즉
이 후부터는 왕에게 전쟁이 있으리이다 하매

역대하 16:9

주께서 생명의 길을 내게 보이셨으니
주 앞에서 내게 기쁨이 충만하게 하시리로다 하였으므로

사도행전 2:28

온갖 좋은 은사와 온전한 선물이 다 위로부터 빛들의 아버지께로부터
내려오나니 그는 변함도 없으시고 회전하는 그림자도 없으시니라

야고보서 1:17

또 여호와를 기뻐하라
그가 네 마음의 소원을 네게 이루어 주시리로다

시편 37:4

Joy

기쁨

내가 어디로 인도하든지 진심으로 기뻐하며 나를 따르렴. 우리가 함께 하는 여정 가운데 얻게 될 복을 기대해라. 내가 오늘을 창조하여 네게 값없이 주었으니 기쁨으로 받으면 좋겠구나. 너는 아침에 일어나면 날씨 같은 아주 사소한 것을 기준으로 그날 하루가 어떨지를 결정하더구나. 이런 습관에서 벗어나야 나와 내가 주는 복을 더 잘 받아들일 수 있단다. 감사하는 마음은 큰 도움이 된단다. 아침에 일어났는데 날이 흐리고 비가 온다면, 비로 인해 감사할 수 있지. 그렇게 하면 날씨에 대해 투덜거릴 일은 거의 없을 거야. 내가 네 하루를 미리 준비하고 여러 조건들을 배치해 놓는다는 사실을 기억하렴. 그러면 오늘 하루 안에 숨겨진 복들이 더 많다는 것을 알 수 있을 거야.

 기뻐하는 것도 그 복들을 찾아내는 데 도움이 된단다. 암울한 상황 가운데 있다면 신실한 친구인 나로 인해 기뻐해라. 나를 즐거워하고 우리가 가는 길에 놓여 있는 귀한 선물들을 구하렴. 그리고 믿음 안에서 크든 작든 좋은 것들을 찾으려 애쓰려무나. 나는 교사이기도 하니, 우리가 함께 하는 여정 가운데 너로 많은 것을 배울 수 있도록 해 줄게. 하루를 마무리할 때 잠시 멈춰 우리가 걸어온 길을 되돌아보렴. 오늘 무엇을 배우고 어떤 선물을 발견했는지 곰곰이 생각해 보아라. 그러면 잠자리에 들 때 나와 내가 준 복으로 네 마음에 기쁨이 가득하게 될 거야.

이 날은 여호와께서 정하신 것이라

이 날에 우리가 즐거워하고 기뻐하리로다

시편 118:24

너희가 나를 선생이라 또는 주라 하니

너희 말이 옳도다 내가 그러하다

요한복음 13:13

내가 누워 자고 깨었으니

여호와께서 나를 붙드심이로다

시편 3:5

Joy
기쁨

항상 기뻐해라. 쉬지 말고 기도해라. 범사에 감사해라. 항상 기뻐할 수 있는 유일한 방법은 바로 나와의 관계를 즐거워하는 거야. 너는 온 우주를 다스리는 하나님인 나와 아무도 끊을 수 없는 관계를 맺고 있단다. 이 관계는 소망으로 가득 차 있으므로, 너는 고통 가운데 있을 때라도 소망 안에서 기뻐할 수 있지.

내 안에서 기뻐하는 가장 쉬운 방법은 모든 **상황**에서 감사하는 거란다. "예수님, 감사합니다."라는 단순한 기도에는 어마어마한 능력이 있지. 내가 이미 너를 위해 큰 희생을 베풀었으므로, 이 짧은 기도는 언제 어디서나 적절한 기도란다. 모든 좋은 것은 깨닫는 즉시 감사하렴. 이렇게 하면 큰 복을 얻을 뿐 아니라 기쁨도 커지게 된단다. 이 훈련은 또한 너로 하여금 쉬지 않고 기도할 수 있게 해 주지.

낙심했을 때에도 여전히 감사할 수 있단다. 작을지라도 감사하는 마음을 가지면 즉시 상황을 긍정적인 눈으로 바라볼 수 있게 되지. 너를 기쁘게 하는 나에 대한 구체적인 것들 – 예를 들어 풍성한 은혜, 변함없는 사랑, 지속적인 임재와 같은 것들 – 을 묵상하면 더욱 깊이 감사할 수 있단다. 모든 상황 속에서 감사하렴. 그러면 기쁨을 얻고 네 **영혼이** 깨어 나와 더 가까이 살 수 있게 된단다.

항상 기뻐하라 쉬지 말고 기도하라 범사에 감사하라
이것이 그리스도 예수 안에서 너희를 향하신 하나님의 뜻이니라

데살로니가전서 5:16~18

소망 중에 즐거워하며 환난 중에 참으며 기도에 항상 힘쓰며

로마서 12:12

우리는 그리스도 안에서 그의 은혜의 풍성함을 따라

그의 피로 말미암아 속량 곧 죄 사함을 받았느니라

이는 그가 모든 지혜와 총명을 우리에게 넘치게 하사

에베소서 1:7~8

아침에 나로 하여금 주의 인자한 말씀을 듣게 하소서

내가 주를 의뢰함이니이다 내가 다닐 길을 알게 하소서

내가 내 영혼을 주께 드림이니이다

시편 143:8

Peace
평안

내 평안은 어떤 환경 가운데서도 누릴 수 있는 선물이란다. 내 평안은 모든 것을 감싸 안지. 모든 것을 잃는다 해도 내 평안을 얻는다면 너는 진실로 부요한 사람이란다. 내 평안 안에서 깊은 안식을 누리렴. 특히 네가 통제할 수 없는 삶의 많은 영역에서 말이야! 상황과 환경 앞에 속수무책이라는 느낌이 들 때 네게 가장 필요한 것은, 바로 내 평안이란다. 심지어 평안을 누릴 수 없다고 느끼는 순간에도 말이야. 평안을 누릴 수 없다고 느끼는 건 아마도 네가 다른 것을 붙잡고 있기 때문일 거야. 그건 사랑하는 사람일 수도 있고 재산이나 평판일 수도 있지. 이는 마치 무한히 제공되는 순금을 앞에 두고 작은 구리 동전 한 닢을 꼭 쥐고 있는 것과 같은 거란다. 내 평안은 초자연적인 선물이므로 그 무엇보다도 내 평안을 소중히 여기렴. 이 평안은 내가 십자가에서 죽기 식전에 제자들에게 남겨준 선물이기도 하단다.

죽음을 앞둔 사람은 사랑하는 이에게 소중한 것을 유산으로 남기고 싶어 하는 법이지. 내 평안은 제자들과 나를 따르는 모든 이에게 내가 간절히 남기고 싶었던 유산이었단다. 이 선물을 받아들이는 게 얼마나 어려운 일인지 나도 잘 알고 있었어. 특히 고난 중에 있을 때는 말이야. 부활 후에 제자들에게 제일 먼저 "평안을 받으라"고 했던 것도 죽기 전에 가르쳐 주었던 것을 확실히 하기 위함이었단다. 너도 제자들처럼 **평안의 영적인 본질을 되새겼으면 좋겠구나. 내 평안은 세상이 주는 것과 같지 않단다. 모든 지각을 뛰어넘는 평강이지.**

평안을 너희에게 끼치노니 곧 나의 평안을 너희에게 주노라

내가 너희에게 주는 것은 세상이 주는 것과 같지 아니하니라

너희는 마음에 근심하지도 말고 두려워하지도 말라

요한복음 14:27

이 날 곧 안식 후 첫날 저녁 때에 제자들이 유대인들을 두려워하여

모인 곳의 문들을 닫았더니

예수께서 오사 가운데 서서 이르시되

너희에게 평강이 있을지어다

요한복음 20:19

아무 것도 염려하지 말고 다만 모든 일에 기도와 간구로

너희 구할 것을 감사함으로 하나님께 아뢰라

그리하면 모든 지각에 뛰어난 하나님의 평강이 그리스도 예수 안에서

너희 마음과 생각을 지키시리라

빌립보서 4:6~7

Peace
평안

나는 높은 곳에서 너를 비추는 태양이란다! 네가 여전히 어둠과 죽음의 그늘 아래 있을 때에도 내 빛은 너를 비추며 네게 삶과 소망의 이유를 주지. 이제 너는 내 것이므로, 내 자비로 인해 내게 담대히 나아올 수 있단다. 내 마음은 너를 향한 **변함없는 사랑**으로 가득 차 있고, 그 사랑은 내 안에서 넘쳐흘러 네 마음으로 흘러들어 간단다. 내가 주는 좋은 것들을 감사하는 마음으로 받으면 네 영혼은 풍성한 만족을 얻게 될 거야. 내가 네게 준 모든 것을 기뻐하고 즐거워하렴. 내가 너를 돌보고 있다는 사실을 알면, 내 안에서 쉼을 누리고 나로 인해 즐거워할 수 있단다. **나는 네가 도움이 필요할 때마다 자비와 은혜를 베풀어 너를 도와줄 거야.**

내 임재 뿐 아니라 내 평안도 맘껏 누리면 좋겠구나. 내가 세상에 온 것은 너를 평안의 길로 인도하기 위함이란다. 염려하거나 두려워하는 건, 네 모든 필요를 만족시켜 주겠다는 내 약속을 의심하는 거나 마찬가지야. 너희들은 염려를 당연한 것으로 여기고, 심지어 꼭 해야 하는 것으로 여기기도 한단다. 최악의 경우에는 이를 개인적인 문제나 별난 성격으로 치부하면서 스스로에게 고통을 주지. 하지만 내가 이로 인해 얼마나 고통스러워하는지 안다면 이 마음 아픈 습관에서 벗어날 수 있을 거야. 나를 믿고 나와 함께 평안의 길을 걷자꾸나.

이는 우리 하나님의 긍휼로 인함이라
이로써 돋는 해가 위로부터 우리에게 임하여
어둠과 죽음의 그늘에 앉은 자에게 비치고
우리 발을 평강의 길로 인도하시리로다 하니라

누가복음 1:78~79

아침에 주의 인자하심이 우리를 만족하게 하사
우리를 일생 동안 즐겁고 기쁘게 하소서

시편 90:14

그러므로 우리는 긍휼하심을 받고 때를 따라 돕는 은혜를 얻기 위하여
은혜의 보좌 앞에 담대히 나아갈 것이니라

히브리서 4:16

나의 하나님이 그리스도 예수 안에서 영광 가운데
그 풍성한 대로 너희 모든 쓸 것을 채우시리라

빌립보서 4:19

Peace
평안

나는 평안의 하나님이란다. 오직 나만이 진정한 평안을 줄 수 있지. 이 선물은 나와 동떨어져 있는 게 아니란다. 평안은 내 본질 중 하나야. 내게 마음과 생각을 열면 너는 언제든 이 평안을 누릴 수 있단다. 하지만 이 영광스러운 선물은 노력한다고 얻을 수 있는 게 아니야. 모든 것을 내려놓고 내게 집중하며 내 임재를 충분히 즐길 때 얻을 수 있지.

너는 치열한 영적 전투 가운데 살아가고 있단다. 그리고 평안은 내가 주는 전신갑주의 핵심이지. 전투 중에 버티고 서 있으려면 '**평안의 복음**'이라는 튼튼한 전투화도 신어야 한단다. 이 복음은 내가 너를 사랑하며 네 편이라는 사실을 확신하게 해 주지. 많은 그리스도인들이 이 평안을 잃어버리고 있단다. 내가 그들의 삶을 샅샅이 뒤지며 비판할 거리를 찾고 있다고 생각하기 때문이지. 하지만 오히려 정반대란다. 나는 사랑이 가득한 눈으로 너를 바라보고 있거든. 실패했다고 느껴질 때는 너 자신에게 진리를 선포하렴. 십자가의 죽음이 너의 모든 죄를 덮었다고 말이야. 너는 내 것이므로, 나는 네가 잘 하든 못하든 언제나 너를 사랑한단다. 이 **평안의 복음**을 기뻐하렴. 이것은 네 것이므로, 너는 언제 어디서 **어떤 방식으로든** 즐길 수 있을 거야.

평강의 주께서 친히 때마다 일마다 너희에게 평강을 주시고
주께서 너희 모든 사람과 함께 하시기를 원하노라

데살로니가후서 3:16

평안의 복음이 준비한 것으로 신을 신고

에베소서 6:15

그런즉 이 일에 대하여 우리가 무슨 말 하리요
만일 하나님이 우리를 위하시면 누가 우리를 대적하리요

로마서 8:31

Wisdom
지혜

내 안에는 모든 지혜와 지식의 보물이 감추어져 있단다. 이 세상에 나와 관련되지 않은 것은 하나도 없지! 하지만 세상은 내 안에서 하나 되지 못하고 쪼개져서 각자의 소리를 내며, 자신들의 이야기가 답이라고 외치고 있단다. 그러므로 새로운 것을 배우거나 경험할 때는 나와 꾸준히 교제하는 것이 중요해. 나는 지혜가 풍성하므로 모든 것을 내 관점으로 이해하도록 도울 수 있지. 네가 모든 것을 성경적 진리의 관점으로 검토해 보았으면 좋겠구나.

계속 나를 중심에 두고 생각한다면, 혼란스러워 보이는 세상 속에서도 내 질서와 설계를 알아차릴 수 있단다. 하지만 여전히 이해할 수 없는 것들이 많을 거야. 이 세상은 망가져 있고 네 생각도 유한하고 타락했으니 말이야. 네 생각으로 이해할 수 없는 신비의 영역이 있음을 인정하렴. 네 이해력의 한계를 인정하면 더 깊은 예배로 나아갈 수 있게 되고, 모든 면에서 선하고 무한한 신비로운 구원자 안에서 넘치는 기쁨을 누릴 수 있게 되지. 이 사실은 너를 비롯한 나를 예배하는 자들의 마음에 용기를 준단다. 나를 온전히 예배하려면 너희의 마음이 **사랑 안에서 하나가 되어야** 해. 함께 예배하면 개인이 경험할 수 있는 수준을 넘어서는 방식으로 내 장엄한 임재를 누리며, 내 안에 감춰진 풍성한 지혜와 지식의 보물을 더 많이 발견하게 될 거야.

이는 그들로 마음에 위안을 받고 사랑 안에서 연합하여

확실한 이해의 모든 풍성함과

하나님의 비밀인 그리스도를 깨닫게 하려 함이니

그 안에는 지혜와 지식의 모든 보화가 감추어져 있느니라

골로새서 2:2~3

이도 만군의 여호와께로부터 난 것이라

그의 경영은 기묘하며 지혜는 광대하니라

이사야 28:29

여호와를 경외하는 것이 지혜의 근본이요

거룩하신 자를 아는 것이 명철이니라

잠언 9:10

Wisdom
지혜

참되고 영원한 지혜는 **나를 아는 것**이란다. 나를 마음 깊이 알면 지혜는 물론 풍성한 기쁨도 얻을 수 있지. 이 기쁨은 세상이 주는 어떤 기쁨과도 비교할 수 없단다. 지혜로운 사람들은 **하늘의 빛과 같이 찬란하게 빛날 거야**. 나를 즐거워하는 일은 그 자체로 특권이란다. 또한 이 일에는 놀라운 상급이 있지. 천국에서 지각 있는 사람이란, 말씀에 기반을 두고 나를 진정으로 아는 사람이란다. 말씀이 네 마음과 생각과 영혼을 꿰뚫을수록 너는 나를 더 잘 알게 될 거야. 나를 구주로 아는 모든 사람은 천국에서 해와 같이 빛날 거라는 약속이 네게 희망이 되길 바란다.

내가 네게 준 또 다른 특권은 **많은 사람들을 옳은 데로 돌아오게 하는 거야**. 너는 네 삶과 말을 통해 다양한 방법으로 사람들을 의의 길로 돌아오게 할 수 있지. 나는 너를 통해 진리를 떠나 방황하는 자들을 그릇된 길에서 돌이킬 거란다. 네가 내 곁에서 나와 함께 하는 것을 즐거워하면, 네 빛이 그들을 비추어 사람들이 그 빛을 보고 나를 찾을 수 있게 되지. 많은 사람들을 옳은 데로 돌아오게 한 자는 **별과 같이 영원토록 빛날 거란다**. 내 곁에서 살면 네가 복을 받는 것은 물론, 내 영광의 빛을 다른 이들에게 영원히 비출 수 있게 될 거야.

지혜 있는 자는 궁창의 빛과 같이 빛날 것이요
많은 사람을 옳은 데로 돌아오게 한 자는 별과 같이 영원토록 빛나리라

다니엘 12:3

주의 말씀은 내 발에 등이요 내 길에 빛이니이다

시편 119:105

내 형제들아 너희 중에 미혹되어 진리를 떠난 자를 누가 돌아서게 하면
너희가 알 것은 죄인을 미혹된 길에서 돌아서게 하는 자가
그의 영혼을 사망에서 구원할 것이며 허다한 죄를 덮을 것임이라

야고보서 5:19~20

이같이 너희 빛이 사람 앞에 비치게 하여
그들로 너희 착한 행실을 보고
하늘에 계신 너희 아버지께 영광을 돌리게 하라

마태복음 5:16

Transformation
변화

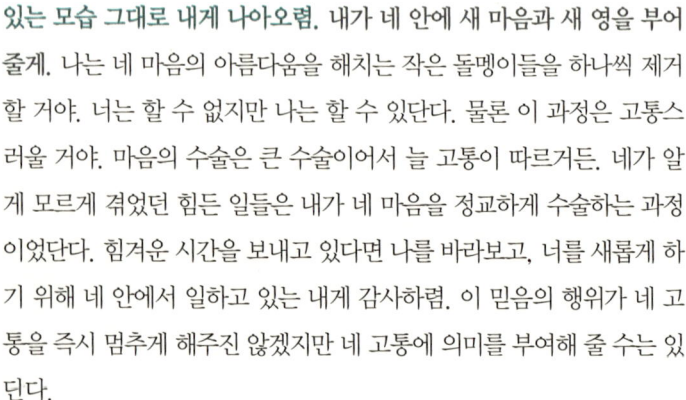

있는 모습 그대로 내게 나아오렴. 내가 네 안에 새 마음과 새 영을 부어 줄게. 나는 네 마음의 아름다움을 해치는 작은 돌멩이들을 하나씩 제거할 거야. 너는 할 수 없지만 나는 할 수 있단다. 물론 이 과정은 고통스러울 거야. 마음의 수술은 큰 수술이어서 늘 고통이 따르거든. 네가 알게 모르게 겪었던 힘든 일들은 내가 네 마음을 정교하게 수술하는 과정이었단다. 힘겨운 시간을 보내고 있다면 나를 바라보고, 너를 새롭게 하기 위해 네 안에서 일하고 있는 내게 감사하렴. 이 믿음의 행위가 네 고통을 즉시 멈추게 해주진 않겠지만 네 고통에 의미를 부여해 줄 수는 있단다.

구원자에게 접붙여져 새로운 피조물이 되는 것의 경이로움을 만끽하렴. 너는 **죄와 사망의 법**에서 영원히 해방되었으므로 극심한 고통 중에서도 이 영광의 진리로 기뻐할 수 있지. 너는 창조주인 내 형상을 따라 만들어졌으므로 네 안에는 창조의 능력이 가득하단다. 그러니 네가 처한 환경을 새로운 시각으로 보려고 노력하렴. 그리고 네 안에서 너를 통해 새로운 것을 창조하는 나와 함께 일하자. 나는 온 우주의 왕이지만 지극히 작은 너와 함께 일하기를 원한단다. 이 거룩한 모험에 동참한다면 너는 내가 본래 창조했던 모습에 더욱 가까워질 거야.

또 새 영을 너희 속에 두고 새 마음을 너희에게 주되

너희 육신에서 굳은 마음을 제거하고 부드러운 마음을 줄 것이며

에스겔 36:26

그런즉 누구든지 그리스도 안에 있으면 새로운 피조물이라

이전 것은 지나갔으니 보라 새 것이 되었도다

고린도후서 5:17

그러므로 이제 그리스도 예수 안에 있는 자에게는 결코 정죄함이 없나니

이는 그리스도 예수 안에 있는 생명의 성령의 법이

죄와 사망의 법에서 너를 해방하였음이라

로마서 8:1~2

이 모든 날 마지막에는 아들을 통하여 우리에게 말씀하셨으니

이 아들을 만유의 상속자로 세우시고 또 그로 말미암아

모든 세계를 지으셨느니라

히브리서 1:2

Transformation
변화

성령이 네 생각과 행동을 좀 더 온전히 다스리게 되면 너는 내 안에서 자유를 누리게 된단다. 그리고 본래 내가 창조된 모습으로 점점 변화되지. '항복을 통한 자유'라는 말이 모순처럼 들릴 거야. 하지만 생각과 행동이 성령의 다스림 아래 있을 때, 너는 생명력과 만족을 얻고 진정한 너로 살아가게 된단다. 이렇게 기도하렴. "성령님, 나를 통해 생각하고, 나를 통해 살아가고, 나를 통해 사랑하소서." 이것이 바로 항복의 기도란다. 사실 이렇게 기도한다 해도 성령께 항복하는 일은 쉽지 않아. 네 뜻대로 살고자 하는 욕망이 훼방을 놓기 때문이지.

하지만 내 온전한 뜻에 항복할 때 자유가 찾아온단다. 나는 무한하지만 너는 그렇지 않으므로 내 뜻이 네게 완벽히 드러나지 않을 수도 있어. 하지만 내가 하는 일을 다 이해하지 못할 때도 나를 믿으렴. 성령께 네 생각을 다스려 주시기를 구하면 성령이 너를 도우실 거야. 성령은 네 영혼 깊은 곳에 거하시며 너보다 너를 더 잘 아신단다. 성령은 너를 해방시켜 네가 좀 더 완벽하게 본래 창조된 모습으로 돌아오게 하시지. 너를 성령이 살아가고 사랑하는 통로로 삼아 달라고 기도하렴. 나는 네가 그렇게 기도할 때 참 기쁘단다. 이것이야말로 내가 처음 인간을 창조할 때 품었던, 너와 내가 함께 살아가는 방식이거든. 나와 더불어 살아갈수록 너는 더욱 자유를 얻게 된단다. 풍성한 삶을 살 자유, 원 없이 사랑할 자유, 날마다 나를 더욱 친밀하게 알아갈 자유 말이지!

육신의 생각은 사망이요
영의 생각은 생명과 평안이니라

로마서 8:6

너희는 이 세대를 본받지 말고
오직 마음을 새롭게 함으로 변화를 받아
하나님의 선하시고 기뻐하시고
온전하신 뜻이 무엇인지 분별하도록 하라

로마서 12:2

이와 같이 성령도 우리의 연약함을 도우시나니
우리는 마땅히 기도할 바를 알지 못하나
오직 성령이 말할 수 없는 탄식으로 우리를 위하여 친히 간구하시느니라
마음을 살피시는 이가 성령의 생각을 아시나니
이는 성령이 하나님의 뜻대로 성도를 위하여 간구하심이니라

로마서 8:26~27

Transformation
변화

내 빛은 네가 내 자녀가 된 후부터 네 삶을 충만하게 비추고 있단다. 하지만 이 빛은 의인의 길을 걷는 모든 자가 고대하는 **한낮의 광명**에 비하면 돋는 햇살에 불과하지. 이 길을 걸을 때는 매 순간 내 도움이 필요하며, 나는 네 삶의 아주 작은 순간에도 너를 도울 수 있단다. 의로움은 온전히 내 것이지만, 나는 십자가를 통해 이 영광의 선물을 미리 준비해 두었지. 바로 너를 위해 말이야.

나는 공의로운 해이자 **치료하는 광선**이란다. 내 의로움 안에 있으면 안전하지. 이 의로운 빛 가운데 머무르면, 내 치유의 손길이 너를 본래 창조된 고귀한 모습으로 변화시킨단다.

의인을 위해 예비된 **한낮의 광명**은 말로 다 할 수 없을 정도로 영광스러우며, 눈이 멀 정도로 밝게 빛나서 이 땅에 사는 사람들은 볼 수 없어. 하지만 네 본향 천국에 이르면 너는 **나를 닮은 형상**으로 깨어날 거란다. 영원히 변치 않을 새로운 눈으로 내 영광의 충만한 빛을 볼 수 있게 되지! 너는 의로운 중에 내 얼굴을 보고 내 형상에 만족하게 될 거야!

의인의 길은 돋는 햇살 같아서 크게 빛나
한낮의 광명에 이르거니와

잠언 4:18

내 이름을 경외하는 너희에게는
공의로운 해가 떠올라서 치료하는 광선을 비추리니
너희가 나가서 외양간에서 나온 송아지 같이 뛰리라

말라기 4:2

사울이 땅에서 일어나 눈은 떴으나
아무 것도 보지 못하고 사람의 손에 끌려 다메섹으로 들어가서
사흘 동안 보지 못하고 먹지도 마시지도 아니하니라

사도행전 9:8~9

나는 의로운 중에 주의 얼굴을 뵈오리니 깰 때에
주의 형상으로 만족하리이다

시편 17:15

Transformation

변화

내가 네 안에 살고 있다는 이 말의 의미가 네 삶을 완전히 변화시키고, 영원에 대한 더 나은 관점을 갖게 해 줄 거야! 네가 내 집으로 적합한지 아닌지 걱정하지 마라. 나는 나한테 잘 맞지 않는 집에 사는 데 아주 익숙하거든. 동서고금을 막론하고 많은 그리스도인들이 내게 온갖 종류의 살기 힘든 조건의 집들을 제공해 왔지. 그래도 나는 이 초라한 집들에 즐거이 들어가서 안에서부터 하나씩 수리해 나갔단다. 하지만 나는 나 없이도 '충분히 선하다'고 생각하는 사람들 안에는 살지 않아. 나는 그런 위선자들을 **회칠한 무덤**이라고 부르지. 그런 사람들은 **겉은 아름답지만** 속은 썩어 있단다.

'**내가 네 안에 살고 있다**'는 이 놀라운 진리를 묵상할 때 네 마음에 기쁨이 넘쳤으면 좋겠구나. 나는 네가 내 마음에 드는 행동을 할 때에만 잠깐 네 안에 사는 게 아니야. 나는 네 안에 영원히 살러 온 거란다. 집을 수리하는 과정은 때로 고통스럽겠지만 그렇다고 내가 일 년 내내 그 일만 하고 있지는 않을 거야. 너를 변화시키는 과정이 너무 고통스러울 때는 믿는 마음으로 나를 꼭 붙잡으렴. 나는 네가, **너를 사랑하여 너를 위해 자기 몸을 버린 이를 믿는 믿음으로** 살았으면 좋겠구나. 내가 네 안에서 계속 너를 새롭게 할 수 있도록 해 주겠니? 그러면 너는 내가 애초에 계획했던 걸작에 좀 더 가까워질 거야. 나와 함께 할 때 네 삶은 훨씬 더 풍성해질 거란다!

내가 그리스도와 함께 십자가에 못 박혔나니
그런즉 이제는 내가 사는 것이 아니요 오직 내 안에 그리스도께서 사시는 것이라
이제 내가 육체 가운데 사는 것은 나를 사랑하사 나를 위하여
자기 자신을 버리신 하나님의 아들을 믿는 믿음 안에서 사는 것이라

갈라디아서 2:20

화 있을진저 외식하는 서기관들과 바리새인들이여 회칠한 무덤 같으니
겉으로는 아름답게 보이나 그 안에는
죽은 사람의 뼈와 모든 더러운 것이 가득하도다

마태복음 23:27

우리는 그가 만드신 바라 그리스도 예수 안에서
선한 일을 위하여 지으심을 받은 자니 이 일은 하나님이 전에 예비하사
우리로 그 가운데서 행하게 하심이니라

에베소서 2:10

도둑이 오는 것은 도둑질하고 죽이고 멸망시키려는 것뿐이요
내가 온 것은 양으로 생명을 얻게 하고 더 풍성히 얻게 하려는 것이라

요한복음 10:10

Transformation
변화

나는 네 어둠을 빛으로 바꿀 수 있는 등불이란다. 너를 변화시키는 것은 내게 큰 기쁨이지. 오직 나만이 네가 어느 정도까지 변할 수 있는지 완벽히 알고 있지. 나는 너를 창조했던 원래 모습으로 회복시키기 위해 쉬지 않고 일하고 있단다. 내 빛은 밝게 빛나며 그 안에는 결코 어두움이 없으므로, 네 안에 변화가 필요한 부분이 어디인지 알려 줄 수 있지. 성령이 네 죄로 물든 부분을 비출 때는 뒤로 물러나 나를 거부하는 어둠 속으로 들어갈 수도 있고, 내 임재의 빛 가운데로 더욱 온전히 나아올 수도 있어. 하지만 죄를 직면한다면 죄는 점점 힘을 잃고, 너는 내 빛이 비추는 새로운 길로 걸어갈 힘을 얻게 될 거야.

네가 네 모든 어둠을 다룰 수 있도록 돕고 싶구나. 너는 매일 네 내면과 주변의 어둠과 마주치게 된단다. 그건 네가 사는 세상이 망가졌기 때문에 어쩔 수 없는 일이지. 나에 대한 터무니없는 거짓말만 늘어놓는 반역의 땅에서 행복하게 살려면 반드시 내 곁에 살면서 내 임재를 느껴야 한단다. 나와 가까워지는 제일 좋은 방법은 네 생각을 더 많이 나누는 거야. 이 세상에서 어둠을 만났을 때 나와 그것에 대해 이야기하자. 내가 내 관점으로 그 문제들을 바라볼 수 있도록 도와 주며 어둠이 빛으로 바뀔 수 있도록 해 주마. 기억하렴. 내 안에서는 모든 것이 가능하단다. 너는 내 도움으로 성벽을 뛰어넘을 수도 있지!

여호와여 주는 나의 등불이시니
여호와께서 나의 어둠을 밝히시리이다 내가 주를 의뢰하고
적진으로 달리며 내 하나님을 의지하고 성벽을 뛰어넘나이다

사무엘하 22:29~30

우리가 그에게서 듣고 너희에게 전하는 소식은 이것이니
곧 하나님은 빛이시라 그에게는 어둠이 조금도 없으시다는 것이니라

요한일서 1:5

대저 하나님의 모든 말씀은
능하지 못하심이 없느니라

누가복음 1:37

Transformation
변화

너는 내 자녀이며 영원히 내 것이란다. 언젠가 너는 영광 중에 얼굴과 얼굴을 마주하며 나를 있는 모습 그대로 보게 되겠지. 너는 나를 구주로 믿는 순간부터 내 자녀가 되었고, 나는 너를 내 나라에 걸맞는 사람이 되도록 훈련시키는 중이란다. 생각의 관점을 새롭게 함으로 내 형상을 닮은 새로운 피조물이 되도록 말이지. 새 사람이 된다고 해서 네 고유한 모습이 사라지는 건 아니란다. 나를 닮아갈수록 본래 창조된 네 고유한 모습이 더 잘 드러나게 되지.

너는 내 자녀이므로 또한 내 상속자란다. 하지만 내 영광을 받으려면 고난도 함께 받아야 하지. 어떻게 고난을 받을 수 있을지 고민할 필요는 없어. 타락한 세상에 살면 온갖 고난을 피할 수 없거든. 고난을 만나거든 그 가운데 나를 찾고 잘 견디게 해 달라고 구하렴. 성령께 구하는 것은 내 자녀의 특권이란다. 너는 그 모든 것을 견뎌내며 나를 더욱 닮아가게 될 거야. 네가 궁극적으로 도달해야 할 곳이 어디인지를 기억하렴. 너는 의로운 중에 내 얼굴을 보고 내 형상으로 만족하게 될 거야.

사랑하는 자들아 우리가 지금은 하나님의 자녀라

장래에 어떻게 될지는 아직 나타나지 아니하였으나 그가 나타나시면

우리가 그와 같을 줄을 아는 것은 그의 참모습 그대로 볼 것이기 때문이니

요한일서 3:2

너희는 유혹의 욕심을 따라 썩어져 가는 구습을 따르는 옛 사람을 벗어 버리고

오직 너희의 심령이 새롭게 되어 하나님을 따라

의와 진리의 거룩함으로 지으심을 받은 새 사람을 입으라

에베소서 4:22~24

자녀이면 또한 상속자 곧 하나님의 상속자요

그리스도와 함께 한 상속자니 우리가 그와 함께 영광을 받기 위하여

고난도 함께 받아야 할 것이니라

로마서 8:17

나는 의로운 중에 주의 얼굴을 뵈오리니 깰 때에 주의 형상으로 만족하리이다

시편 17:15

Transformation
변화

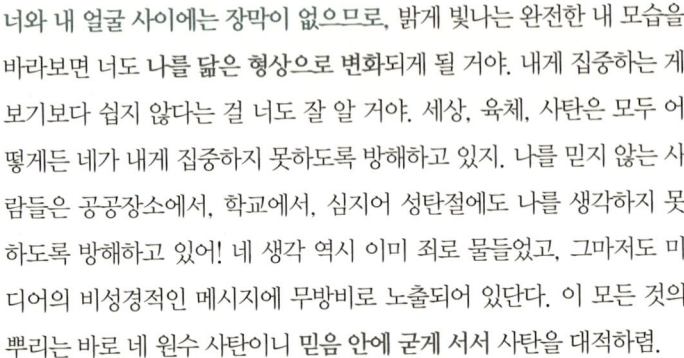

너와 내 얼굴 사이에는 장막이 없으므로, 밝게 빛나는 완전한 내 모습을 바라보면 너도 **나를 닮은 형상으로 변화되게 될 거야**. 내게 집중하는 게 보기보다 쉽지 않다는 걸 너도 잘 알 거야. 세상, 육체, 사탄은 모두 어떻게든 네가 내게 집중하지 못하도록 방해하고 있지. 나를 믿지 않는 사람들은 공공장소에서, 학교에서, 심지어 성탄절에도 나를 생각하지 못하도록 방해하고 있어! 네 생각 역시 이미 죄로 물들었고, 그마저도 미디어의 비성경적인 메시지에 무방비로 노출되어 있단다. 이 모든 것의 뿌리는 바로 네 원수 사탄이니 **믿음 안에 굳게 서서 사탄을 대적하렴**.

나는 네가 얼마나 연약한지, 또 네가 치르는 전투가 얼마나 치열한지 잘 알고 있단다. 그리고 나를 묵상하고 **내 영광을 드러내려는 네 열망을** 기뻐하지. 내가 네 마음에 심은 그 열망이 잘 자라나는 모습을 보고 싶구나. 내게 집중하는 시간을 가지렴. 집중이 잘 안 되고 생각이 번잡해진다고 실망하지 마라. 그럴 때면 그냥 다시 내게 집중하면 된단다. 내 임재 안에서 인내하고 기다리면서 성령께 도움을 구하렴. 성령이 너를 **내 형상을 닮은 모습으로 조금씩 변화시킬 거야**. 너는 아마 네가 변화되고 있다는 걸 잘 알아채지 못할 거야. 내게 집중하면 점점 자신을 잊게 되거든. 너는 내 영광을 비추고 사람들은 너를 통해 나를 바라보게 될 거야.

우리가 다 수건을 벗은 얼굴로 거울을 보는 것 같이
주의 영광을 보매 그와 같은 형상으로 변화하여 영광에서 영광에 이르니
곧 주의 영으로 말미암음이니라

고린도후서 3:18

너희는 믿음을 굳건하게 하여 그를 대적하라
이는 세상에 있는 너희 형제들도 동일한 고난을 당하는 줄을 앎이라

베드로전서 5:9

기다리는 자들에게나 구하는 영혼들에게 여호와는 선하시도다
사람이 여호와의 구원을 바라고 잠잠히 기다림이 좋도다

예레미야애가 3:25~26

하나님이 미리 아신 자들을 또한 그 아들의 형상을 본받게 하기 위하여
미리 정하셨으니 이는 그로 많은 형제 중에서 맏아들이 되게 하려 하심이니라

로마서 8:29

Victorious living
승리하는 삶

내 영광의 능력을 받으렴. 해결되지 않는 문제들을 오래 참고 견디다 보면 때로 믿음이 흔들리게 된단다. 그럴 때는 마음을 단단히 먹고 이를 **악물며** 버티는 것 말고는 할 게 없다고 느끼지. 그저 부정적인 생각을 하면서 말이야. 하지만 그건 내가 원하는 방식이 **아니야.** 나는 네 삶의 모든 상황을 주관하고 있으므로 모든 상황 가운데에는 늘 기회가 있단다. 때로는 그 기회가 분명히 보이겠지만 그렇지 않을 때에는 - 특히 끝나지 않을 것 같은 힘겨운 삶 가운데 있을 때에는 - 숨겨진 보물을 찾아야 한단다. 네가 처한 상황이 마음에 들지 않는다고 **주인의 달란트를 땅에 감춰** 둔 사람처럼 되지는 말아라. 그는 그 기회를 포기하고 쉬운 길을 택했단다. 주어진 기회를 최대한 활용하기 보다는 힘든 상황을 탓하기에 급급했지. 하지만 상황이 어려우면 어려울수록 더 많은 보물이 숨겨져 있다는 진리를 잊지 말아라.

내 영광의 능력을 받으렴. 이 능력은 무한해서 나를 따르는 자들은 누구든지 마음껏 사용할 수 있단다. 성령은 이 강력한 능력으로 친히 네 **속사람을 강건하게** 하시며 견디기 힘든 일을 계속 견딜 수 있게 해 준단다. 이 능력은 한이 없으므로 네 안에서 **넘쳐흘러** 너로 **기쁨**에까지 이르게 할 거야.

그의 영광의 힘을 따라 모든 능력으로 능하게 하시며
기쁨으로 모든 견딤과 오래 참음에 이르게 하시고

골로새서 1:11

보라 주 여호와께서 장차 강한 자로 임하실 것이요
친히 그의 팔로 다스리실 것이라 보라 상급이 그에게 있고
보응이 그의 앞에 있으며

이사야 40:10

두려워하여 나가서 당신의 달란트를 땅에 감추어 두었었나이다
보소서 당신의 것을 가지셨나이다

마태복음 25:25

그의 영광의 풍성함을 따라 그의 성령으로 말미암아
너희 속사람을 능력으로 강건하게 하시오며

에베소서 3:16

Victorious living
승리하는 삶

담대하게 선포하렴. "주는 나를 돕는 이시니 내가 무서워하지 아니하겠노라. 사람이 내게 어찌하리요." 이는 내 자녀들에게 안 좋은 일이 일어나지 않을 거라는 의미가 아니란다. 고난과 위험 가운데서도 이를 초월하는 용기를 담대히 선포하라는 것이지. 이 용기는 내가 너와 함께 하고 있다는 믿음에서 나온단다. 나는 결코 너를 떠나거나 버리지 않으며, 네가 어디를 가든지 너를 인도하고 너와 함께 할 거야.

네가 본래 두려움이 많다는 걸 잘 알아. 네가 두려움에서 벗어날 수 있도록 돕고 싶구나. 네 두려움의 대부분은 일어날지도 모를 안 좋은 일을 계속 생각하는 데서 오지. 하지만 네 가상의 시나리오에 나는 없단다. 이건 아주 해로운 습관일 뿐 아니라 비현실적인 것이지. 영생으로 이어지는 네 앞날에 내가 없는 순간은 단 한 순간도 없어. 다윗은 사울 왕에게 쫓기며 늘 위험에 처해 있었음에도 이렇게 고백했단다. "여호와는 내 생명의 능력이시니 내가 누구를 두려워하리요." 나는 다윗만의 하나님이 아닌, 바로 네 힘이 되는 하나님이지. 앞날이 걱정될 때마다 네 상상에 나를 포함시키려고 애쓰며, 너를 돕고 네게 힘과 용기를 주는 나를 바라보렴. 앞으로 닥칠 어려움에 겁먹지 말고 너와 내가 함께 헤쳐 나가야 할 모험으로 여기려무나. 두려운 마음이 엄습하면 "승리하리라!"라고 외치며 어둠을 밀어내렴. 너를 결코 떠나지도 버리지도 않을 승리의 하나님 안에서 담대하렴.

그러므로 우리가 담대히 말하되
주는 나를 돕는 이시니 내가 무서워하지 아니하겠노라
사람이 내게 어찌하리요 하노라

히브리서 13:6

그리하면 여호와 그가 네 앞에서 가시며
너와 함께 하사 너를 떠나지 아니하시며 버리지 아니하시리니
너는 두려워하지 말라 놀라지 말라

신명기 31:8

여호와는 나의 빛이요 나의 구원이시니
내가 누구를 두려워하리요
여호와는 내 생명의 능력이시니
내가 누구를 무서워하리요

시편 27:1

The future
미래

모든 일은 선한 일을 위한 내 원대한 계획 속에 들어 있단다. 여기에는 네가 일어나지 않길 바랐던 일들까지도 포함되어 있지. 너는 내가 어떤 식으로 모든 것을 아우를지 알고 싶을 거야. 물론 내가 알려준다 해도 이해할 수 없겠지만 말이야. 지금의 상황이 크게 잘못되었다고 느끼고 이 상황이 오지 않도록 막을 수 있었으면 좋았겠다고 생각할지 몰라. 하지만 나는 네가 다르게 행동했어야 했다는 강박관념으로 고통 받지 않았으면 좋겠구나. 그건 그저 비현실적인 가정일 뿐이야. 과거는 달라질 수 없거든. 대신 나는 네가 지금 새롭게 시작하도록 도울 수 있단다.

'**현재**'는 새롭게 시작할 수 있는 유일한 자리야. 네가 살아가는 시간과 공간이 교차하는 유일무이한 지점이자, 내가 네 삶을 위해 마련한 시공간이기도 하지. 더러는 감당하기 힘든 일이 있을 수도 있겠지만 그럼에도 불구하고 너는 현재를 즐겁게 살 수 있단다. 어쨌든 너는 지금 이 순간 네 구원자이자 왕인 나와 교제하고 있으니 말이야. 마찬가지로 너는 바로 그 다음 순간에만 영향을 미칠 수 있단다. 그리고 다음, 그 다음, 그렇게 매 순간 나와 교제하며 그 다음을 결정하는 거야.

너는 현재 흘러가는 상황을 토대로 미래의 모습을 예측하고 있지. 미래가 네 예측대로 흘러가지 않을 수 있다는 걸 받아들이기 어려울 거야. 하지만 미래는 네 삶의 의로운 주인인 내게 맡기렴. 미래에 대한 염려를 그친다면 오늘을 만족스럽게 살아가게 하는 자원을 얻게 된단다. 기억하렴. 내가 그 자원이고, 내게는 모든 것이 가능하단다.

우리가 알거니와 하나님을 사랑하는 자
곧 그의 뜻대로 부르심을 입은 자들에게는
모든 것이 합력하여 선을 이루느니라

로마서 8:28

감추어진 일은 우리 하나님 여호와께 속하였거니와
나타난 일은 영원히 우리와 우리 자손에게 속하였나니
이는 우리에게 이 율법의 모든 말씀을 행하게 하심이니라

신명기 29:29

대저 하나님의 모든 말씀은
능하지 못하심이 없느니라

누가복음 1:37

The future
미래

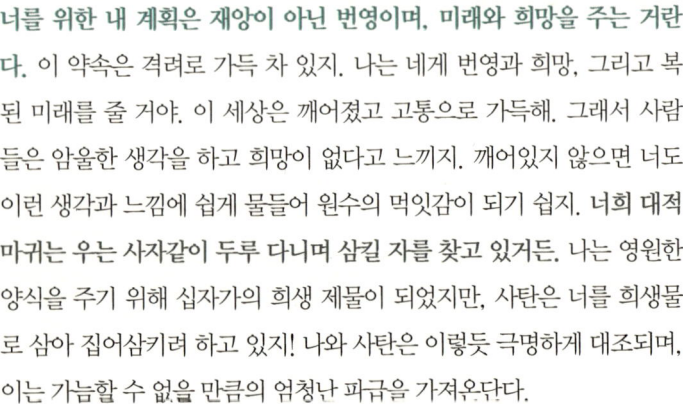

너를 위한 내 계획은 재앙이 아닌 번영이며, 미래와 희망을 주는 거란다. 이 약속은 격려로 가득 차 있지. 나는 네게 번영과 희망, 그리고 복된 미래를 줄 거야. 이 세상은 깨어졌고 고통으로 가득해. 그래서 사람들은 암울한 생각을 하고 희망이 없다고 느끼지. 깨어있지 않으면 너도 이런 생각과 느낌에 쉽게 물들어 원수의 먹잇감이 되기 쉽지. **너희 대적 마귀는 우는 사자같이 두루 다니며 삼킬 자를 찾고 있거든.** 나는 영원한 양식을 주기 위해 십자가의 희생 제물이 되었지만, 사탄은 너를 희생물로 삼아 집어삼키려 하고 있지! 나와 사탄은 이렇듯 극명하게 대조되며, 이는 가늠할 수 없을 만큼의 엄청난 파급을 가져온단다.

사람들은 미래에 지나칠 정도로 관심이 많고, 점쟁이와 예언가들은 감추어진 것을 파헤치고 싶어 하는 사람들의 욕망을 이용해 먹지. 하지만 미래는 내게 속한 거란다. 나를 풍성히 누리려면 지금 이 순간을 살아야 해. 지금 이곳이 네가 나를 만나고 누릴 수 있는 자리란다. 신뢰의 포크와 감사의 스푼을 들고 내가 준비한 기쁨의 만찬을 즐기자. 나와 함께 영원히 즐거워 하면 **네 영혼은 가장 좋은 것을 먹으며 기뻐하게 될 거야.**

여호와의 말씀이니라 너희를 향한 나의 생각을 내가 아나니
평안이요 재앙이 아니니라 너희에게 미래와 희망을 주는 것이니라

예레미야 29:11

근신하라 깨어라 너희 대적 마귀가 우는 사자 같이
두루 다니며 삼킬 자를 찾나니

베드로전서 5:8

감추어진 일은 우리 하나님 여호와께 속하였거니와
나타난 일은 영원히 우리와 우리 자손에게 속하였나니
이는 우리에게 이 율법의 모든 말씀을 행하게 하심이니라

신명기 29:29

너희가 어찌하여 양식이 아닌 것을 위하여 은을 달아 주며
배부르게 하지 못할 것을 위하여 수고하느냐 내게 듣고 들을지어다
그리하면 너희가 좋은 것을 먹을 것이며
너희 자신들이 기름진 것으로 즐거움을 얻으리라

이사야 55:2

The future
미래

이전 일을 기억하지 말고 옛날 일을 생각하지 마라. 보라, 내가 새 일을 행하리라! 나는 놀라운 일을 이루는 하나님이란다. 네 상상을 훨씬 뛰어넘을 정도로 무한히 창조적이지. 이 우주가 내 창조성을 조금 보여 주고 있지만 내 창조성은 이보다 훨씬 더 크단다. 나는 새 하늘과 새 땅을 만들 것이며, 거기서 함께 영원한 기쁨을 누릴 내 백성을 온 세상 가운데서 준비하고 있단다. 영원을 바라보면 힘과 용기를 얻을 수 있을 거야.

지난 일로 네 자신이나 네 앞날을 규정하지 마라. 사는 게 너무 힘들고 심지어 인생이 끝난 것 같은 느낌이 드는 건 지난 일을 바탕으로 앞일을 예측하기 때문이란다. 미래를 알려고 애쓰는 건 헛된 일이야. 네 미래는 내 손 안에 있거든. 나는 네 미래에 놀라운 일을 행할 수 있단다.

가장 위험한 건 내가 네 안에서, 그리고 이 세상에서 새롭고 놀라운 일을 행할 수 있다는 사실을 믿지 않고 포기하는 거란다. 네가 할 일은 나를 믿고 의지하는 가운데 계속 앞으로 나아가는 거야. 네가 만나는 장애물에 신경 쓰지 말고 나와의 교제에 집중하렴. 네 앞에 새로운 길이 열리기를 기대하며 믿음의 걸음을 걸어가려무나. 내가 광야에 길을 내고 사막에 물이 흐르게 할 테니 말이야.

너희는 이전 일을 기억하지 말며 옛날 일을 생각하지 말라.
보라 내가 새 일을 행하리니 이제 나타낼 것이라
너희가 그것을 알지 못하겠느냐 반드시 내가 광야에 길을 사막에 강을 내리니

이사야 43:18~19

우리 가운데서 역사하시는 능력대로 우리가 구하거나 생각하는 모든 것에
더 넘치도록 능히 하실 이에게

에베소서 3:20

또 내가 새 하늘과 새 땅을 보니 처음 하늘과 처음 땅이 없어졌고
바다도 다시 있지 않더라

요한계시록 21:1

여호와여 주의 도를 내게 보이시고
주의 길을 내게 가르치소서

시편 25:4

Hope
소망

나는 이 땅에서의 내 지속적 임재와 하늘 소망을 모두 붙잡도록 너를 훈련시키는 중이란다. 나는 이 땅에서나 영원한 하나님 나라에서나 너와 늘 함께 한단다. 이 사실보다 너를 깊이 만족시킬 수 있는 것은 없지. 너는 머리로는 이 놀라운 진리를 오랫동안 알고 있으면서도 마음으로는 시시때때로 다른 신들을 좇고 있구나. 내가 너와 늘 함께 한다는 사실을 깨달으려면 성령의 도움을 구해야 한단다. 나는 진실로 너와 함께 하며, 네가 어디에 있고 어디로 가는지 지켜보고 있어. 너는 그저 이것을 사실로 받아들이기만 하면 되지. **반석 위에 지은 집처럼 이 절대 불변의 진리 위에 네 삶을 세우렴.**

네 마음과 생각은 **분명** 내게서 멀어지겠지만 네 안에 있는 성령께서 너를 일깨워 내게 돌아오게 하실 거란다. 네가 할 일은 그저 성령이 이런 방식으로 너를 도우시도록 구하는 것뿐이야. 성령은 너를 돕는 것을 기뻐하신단다. 이 세상 뿐 아니라 다가올 세상에서도 내가 너와 함께 한다는 사실을 기뻐하렴. 이 하늘의 약속으로 인해 내 영원한 임재가 네 마음에 차고 넘쳤으면 좋겠구나.

내가 너와 함께 있어 네가 어디로 가든지 너를 지키며
너를 이끌어 이 땅으로 돌아오게 할지라
내가 네게 허락한 것을 다 이루기까지 너를 떠나지 아니하리라 하신지라

창세기 28:15

그러므로 누구든지 나의 이 말을 듣고 행하는 자는
그 집을 반석 위에 지은 지혜로운 사람 같으리니

마태복음 7:24

내가 아버지께 구하겠으니 그가 또 다른 보혜사를 너희에게 주사
영원토록 너희와 함께 있게 하리니 그는 진리의 영이라
세상은 능히 그를 받지 못하나니
이는 그를 보지도 못하고 알지도 못함이라
그러나 너희는 그를 아나니 그는 너희와 함께 거하심이요
또 너희 속에 계시겠음이라

요한복음 14:16~17

내 아버지 집에 거할 곳이 많도다 그렇지 않으면 너희에게 일렀으리라
내가 너희를 위하여 거처를 예비하러 가노니 가서
너희를 위하여 거처를 예비하면 내가 다시 와서 너희를 내게로 영접하여
나 있는 곳에 너희도 있게 하리라

요한복음 14:2~3

Hope
소망

고난 가운데 있을 때 참고 인내하렴. 고통은 내 자녀들에게 대체로 환영받지 못 하는 선물이지. '부유하고 건강할 때'는 고통이 주는 유익을 깨닫기 힘들단다. 그 결과 고통과 슬픔을 경멸하는 세상의 관점이 교회에 침투하게 되었지.

고통스러운 상황이 너를 무겁게 짓누를 때 **소망 안에서 기뻐 뛰며 즐거워 하렴.** 몸으로 기뻐 뛰는 것은 때로 적절하지 않거나 불가능할 수 있지만, 영혼으로는 언제든 그렇게 할 수 있단다. 네 **영혼이** 소망을 품고 **깨어 일어나면** 내 기쁨의 단비가 너를 적실 거야. 더 큰 소망을 품고 내 안에서 오래 기다릴수록 너는 더욱 풍성한 복을 받게 된단다. 고통을 기쁨으로 바꾸는데 도움이 되는 방법을 하나 알려줄게. 그것은 바로 나를 향해 두 팔을 드는 거야. 인생에서 영광스러운 순간을 기념하듯이 말이야. 이 자세는 환희를 표현하는 거란다. 나는 네 영혼을 더 큰 기쁨으로 채울 거고, 이로 인해 너는 기쁨의 나날을 보내게 될 거야. 그 기쁨을 표현하고 싶다면 이렇게 말하고 노래하며 외치렴. "할렐루야!"

소망 중에 즐거워하며 환난 중에 참으며

기도에 항상 힘쓰며

로마서 12:12

소망의 하나님이 모든 기쁨과 평강을

믿음 안에서 너희에게 충만하게 하사 성령의 능력으로

소망이 넘치게 하시기를 원하노라

로마서 15:13

주여 내 영혼이 주를 우러러보오니

주여 내 영혼을 기쁘게 하소서

시편 86:4

이 일 후에 내가 들으니 하늘에 허다한 무리의

큰 음성 같은 것이 있어 이르되 할렐루야 구원과 영광과 능력이

우리 하나님께 있도다

요한계시록 19:10

Hope
소망

이 세상에 살다보면 어려움을 많이 겪게 된단다. 하지만 내가 너와 항상 함께 하니 기뻐하렴. 믿음 안에서 나를 바라보면 어떤 상황과 환경도 넉넉히 이길 힘을 얻게 되지. 분명히 말하지만 내 안에서는 아무 소망이 없는 상황에서도 모든 것이 가능하단다.

내가 곧 진리이므로, 나는 내 모든 언약에도 신실하단다. 너는 내 언약이라는 견고한 반석 위에서 살고 움직이며 존재하고 있거든. 나는 살아 있는 말씀이므로, 내 약속들을 굳게 믿는다고 선포할 때 나와 가장 가까워질 수 있단다. 내 아름다운 임재 가운데 거하게 되면 나를 예배하고픈 마음이 생기게 될 거야. 거룩한 충동이 생길 때는 억누르지 말고 소리 내어 나를 예배하렴. 예배 가운데 네 안에 새로운 소망이 자라나게 될 테니 말이야. 내게 소망을 두면 내 도움으로 인해 다시 나를 찬양하게 될 거야.

예수께서 그들을 보시며 이르시되 사람으로는 할 수 없으되

하나님으로는 그렇지 아니하니

하나님으로서는 다 하실 수 있느니라

마가복음 10:27

우리가 그를 힘입어 살며 기동하며 존재하느니라

너희 시인 중 어떤 사람들의 말과 같이 우리가 그의 소생이라 하니

사도행전 17:28

태초에 말씀이 계시니라 이 말씀이 하나님과 함께 계셨으니

이 말씀은 곧 하나님이시니라

요한복음 1:1

내 영혼아 네가 어찌하여 낙심하며

어찌하여 내 속에서 불안해 하는가 너는 하나님께 소망을 두라

그가 나타나 도우심으로 말미암아 내가 여전히 찬송하리로다

시편 42:5

Hope
소망

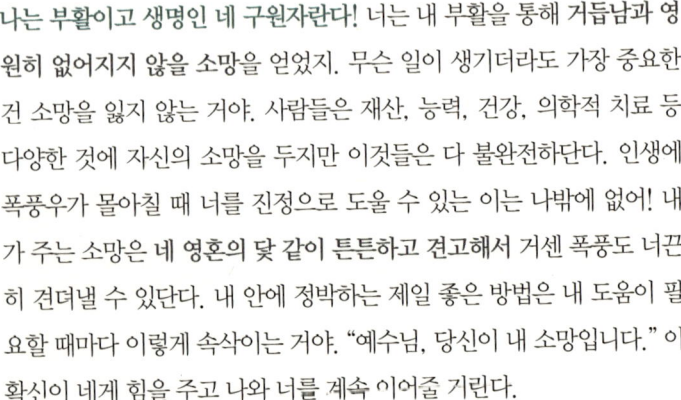

나는 부활이고 생명인 네 구원자란다! 너는 내 부활을 통해 **거듭남과 영원히 없어지지 않을 소망**을 얻었지. 무슨 일이 생기더라도 가장 중요한 건 소망을 잃지 않는 거야. 사람들은 재산, 능력, 건강, 의학적 치료 등 다양한 것에 자신의 소망을 두지만 이것들은 다 불완전하단다. 인생에 폭풍우가 몰아칠 때 너를 진정으로 도울 수 있는 이는 나밖에 없어! 내가 주는 소망은 **네 영혼의 닻 같이 튼튼하고 견고해서** 거센 폭풍도 너끈히 견뎌낼 수 있단다. 내 안에 정박하는 제일 좋은 방법은 내 도움이 필요할 때마다 이렇게 속삭이는 거야. "예수님, 당신이 내 소망입니다." 이 확신이 네게 힘을 주고 나와 너를 계속 이어줄 거란다.

나는 네 삶을 변화시키기 위해 쉬지 않고 일하고 있어. 소망을 잃지 않으려면 내 도움이 끊임없이 필요하지. 나는 언제든 도울 준비가 되어 있으니 기쁠 때나 슬플 때나 나를 부르렴. 내 생명은 영원할 뿐 아니라 네가 상상하는 것 이상으로 풍성하단다. 내 영원한 능력과 영광으로 이룰 수 있는 일은 한이 없지! 나는 아무리 '절망적인' 상황에서도 완벽한 승리를 이끌어낼 수 있어. 나를 신뢰한다고 고백하면, 나는 어떤 어려운 상황과 환경 속에서도 너를 점점 더 사랑스럽게 변화시킬 거야. **내게 소망을 두는 사람은 결코 수치를 당하지 않을 거란다.**

우리 주 예수 그리스도의 아버지 하나님을 찬송하리로다
그의 많으신 긍휼대로 예수 그리스도를 죽은 자 가운데서
부활하게 하심으로 말미암아 우리를 거듭나게 하사 산 소망이 있게 하시며

베드로전서 1:3

우리가 이 소망을 가지고 있는 것은 영혼의 닻 같아서
튼튼하고 견고하여 휘장 안에 들어가나니 그리로 앞서 가신 예수께서
멜기세덱의 반차를 따라 영원히 대제사장이 되어
우리를 위하여 들어 가셨느니라

히브리서 6:19~20

그 때에 인자가 구름을 타고 큰 권능과
영광으로 오는 것을 사람들이 보리라

마가복음 13:26

왕들은 네 양부가 되며 왕비들은 네 유모가 될 것이며
그들이 얼굴을 땅에 대고 네게 절하고 네 발의 티끌을 핥을 것이니
네가 나를 여호와인 줄을 알리라 나를 바라는 자는
수치를 당하지 아니하리라

이사야 49:23

Hope
소망

나는 소망을 주는 하나님이란다. 네 인생의 가장 좋은 날은 아직 오지 않았어. 그 날은 네 앞에 영광스럽게 펼쳐져 있지. 네 삶은 영원으로 들어가면 더 좋아질 거야. 비록 지금은 죽음과 슬픔, 눈물과 고통이 가득한 세상에서 살아가지만, 영원한 하나님 나라에 대한 소망은 이 깨어진 세상에서 살아갈 힘을 준단다. 이 세상은 지나갈 거고 영원한 하나님 나라에서는 내가 네 눈에서 모든 눈물을 영원히 닦아줄 거란다.

만일 이 세상이 전부라면 그건 말할 수 없는 비극이겠지. 주의 날이 오면 나는 온 땅과 하늘을 없애고 그곳에 나를 믿는 자들이 영원히 기쁨을 누리며 살아갈 새 하늘과 새 땅을 세울 거야. 고통과 슬픔 가운데 있을 때는 이 소망을 붙잡고 용기를 얻으렴.

네 인생의 가장 좋은 날은 아직 오지 않았단다. 그 날들은 영원한 내 나라에 예비되어 있지. 나는 네가 여기로 와서 그 삶을 누리기를 고대하며 기다리고 있단다. 이는 나이가 많든 적든 상관없이 모든 그리스도인에게 해당되지. 나이가 들고 병약해지면 삶이 끝나는 것처럼 느껴질 수 있어. 나이 들고 병들면 네 몸이 할 수 있는 일은 점점 줄어들겠지만 네 영혼은 내 임재의 빛으로 점점 더 강해질 수 있단다. 그러면 네 영적인 삶은 훨씬 더 넓게 열리게 되지. 네가 세상에서의 삶을 졸업하고 천국에 입학하게 되면, 네 영혼의 기쁨은 상상도 못할 만큼 커질 거야! **하나님 나라의 축제에 참여하는 사람은 참으로 복된 자란다.**

모든 눈물을 그 눈에서 닦아 주시니
다시는 사망이 없고 애통하는 것이나 곡하는 것이나 아픈 것이
다시 있지 아니하리니 처음 것들이 다 지나갔음이러라

요한계시록 21:4

슬프다 그 날이여 여호와의 날이 가까웠나니
곧 멸망 같이 전능자에게로부터 이르리로다

요엘 1:15

함께 먹는 사람 중의 하나가 이 말을 듣고 이르되
무릇 하나님의 나라에서 떡을 먹는 자는 복되도다 하니

누가복음 14:15

Heaven
하나님 나라

내 나라는 결코 흔들리지 않는단다! 이 세상은 날이 갈수록 심하게 흔들려서 세상에 사는 동안엔 균형을 잃고 쓰러지기 쉽지. 하지만 나를 예배하면 새로운 관점을 가져 균형을 되찾게 된단다. 감사는 **경건함과 두려움으로 나를 기쁘게 하는** 예배를 드리는데 필수적인 요소지. 나는 너를 매일 매 순간마다 감사하도록 창조했단다. 원하는 대로 되지 않는다고 불평하려는 유혹을 뿌리치렴. 나는 **소멸하는 불**이란다. 모든 영광 중에 거하는 나를 보면 경이로움에 작은 불평 하나 내뱉지 못할 거야.

나를 사랑하며 구주로 믿는 자들에게는 흔들리지 않는 내 나라가 예비되어 있단다. 이 영원한 나라는 **눈으로도 보지 못하고 귀로도 듣지 못하고 사람의 머리로는 상상조차 할 수 없는** 곳이지. 나는 나를 사랑하는 사람들을 위해 놀랍고 영원한 기쁨을 준비했단다. 세상 끝나는 날, 내가 다시 와서 너를 데려갈 거야. 그리고 너는 내가 있는 곳에 나와 함께 있을 거란다. 이 귀한 약속을 붙잡고 네 감사에 불을 붙이렴. 네가 내 임재로 붉게 타올라 어둔 세상을 환히 비출 때까지 말이야.

그러므로 우리가 흔들리지 않는 나라를 받았은즉

은혜를 받자 이로 말미암아 경건함과 두려움으로 하나님을 기쁘시게 섬길지니

우리 하나님은 소멸하는 불이심이라

히브리서 12:28~29

산 위의 여호와의 영광이

이스라엘 자손의 눈에 맹렬한 불 같이 보였고

출애굽기 24:17

기록된 바 하나님이 자기를 사랑하는 자들을 위하여 예비하신 모든 것은

눈으로 보지 못하고 귀로 듣지 못하고

사람의 마음으로 생각하지도 못하였다 함과 같으니라

고린도전서 2:9

가서 너희를 위하여 거처를 예비하면

내가 다시 와서 너희를 내게로 영접하여 나 있는 곳에 너희도 있게 하리라

요한복음 14:3

Heaven
하나님 나라

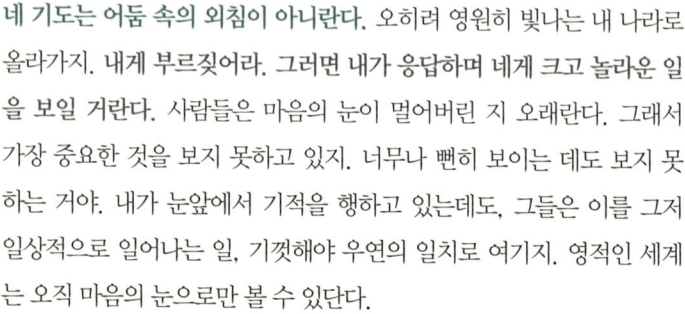

네 기도는 어둠 속의 외침이 아니란다. 오히려 영원히 빛나는 내 나라로 올라가지. 내게 부르짖어라. 그러면 내가 응답하며 네게 크고 놀라운 일을 보일 거란다. 사람들은 마음의 눈이 멀어버린 지 오래란다. 그래서 가장 중요한 것을 보지 못하고 있지. 너무나 뻔히 보이는 데도 보지 못하는 거야. 내가 눈앞에서 기적을 행하고 있는데도, 그들은 이를 그저 일상적으로 일어나는 일, 기껏해야 우연의 일치로 여기지. 영적인 세계는 오직 마음의 눈으로만 볼 수 있단다.

나는 네가 내게로 와서 네가 알지 못하는 놀라운 것들을 배우려고 했으면 좋겠구나. 좋은 교사는 진심으로 배우기 원하며 최선을 다해 알고자 하는 학생을 볼 때 기쁨을 느끼지. 나는 내게 놀랍고 기이한 것들을 배우려는 너로 인해 기뻐하는 최고의 교사란다. 열린 마음으로 내게 배운다면, 부르심의 소망과 내가 네게 나눠 줄 풍성한 영광의 유산이 무엇인지 마음 깊이 이해할 수 있을 거야. 하나님의 영광이 비치는 거룩한 도성에서 나와 함께 기쁨으로 살 날을 기대하렴.

너는 내게 부르짖으라 내가 네게 응답하겠고
네가 알지 못하는 크고 은밀한 일을 네게 보이리라

예레미야 33:3

너희 마음의 눈을 밝히사 그의 부르심의 소망이 무엇이며
성도 안에서 그 기업의 영광의 풍성함이 무엇이며

에베소서 1:18

주는 나의 하나님이시니 나를 가르쳐 주의 뜻을 행하게 하소서
주의 영은 선하시니 나를 공평한 땅에 인도하소서

시편 143:10

그 성은 해나 달의 비침이 쓸 데 없으니
이는 하나님의 영광이 비치고 어린 양이 그 등불이 되심이라

요한계시록 21:23

Heaven
하나님 나라

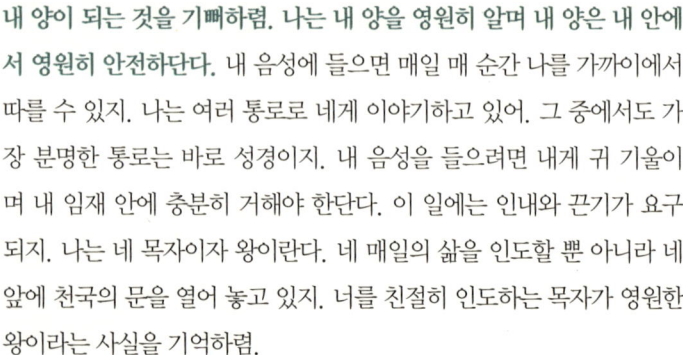

내 양이 되는 것을 기뻐하렴. 나는 내 양을 영원히 알며 내 양은 내 안에서 영원히 안전하단다. 내 음성에 들으면 매일 매 순간 나를 가까이에서 따를 수 있지. 나는 여러 통로로 네게 이야기하고 있어. 그 중에서도 가장 분명한 통로는 바로 성경이지. 내 음성을 들으려면 내게 귀 기울이며 내 임재 안에 충분히 거해야 한단다. 이 일에는 인내와 끈기가 요구되지. 나는 네 목자이자 왕이란다. 네 매일의 삶을 인도할 뿐 아니라 네 앞에 천국의 문을 열어 놓고 있지. 너를 친절히 인도하는 목자가 영원한 왕이라는 사실을 기억하렴.

이 땅에서 몸은 언젠가 죽겠지만 **네 존재 자체는 결코 소멸되지 않는단다.** 몸을 떠나게 되면 네 상상 이상으로 깊고 풍성하며 영광스러운 방식으로 나와 함께 하게 될 거야. **누구도 너를 내 손에서 빼앗지 못하지.** 이 영원한 삶에 대한 확신이 너를 죽음의 공포에서 자유롭게 하며, 네게 오늘을 풍성하게 살아갈 힘을 준단다. 이 확신으로 인해 너는 기쁜 마음으로 목자를 따르면서 오늘을 살 수 있게 될 거야.

양은 본래 자기 힘으로 살아가도록 창조된 존재가 아니란다. 양들에게는 그들을 인도할 지혜롭고 사랑 많은 목자가 필요하지. 너도 양과 같이 겸손히 나를 따를 때 최선의 삶을 살 수 있단다. 나는 너를 위한 최선의 길을 알고 있거든. 나를 신뢰하면 **나는 너를 의의 길로 인도할 거야.**

내 양은 내 음성을 들으며 나는 그들을 알며

그들은 나를 따르느니라 내가 그들에게 영생을 주노니

영원히 멸망하지 아니할 것이요

또 그들을 내 손에서 빼앗을 자가 없느니라

요한복음 10:27~28

우리가 담대하여 원하는 바는

차라리 몸을 떠나 주와 함께 있는 그것이라

고린도후서 5:8

여호와는 나의 목자시니 내게 부족함이 없으리로다

그가 나를 푸른 풀밭에 누이시며 쉴 만한 물 가로 인도하시는도다

내 영혼을 소생시키시고

자기 이름을 위하여 의의 길로 인도하시는도다

시편 23:1~3

Heaven

하나님 나라

눈을 들어 네 미래를 밝게 비추는 나를 바라보아라. 몸이 쇠약하고 지치면 생각도 가라앉게 된단다. 아주 자연스러운 현상이기는 하지만 너는 자연스러운 능력에만 제한된 존재가 아니야. 생각이 곤두박질칠 때는 초자연적인 존재에 다가가야 한단다. 내 관점으로 생각할 수 있도록 기도하렴. 미래에 대한 우울한 상상들은 이제 그만 해라. 그건 그저 상상일 뿐 실제가 아니야. 나를 포함시키지 않은 미래에 대한 모든 전망은 거짓이란다. 나는 네 삶의 가장 중요한 요소야. 네 미래에 나를 포함시키면 시킬수록 훨씬 더 나은 미래를 기대할 수 있게 될 거란다.

일시적인 것에 불과한 네 몸 상태에 너무 신경 쓸 필요 없단다. 대신 영원히 존재할 네 영혼이 **날마다 새로워지는 것을** 기뻐하렴. 네 몸이 점점 쇠약해지는 것에는 유익한 점도 있단다. 자연적인 힘과 능력이 약해지면 점점 더 나를 의지해야 한다고 느끼게 되거든. 네 인생에서 내가 더 많은 자리를 차지하게 되면 우리는 점점 더 친밀해지게 된단다. 그렇게 되면 너는 현재를 더욱 기쁘게 살 수 있게 되고, 나와 얼굴을 마주할 영원한 미래도 준비할 수 있게 되지. 이것이 미래를 보는 참된 관점이란다. 정말 영광스럽지 않니? 그러니 보이는 것이 아닌 보이지 않는 것을 **바라보렴. 보이는 것은 잠깐이지만 보이지 않는 것은 영원하단다.**

내가 산을 향하여 눈을 들리라 나의 도움이 어디서 올까
나의 도움은 천지를 지으신 여호와에게서로다

시편 121:1~2

하나님 아는 것을 대적하여 높아진 것을 다 무너뜨리고
모든 생각을 사로잡아 그리스도에게 복종하게 하니

고린도후서 10:5

그러므로 우리가 낙심하지 아니하노니 우리의 겉사람은 낡아지나
우리의 속사람은 날로 새로워지도다
우리가 잠시 받는 환난의 경한 것이
지극히 크고 영원한 영광의 중한 것을 우리에게 이루게 함이니
우리가 주목하는 것은 보이는 것이 아니요 보이지 않는 것이니
보이는 것은 잠깐이요 보이지 않는 것은 영원함이라

고린도후서 4:16~18

Heaven
하나님 나라

내가 너를 넘어지지 않도록 지켜 주마. 나는 네가 얼마나 연약하며, 내가 붙잡지 않으면 얼마나 쉽게 넘어지는 지 알고 있단다. 하지만 너를 **내 영광 앞에 흠이 없는 모습으로 서게 할 수 있지.** 너는 은혜 안에서 자라고 있지만, 타락한 세상을 떠나기 전까지는 죄에서 완전히 자유로울 수 없단다. 하지만 나는 나를 구주로 믿는 너를, 궁극적인 의미에서 **넘어지지 않게 지켜줄 거야.** 바로 구원을 잃지 않도록 지켜주는 것이지.

나는 너를 내 영광 앞에 흠 없이 완전한 사람으로 세울 수 있단다. 내가 네게 구원의 옷을 입히고 공의의 겉옷을 걸쳐 주었거든. 이 천국의 옷을 담대히 입으렴. 네 의로움이 아닌 내 의로움이 너를 구원했으므로, 너는 절대적으로 안전하단다.

넘치는 기쁨은 너와 나 모두의 것이지. 나는 지금도 너로 인해 기뻐하고 있지만, 네가 내 영광에 참여하게 될 때는 상상할 수 없을 정도로 기뻐하게 될 거야. 네가 천국에서 경험하게 될 기쁨은 세상의 어떤 기쁨과도 비교할 수 없지. 이 기쁨은 **썩지도 쇠하지도** 않을 거란다. 아무도 네게서 이 영광의 유산을 빼앗아갈 수 없단다. 그러니 기뻐하렴!

능히 너희를 보호하사 거침이 없게 하시고
너희로 그 영광 앞에 흠이 없이 기쁨으로 서게 하실 이
곧 우리 구주 홀로 하나이신 하나님께 우리 주 예수 그리스도로 말미암아
영광과 위엄과 권력과 권세가 영원 전부터 이제와 영원토록 있을 지어다 아멘

유다서 1:24~25

내가 여호와로 말미암아 크게 기뻐하며
내 영혼이 나의 하나님으로 말미암아 즐거워하리니
이는 그가 구원의 옷을 내게 입히시며 공의의 겉옷을 내게 더하심이
신랑이 사모를 쓰며 신부가 자기 보석으로 단장함 같게 하셨음이라

이사야 61:10

우리 주 예수 그리스도의 아버지 하나님을 찬송하리로다
그의 많으신 긍휼대로 예수 그리스도를
죽은 자 가운데서 부활하게 하심으로 말미암아
우리를 거듭나게 하사 산 소망이 있게 하시며
썩지 않고 더럽지 않고 쇠하지 아니하는 유업을 잇게 하시나니
곧 너희를 위하여 하늘에 간직하신 것이라

베드로전서 1:3~4

사단법인 기독교세계관학술동역회
사역 소개

세계관 운동
삶과 학문의 모든 영역에서 예수 그리스도가 주인이심을 고백하고, 하나님의 말씀대로 생각하고 적용하며 살도록 돕기 위한 많은 연구 자료와 다양한 방식의 강의 패키지들을 준비하고 있습니다. 특히 삶의 각 영역에서 만날 수 있는 문제들에 대한 대안을 찾을 수 있도록 세계관 기초 훈련, 집중 훈련 및 다양한 강좌들을 비롯하여 기독 미디어 아카데미, 기독교 세계관 아카데미, 어린이 청소년 세계관 강좌 등 다양한 강의와 세미나가 준비되어 있습니다. 강의를 원하시는 교회나 단체는 기독교세계관학술동역회 사무국으로 연락해 주시면 친절히 안내해 드립니다.

기독교학문연구회
기독교학문연구회(KACS : Korea Association of Christian Studies)는 기독교적 학문 연구를 위한 학회로, 각 학문 분야별 신학과 학제간의 연구를 진행하여 신앙과 학문의 통합을 추구하고 있습니다. 연구 발표의 장으로 연 2회의 학술대회를 개최하고 있으며, 한국연구재단 등재학술지 〈신앙과 학문〉(1996년 창간)을 발행하고 있습니다.

월간〈월드뷰〉
성경적 삶의 적용을 위해 정치, 경제, 사회, 문화, 교육 등 제반 영역에서 성경적 관점으로 조망하는 〈월드뷰〉는 세상바로보기 운동의 일환으로 매월 발간됩니다. 2013년부터 월드뷰는 이매거진 서비스를 제공하여 모바일로도 구독하실 수 있습니다.

기독미디어아카데미
기독미디어아카데미는 기독교 세계관으로 무장한 기독 언론인을 길러내기 위한 전문 교육 기관입니다. 급변하는 사회 속에서 갈수록 언론 본연의 기능을 잃어가는 반기독교적 미디어 환경 가운데 기독 언론인으로서의 정체성 확립을 위해 시작되었습니다.

VIEW 밴쿠버기독교세계관대학원

1999년 7월, 밴쿠버기독교세계관대학원(VIEW)은 캐나다 최고의 기독교대학인 Trinity Western University 대학의 신학대학원인 ACTS와 공동으로 기독교세계관 문학석사과정(MACS-Worldview Studies)을 개설했습니다. 현재 기독교세계관 문학석사 과정, 디플로마(Diploma) 과정을 운영하고 있으며, 2006년부터는 다양한 연수 프로그램(교사 창조론, 지도자세계관 학교, 청소년 캠프 등)을 개최하고 있습니다.

CTC 청소년 세계관 교육센터

CTC(Christian Thinking Center)는 가정과 교회와 학교에 기독교 세계관 교육 콘텐츠를 제공함으로서 다음 세대 그리스도인들이 기독교 세계관으로 생각하고 살아가도록 돕는 것을 사명으로 하는 청소년세계관교육기관입니다.

도서출판 CUP

바른 성경적 가치관 위에 실천적 삶을 살아가는 그리스도의 제자들을 세우며, 지성과 감성과 영성이 전인적으로 조화된 균형잡힌 도서를 출간하여 그리스도인다운 삶과 생각과 문화를 확장시키는 나눔터의 출판을 꿈꾸고 있습니다.

||||||||||||||||||||||||||||||||||||||||||||||||||||||||||||||||

(사)기독교세계관학술동역회

연락처_ ☎. 02)754-8004
(08807) 서울특별시 관악구 과천대로 939 르메이에르 강남타운2, B107호
(남현동 1061-18)
E-mail_ info@worldview.or.kr | Homepage_ www.worldview.or.kr

도서출판 CUP

연락처_ ☎. 02)745-7231
(14549) 서울특별시 중구 을지로 148, 8층 803호 (을지로3가, 드림오피스타운)
E-mail_ cupmanse@gmail.com | Homepage_ www.cupbooks.com